| 高职高专新商科系列教材 |

管理会计基础

宋文秀　陈晋玲　主　编

刘恩鹏　巢瑞芹　张　蕾　王秀芳　副主编

清華大学出版社

北　京

内 容 简 介

本书以财政部发布的《管理会计基本指引》《管理会计应用指引》为指导,按照新版教学标准,以专业升级和数字化改造为主旨,对接"业财税一体化人才的知识、能力、素质",达到"精财务、懂业务、善工具、通管理"的基本要求,满足将"岗位需求(专业技能)、课程体系(专业知识)、技能竞赛(综合素质)、证书考试(职业素养)"融于一体边学边练的需要。本书共十一个项目,分别是管理会计认知、战略管理、成本管理、营运管理、预测分析、经营决策分析、项目投资决策、预算管理、绩效管理、管理会计信息系统与报告和综合实训。同时,本书深入挖掘每一项目内容中所蕴含的思政元素,将党史学习教育和践行社会主义核心价值观有机融入其中。

本书可作为高等职业院校财经类专业开设的管理会计课程教材,也可作为在职财会人员、财经管理人员和其他对管理会计感兴趣的人员学习与研究管理会计的参考用书,还可以作为大数据与会计专业课、证、赛融合的配套教材及管理会计技能大赛参考用书。

图书在版编目(CIP)数据

管理会计基础/宋文秀,陈晋玲主编.—北京:清华大学出版社,2022.12

高职高专新商科系列教材

ISBN 978-7-302-62118-8

Ⅰ.①管… Ⅱ.①宋… ②陈… Ⅲ.①管理会计-高等职业教育-教材 Ⅳ.①F234.3

中国版本图书馆 CIP 数据核字(2022)第 200211 号

责任编辑:吴梦佳
封面设计:傅瑞学
责任校对:刘 静
责任印制:沈 露

出版发行:清华大学出版社
    网 址: http://www.tup.com.cn, http://www.wqbook.com
    地 址: 北京清华大学学研大厦 A 座 **邮 编:** 100084
    社 总 机: 010-83470000 **邮 购:** 010-62786544
    投稿与读者服务: 010-62776969,c-service@tup.tsinghua.edu.cn
    质量反馈: 010-62772015,zhiliang@tup.tsinghua.edu.cn
    课件下载: http://www.tup.com.cn,010-83470410
印 装 者: 三河市龙大印装有限公司
经 销: 全国新华书店
开 本: 185mm×260mm **印 张:** 16 **字 数:** 385 千字
版 次: 2022 年 12 月第 1 版 **印 次:** 2022 年 12 月第 1 次印刷
定 价: 48.00 元

产品编号:098247-01

数字化技术信息飞速发展,机器人流程自动化、人工智能等技术将使会计工作变得越来越自动化。与传统管理会计相比,当前管理会计更多地为面向不确定性的管理决策服务。在当今数字经济时代,财务人员可以通过管理会计工具来推动企业数字化转型和价值创造,提升单位管理水平,促进战略落地,在创造企业价值中发挥重大作用。

本书以财政部发布的《管理会计基本指引》《管理会计应用指引》为指导,内容全面新颖,围绕战略管理、预算管理、成本管理、营运管理、投融资管理、绩效管理、风险管理等企业管理中的细分领域,系统介绍各个应用领域中比较成熟的管理会计工具及方法。本书的主要特点如下。

1. 突出实践指导性

本书配备习题、教学课件、微课等信息化教学资源,同时配合使用管理会计竞赛云平台中的企业真实场景和业务,引入通俗易懂的实践案例,围绕案例分析,掌握应用指引中的工具和方法,既帮助学生夯实基础知识,又增强学生的实操能力,同时为着重培养具备分析决策能力、行业洞察能力、化解危机能力的创新型、应用型高级专业人才打好基础。

2. 岗课赛证训融合

本书以专业升级和数字化改造为关键,对接"业财税一体化人才的知识、能力、素质",达到"精财务、懂业务、善工具、通管理"的基本要求。本书按照会计专业教学标准编写,是大数据与会计专业课、证、赛融合的配套教材,将"岗位需求(专业技能)、课程体系(专业知识)、技能竞赛(综合素质)、证书考试(职业素养)"融于一体。

3. 案例形式多样

本书以趣味性情景案例开始,增加图片及边学边练案例,引入企业真实业务,融入管理会计岗位的工作规范、工作任务、工作流程和工作技能标准内容,突出重点和难点,使教材更具有趣味性、实用性、示范性,实现"课岗融通"。

4. 融入思政元素

本书深入挖掘专业课程内容中蕴含的思政元素,将党史学习教育和践行社会主义核心价值观有机融入课程思政育人体系,以"多角度挖掘、全方位融入"等方法论指导课程思政教学,用身边故事阐释道理、用细节打动人心,充分激发学生的价值认同和情感共鸣。在潜移默化中将思政之"盐"溶于课程之"汤",不断提升教育的亲和力、感染力、针对性和实效性,真正实现思政教育的入耳、入脑、入心,实现立德树人的目的。

　　本书由宋文秀、陈晋玲担任主编,由刘恩鹏、巢瑞芹、张蕾、王秀芳担任副主编,具体编写分工如下:酒泉职业技术学院宋文秀老师负责项目二、项目五、项目十中的任务二、项目十一的内容编写;晋城职业技术学院陈晋玲老师负责项目六、项目七和项目八中的任务三的内容编写;山东信息职业技术学院刘恩鹏老师负责项目三、项目九中的任务一、任务二和任务三的内容编写;山东信息职业技术学院巢瑞芹老师负责项目八中的任务一、任务二、项目九中的任务四和任务五的内容编写;山西工商学院张蕾老师负责项目一、项目四的内容编写;酒泉职业技术学院王秀芳老师负责项目十中的任务一的内容编写;酒泉职业技术学院宋文秀、晋城职业技术学院陈晋玲老师负责总纂。在本书的编写过程中,我们参阅了有关著作,在此向相关作者致以诚挚的谢意。

　　由于编者学识水平和能力有限,书中难免存在疏漏之处,敬请广大读者批评、指正。

编　者

2022 年 4 月

CONTENTS

目　录

管理会计认知

学习目标

知识目标：

（1）了解管理会计的形成与发展。

（2）掌握管理会计的职能。

（3）了解管理会计的工作程序。

（4）熟悉管理会计与财务会计的关系。

能力目标：

（1）具备管理会计工具应用能力、数据分析能力、财务决策能力及团队协作能力。

（2）能够激发学生的创新思维、管理思维、商业思维。

（3）能够执行单位内部控制措施，执行内部控制检查流程。

（4）善于学习；积极帮助团队成员；倾听他人的意见；以明确、准确、简洁的语言方式，包括形体语言交互传递相关信息。

课程思政：

（1）通过了解管理会计的发展历程，学习管理会计的理论与实践，能够领会管理会计思想，强化责任意识和爱国情怀，为企业和社会创造价值服务。

（2）通过对管理会计应用的学习，解放思想，理解财务转型带来的挑战及发展的新方向。

项目知识结构

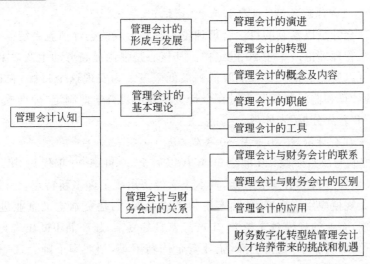

情景导入

（1）基于价值链的全方位成本管理：京东是我国知名的综合网络零售商，在线销售家电、数码、计算机、家居百货、服装服饰、母婴、图书、视频、在线旅游等十二大类数万个品牌百万种产品。2014 年 5 月，京东成功在美国纳斯达克挂牌上市，其成功背后的重要原因之一就是基于价值链的全方位成本管理。

京东基于价值链的全方位成本管理以先进的信息系统为基础，以即时库存管理为前提，以高效的物流体系为核心，通过"提高价值链效率"和"降低价值链各个环节的成本"两条曲线，将成本管理嵌入价值链的各个环节，采取有针对性的措施对价值链节点加以完善，全方位降低成本，实现企业战略目标。

（2）党史故事：1978 年 12 月 18 日至 22 日，中国共产党第十一届中央委员会第三次全体会议在北京举行。会前的中央工作会议开了 36 天。邓小平对这次中央工作会议也高度重视，他为此次会议撰写提纲，内含八项要点。党的十一届三中全会的召开开启了中国改革开放历史新时期。在中国革命建设、改革的近百年历程中，解放思想不仅是中国共产党的思想理论武器，更是指导实际工作的有力工具。思想解放了，才不会被习惯势力和主观偏见所束缚，才能研究新情况、解决新问题，创造性地改造世界。

思考：

（1）什么是管理会计？财务数字智能化背景下管理会计的创新点在哪里？

（2）在学习管理会计的形成与发展中，结合学习党史故事《思想解放　历史转折》，让学生们意识到要研究新情况、解决新问题，创造性地改造世界。

任务一　管理会计的形成与发展

一、管理会计的演进

（一）管理会计在国外的发展阶段

西方管理会计的形成与发展大致可区分为以下两大阶段。

1. 执行性管理会计阶段（20 世纪初至 20 世纪 50 年代）

执行性管理会计是以泰勒的科学管理理论为基础形成的会计信息系统。

泰勒的科学管理理论产生于 20 世纪初。其核心是强调提高劳动生产效率，使企业将生产经营中一切可以避免的损失尽可能降低到最低限度。为实现这个目标，它在管理上要求实行"最完善的计算和监督制度"，当时在会计上主要通过科学地制定"标准成本"、严格地进行"预算控制"和"差异分析"来体现。

2. 决策性管理会计阶段（20 世纪 50 年代以后）

（1）管理控制与决策阶段（20 世纪 50 年代以后至 20 世纪 90 年代）。第二次世界大战以后，资本主义世界进入战后发展时期，资本主义经济出现了许多新特点：一是现代科学技术突飞猛进并大规模应用于生产，使生产得到迅速发展；二是资本主义企业进一步集中，跨国公司大量出现，企业的规模越来越大，生产经营日趋复杂，新产品不断出现，企业外部的市场竞争激烈；三是通货膨胀，物价上涨，企业资金周转困难，利润率下降。这一时期，一方面

思想解放
历史转折

经济发展很快,另一方面在竞争中倒闭的企业也很多。这些新的条件和环境使企业管理者逐步认识到,企业要发展就必须实现企业管理现代化。这主要包括两个方面:一方面,强烈要求企业的内部管理更加合理化、科学化;另一方面,要求企业具有灵活的反应能力和高度的适应能力,否则,就有可能在激烈的竞争中被淘汰。战后资本主义经济发展的这种新的形势和要求,是风靡一时的泰勒科学管理理论无法适应的。

首先,泰勒的科学管理理论着眼于对生产过程进行科学管理,把重点放在通过对生产过程的个别环节、个别方面的高度标准化,为尽可能提高生产和工作效率创造条件,但对企业管理的全局、企业与外部的关系则很少考虑。这种理论在当时的历史条件下是可行的,但在新的情况下就显得有些本末倒置。

其次,泰勒的科学管理理论不是把人当作具有主动性、创造性的人,而是把人当作机器的奴隶(附属品),强调只有管得严才能提高效率,使广大工人处于消极被动和极度紧张的状态,因而不可能取得应有的效果。

正是由于泰勒的科学管理理论有这两个根本性的缺陷,不能适应战后资本主义经济发展的新形势和要求,因此它被现代管理科学所取代就成为历史的必然。

(2)价值创造与决策阶段(20世纪90年代以后)。随着经济全球化和知识经济的发展,世界各国的经济联系和依赖程度日益增强,企业之间分工合作日趋频繁,准确把握市场定位和客户需求等尤为重要。在此背景下,管理会计越来越容易受到外部信息及非财务信息对决策相关性的冲击,企业内部组织结构的变化也迫使管理会计在管理控制方面有新的突破,需要从战略、经营决策、商业运营等各个层面掌握并有效利用所需的管理信息,为此管理会计以强调价值创造为核心,发展了一系列新的决策工具和管理工具。它是以决策会计和执行会计为主体,实现"在提高资源利用效率基础上的净收益更大化",帮助企业管理者做出各种专门决策的一整套信息处理系统。

(二)管理会计在我国的发展阶段

纵观我国管理会计的形成和发展,大体上可划分为以下三个阶段。

1. 执行性管理会计阶段(中华人民共和国成立至20世纪80年代,计划经济时期)

由于当时我国生产力水平不高,从中华人民共和国成立起较长的一段时期,产品供不应求;在管理上,对整个国民经济实行权力高度集中化的管理,企业管理局限于生产领域,是一种典型的执行性管理,不需要企业研究市场的需求,也不需要考虑流通领域的问题(因为这一切都已经由国家的各级行政机构包办代替了)。在这种条件下,企业内部采取许多措施为提高企业生产和工作效率服务,如编制全面的生产财务计划和月度作业计划、建立流动资金归口分级管理、推行以班组核算为基础的厂内经济核算、开展经济活动分析等,都具有我国特色。虽然当时还没有使用"管理会计"这个名称,但它们都可看作是我们自己原有的管理会计,总地说来,也是实行事前计划、事中控制和事后分析相结合,直接服务于企业管理的管理会计。基于当时的经济管理体制,会计的工作重点都是围绕怎样使企业能较好地执行上级下达的各项数量和质量指标,因而基本上也属于执行性管理会计。

2. 由执行性管理会计向决策性管理会计转变阶段(20世纪80年代"市场经济"开始至2014年)

我国管理会计发展的第二阶段以党的十一届三中全会为转折点,特别是党的十四大的召开,在理论和实践上都具有划时代的意义。党的十四大明确指出:我国要搞社会主义市场经济体制,实行政企分开,企业成为独立的商品生产者和经营者。与此相适应,国家的经济管理职能主要集中在研究大政方针、制定宏观发展规划、通过经济杠杆和经济立法等手段从国民经济的全局出发进行统一调节(着重采用间接形式进行调节)等方面,而企业的供、产、销、人、财、物则由企业自己去管,由企业自行进行微观决策,使企业的生产经营从过去单纯的执行性管理向决策性管理转变,自觉地把"正确地进行经营决策"放在首位。这样,就能创造出一种使人的创造力得以充分发挥,经济资源(物资、资金等)得以合理流动和最优组合、最优利用的环境与条件。与这种新的环境和条件相适应,在管理会计方面也就自然而然地要求原有的执行性管理会计向决策性管理会计转变。

在这一阶段里,广大会计工作者遵循"以我为主、博采众长、融合提炼、自成一家"的原则,认真总结我国管理会计的工作经验,创建出适合中国国情、具有中国特色的以决策性管理会计为主体的中国式的管理会计理论与方法体系,更好地加强企业内部经营管理、全面地提高企业经济效益和服务质量。

3. 中国特色管理会计体系建设阶段(2014 年以后)

财政部在 2014 年 10 月发布了《关于全面推进管理会计体系建设的指导意见》(以下简称《指导意见》)。这是一份承载着我国会计改革与发展的重要方向的指导性文件。中国管理会计正以崭新的姿态改变传统会计世界,重构未来会计格局。

《指导意见》的框架设计是立足国情,借鉴国际,提出了理论、指引、人才、信息化加咨询服务"4+1"的管理会计有机发展模式。既发展中国特色管理会计理论,又形成能够科学指导实践操作的管理会计指引;既打造管理会计人才队伍,又提高管理会计信息化水平;既发挥单位在管理会计工作中的主体作用,又借助管理会计专业咨询服务机构的"外脑"作用,促进管理会计工作的全面开展。

(1) 推进管理会计理论体系建设是指推动加强管理会计基本理论、概念框架和工具方法研究。

(2) 推进管理会计指引体系建设是指形成以管理会计基本指引为统领、以管理会计应用指引为具体指导、以管理会计案例示范为补充的管理会计指引体系。

(3) 推进管理会计人才队伍建设是指推动建立管理会计人才能力框架,完善现行会计人才评价体系。

(4) 推进面向管理会计信息化建设是指指导单位建立面向管理会计的信息系统,以信息化手段为支撑,实现会计与业务活动的有机融合,推动管理会计功能的有效发挥。

争取 3～5 年内,在全国培养出一批管理会计人才;力争通过 5～10 年的努力,基本形成中国特色的管理会计理论体系,基本建成管理会计指引体系,显著壮大管理会计人才队伍,显著提高管理会计信息化水平,逐渐繁荣管理会计咨询服务市场,使我国管理会计接近或达到世界先进水平。这一目标既脚踏实地、立足当下,又放眼未来、谋划长远,描绘了中国管理会计的未来发展前景,是指导我国未来开展管理会计工作的总体规划。

二、管理会计的转型

2012 年,我国首次提出"互联网+"的概念,之后信息技术迅速在我国发展,也涉及会计领域。人工智能、互联网涉及生活的方方面面,这就要求管理会计人员充分利用大数据深入挖掘企业的价值,降低企业成本,提高管理效率,使企业利润最大化。同时,将管理会计中传统的计量方法与大数据、移动互联网相结合,形成"互联网+"模式,以实现新时代管理会计的创新。

在转型时期,企业的内外部环境正在倒逼企业寻找更为有效的财务模式,企业财务组织需要成为衔接企业战略、运营与绩效的桥梁和纽带,开展企业整体资源配置并进行准确衡量、全程控制和监督,以确保企业价值链的可持续发展,提升企业的综合竞争力。而这些要求正是管理会计服务的宗旨和致力追求的目标,管理会计是实施财务转型升级的重要工具。

财务转型最核心的是财务人员的转型。在当前,财务管理人员创造价值的战场已经转移,战略决策支持和运营过程管理与控制才是最产生价值的领域。对于面临转型或正在转型的企业来说,培养高素质人员是一个主要瓶颈,管理会计人才队伍建设显得尤为迫切。

任务二　管理会计的基本理论

一、管理会计的概念

管理会计起源于成本管理,延伸到财务管理和预算管理,在20世纪初是非常有效的管理工具。大名鼎鼎的麦肯锡咨询公司的创始人是芝加哥大学会计学科的詹姆斯·麦肯锡教授,他于1924年出版了《管理会计》,是该领域里出版较早的著作。麦肯锡教授就用管理会计这门看家本领创立了麦肯锡咨询公司。后来管理会计中又加入了绩效管理、内部控制、风险管理、决策支持等内容。许多管理会计工具都是其他专业领域发明的,由于管理会计发展的需要而冠以管理会计的名称,如平衡计分卡、价值链、五力竞争分析、COSO内控模型、KPI等。

财政部印发的《指导意见》给出管理会计的定义:管理会计是会计的重要分支,主要服务于单位(包括企业和行政事业单位)内部管理需要,是通过利用相关信息,有机融合财务与业务活动,在单位规划、决策、控制和评价等方面发挥重要作用的管理活动。

二、管理会计的内容

一般来说,管理会计的基本内容包括预测分析、决策分析、全面预算、成本控制、责任会计和业绩评价等方面。其中,预测分析和决策分析合并称为预测决策会计,全面预算与成本控制合并称为成本管理会计,责任会计与业绩评价又称为控制与评价会计。

(一)预测决策会计

预测决策会计主要是为企业预测前景和规划未来服务的。首先,利用相关信息对企业成本、销售、利润及资金等专门问题进行科学的预测决策分析。其次,按决策程序所确定的目标编制企业全面预算、企业整体计划的数量说明。最后,为规划和把握未来经济活动,将全面预算按照责任制的要求进行分解,形成各个责任中心的责任预算。预测决策会计主要包括预测分析、短期经营决策分析、长期投资决策分析、人力资源决策分析、决策实施的全面预算。预测决策会计可保证企业有效、合理地利用经济资源,获得最佳经济效益,它在现代管理会计中占核心地位。

(二)成本管理会计

成本管理会计主要是为企业控制和降低成本服务的。以作业成本系统为代表的成本管理会计是企业控制和降低成本的有效管理工具,通过分析作业的成本和效益,发现问题,并提出解决问题的方案,避免不增加价值的作业,降低企业成本,提高企业竞争力。成本管理会计主要包括作业成本计算与作业管理、本量利分析。

（三）控制与评价会计

控制与评价会计主要是为企业控制现在和评价过去服务的。首先,利用标准成本制度,结合变动成本法,对企业的日常经济活动进行跟踪、归集、计算。然后,根据责任会计的要求,将各责任中心实际数额与预算数额进行比较分析,通过编制日常业绩报告、评价与考核责任中心,确定其经济责任和奖惩。同时,将分析过程中发现的重要问题立即反馈给有关部门,迅速采取有效措施,及时整改。

三、管理会计的职能

（一）预测经济前景

预测是指采用科学的方法预计推测客观事物未来发展的必然性或可能性的行为。管理会计发挥"预测经济前景"的职能,就是按照企业未来的总目标和经营方针,充分考虑经济规律的作用和经济条件的约束,选择合理的量化模型,有目的地预计和推测企业未来的销售、利润、成本及资金的变动趋势和水平,为企业经营决策提供第一手信息。

（二）参与经济决策

决策是在充分考虑各种可能的前提下,按照客观规律的要求,通过一定程序对未来实践的方向、目标、原则和方法做出决定的过程。管理会计发挥"参与经济决策"的职能主要体现在根据企业决策目标搜集、整理有关信息资料,选择科学的方法计算有关长短期决策方案的评价指标,并做出正确的财务评价,最终筛选出最优的行动方案。

（三）规划经营目标

管理会计"规划经营目标"的职能是通过编制各种计划和预算实现的。它要求在最终决策方案的基础上,将事先确定的有关经济目标分解落实到各有关预算中,从而合理有效地组织协调企业供、产、销及人、财、物之间的关系,并为控制和责任考核创造条件。

（四）控制经济过程

管理会计发挥"控制经济过程"的职能,就是将对经济过程的事前控制与事中控制有机地结合起来,通过事前确定科学可行的各种标准,根据执行过程中的实际与计划发生的偏差进行原因分析,并及时采取措施进行调整,改进工作,确保经济活动的正常进行的过程。

（五）考核评价经营业绩

管理会计履行"考核评价经营业绩"的职能,是通过建立责任会计制度来实现的,即在各部门、各单位及每个人均明确各自责任的前提下,逐级考核责任指标的执行情况,找出成绩和不足,从而为奖惩制度的实施和未来工作的改进措施的形成提供必要的依据。

四、管理会计的工具

管理会计的工具是实现管理会计目标的具体手段,是单位应用管理会计时所采用的战略地图、滚动预算管理、作业成本管理、本量利分析、平衡计分卡等模型、技术、流程的统称。管理会计的工具具有开放性,随着实践发展不断丰富完善。

（一）管理会计的工具的应用领域

管理会计的工具主要应用于以下领域,如表 1-1 所示。

表 1-1　管理会计的工具的应用领域

应用领域	管理会计的工具
战略管理	战略地图、价值链管理等
预算管理	全面预算管理、滚动预算管理、作业预算管理、零基预算管理、弹性预算管理等
成本管理	目标成本管理、标准成本管理、变动成本管理、作业成本管理、生命周期成本管理等
营运管理	本量利分析、敏感性分析、边际分析、标杆管理等
投融资管理	贴现现金流法、项目管理、资本成本分析等
绩效管理	关键指标法、经济增加值、平衡计分卡等
风险管理	单位风险管理框架、风险矩阵模型等

（二）管理会计工具的分类

单位应用管理会计应结合自身实际情况，根据管理特点和实践需要选择适用的管理会计的工具，并加强管理会计的工具的系统化、集成化应用。

1. 通用型的管理会计工具

通用型的管理会计工具用于对历史财务信息计量的技术方法，包括决策分析法、本量利分析法、作业成本法、标准成本法和产品成本专项管理法等。它们可以作为常规性的方法应用于各类型的企业管理会计信息业务评价中，具有一般性、常规性和普遍性等共性特征。

2. 专用型的管理会计工具

专用型的管理会计工具主要有全面预算管理、财务战略策划和财务资金计划等，主要是利用专门的预测方法、统计回归分析法、运营资本策划法、技术经济评价法等基本工具，对企业财务、战略、预算、人资等专门领域的财务管理活动的支持信息进行更加专业、精确的计量。其基本特点是所形成的会计信息路径具有专业化、定量化和数据化特征。

3. 管控型的管理会计工具

管控型的管理会计工具主要是指基于业务管理信息的管理会计信息业务报告上下双向沟通方法、企业内部业务中心绩效考核评价方法和企业管理质量指数评价法等。企业利用业务信息系统、综合绩效计量指标体系与考评制度和企业社会责任贡献会计信息指数法，对各层次和各岗位的管理层及员工的工作成效和企业整体社会效益贡献度进行专业财务评价与会计职业判断，从总体质量控制角度客观衡量管理会计信息。其所提供的会计信息具有协调性、激励性和互通性等主要特征。

4. 创新型的管理会计工具

创新型的管理会计工具主要是指利用"互联网＋"、云计算、数据挖掘等现代新型信息技术平台提供会计信息的计量方式；基于战略管理的平衡计分卡；基于环境改善的生态环境绩效评估法和基于企业社会责任会计信息的评价等新型信息技术与外延性会计信息工具。其基本职能是基于技术平台显著扩大管理会计信息的服务范围，丰富管理会计信息的内涵，为治理层的确立与提升基于管理会计信息的管理与控制的软实力提供充分支持。其信息提供具有方式多、数据量大、周期短、变化快等网络信息时代新特征。

任务三　管理会计与财务会计的关系

管理会计和财务会计是会计的两大重要分支,它们在企业的管理决策中发挥着至关重要的作用。企业为有效提升其财务管理水平,全面提升其经营管理能力,以及实现其经济效益最大化,必须对管理会计与财务会计有准确且充分的认识,并且将两者进行有效的融合与统一,为企业的决策创造更多的价值。

一、管理会计与财务会计的联系

(一)两者的最终目标一致

管理会计和财务会计共同服务于企业管理,其最终目标都是改善企业经营管理、提高企业的经济效益。财务会计具有反映和控制的职能,会计的基本方法同时也是内部控制的方法;管理会计直接为企业的管理服务。

(二)两者的资料来源基本相同

管理会计所需的许多资料来源于财务会计系统,它的主要工作内容是对财务会计信息进行深加工与再利用,因此受到财务会计工作质量的约束;而财务会计的发展与改革,要充分考虑管理会计的要求,以扩大信息交换处理能力和兼容能力,避免不必要的重复和浪费。

(三)两者的主要指标相互渗透

财务会计提供的历史性资金、成本、利润等有关指标,是管理会计进行长、短期决策分析的重要依据;而管理会计所确定的计划,又是财务会计进行日常核算的目标。它们的主要指标体系和内容是一致的,尤其是企业内部的会计指标体系,更应该同步实施才能实现有效的控制和管理。

(四)两者在方法上相互补充

管理会计的方法主要是预测、决策、预算、控制和考核;财务会计的方法主要是核算、分析和检查。

二、管理会计与财务会计的区别

管理会计是为适应现代企业管理的需要,在明显突破原有会计领域的基础上建立起来的一门相对独立的会计学科。因此,管理会计与财务会计有许多区别,如表 1-2 所示。

表 1-2　管理会计与财务会计的区别

项　目	财　务　会　计	管　理　会　计
核算目的	通过定期编制基本财务报表,提供一定时期的财务状况,以及一定期间的经营成果和资金流动情况的财务信息,主要为企业外界有经济利益关系的团体或个人服务	通过选用灵活多样的专门方法和技术,不定期地编制各种管理报表,提供有效经营和最优管理决策的有用信息,主要为企业内部各级管理人员服务
核算重点	着重反映过去(记账、算账、报账),单纯地提供信息	虽然也要算账,但着重点在于能动地利用已发生的财务会计信息及其他有关资料,预测前景,参与决策,规划未来和控制现在
核算依据	遵守《企业会计准则》、会计制度及其他法规	遵循《管理会计基本指引》

续表

项　目	财　务　会　计	管　理　会　计
核算对象	主要以整个企业为核算对象,提供集中概括的财务成本信息,用于对全企业的财务状况和经营成果进行综合的评价与考核	主要以企业内部各个责任中心为核算对象,对它们日常工作的实绩和成果进行控制与考核;同时从整个企业的全局出发,认真考虑各项决策与计划之间的协调配合和综合平衡
核算程序	核算程序比较固定,有强制性,凭证、账簿、报表有固定格式	核算程序不固定,可自由选择,一般不涉及填制凭证和复式记账问题,报表没有固定的格式,可按管理需要自行设计
核算方法	主要采用设置账户、复式记账等会计方法	比较灵活,大量应用统计、数学等方法和大数据技术来确定最优方案
核算要求	力求准确	不要求绝对精确,一般只要求计算近似值
编表时间	定期编制(月、季、年)	有较大弹性,不固定,根据管理需要编制

三、管理会计的应用

管理会计与
中国经济

　　管理会计是企业战略落地和精细化管理的重要影响因素,作为企业战略、业务、财务一体化最有效的工具,管理会计发展的核心动力来源于企业的管理需求。

　　在日益严峻的经济压力下,企业战略转型和精细化管理需求更加迫切,管理会计应用与实践日益广泛,在推动企业技术创新、管理创新、资源优化配置等方面发挥越来越重要的作用。

(一)管理会计在降低成本、提高利润方面的关键作用

　　企业自身是无法控制外部环境的,企业管理只有从内部入手。世界各国企业对如何提高利润、降低成本的追求都在大力应用管理会计。管理会计在加强成本管理与控制的基础上,比单纯的成本管理又先进了许多,主要为企业管理者们提供战略、战术、日常业务运营决策支持服务与绩效管理等。例如,管理会计可以解决下列问题。

　　对产品线(或产品)的盈利分析,考查是否继续增加产量还是减少产量甚至停产;零部件、服务等是自产更好还是外包更好;生产单位产品的边际利润是多少;对客户、销售渠道、市场区域等进行盈利分析来确定营销策略;在保证公司预期利润的前提下,如何设计新产品,控制新产品目标成本;在现有产品生产中如何逐步降低材料、人工等资源消耗成本,逐步改进生产,降低制造成本;如何设计一个良好的企业成本控制系统,逐步达到行业最佳水平;如何消除非增值的作业(活动),改进营销、生产、服务等业务流程;产品、客户、销售渠道等的总成本(包括从研发、设计到生产制造、销售、配送、售后服务等价值链、供应链的全过程的成本总和)是多少;产品从全生命周期与价值链流程考虑如何精确地报价与定价;如何从战略高度来降低总成本,而不仅仅是制造成本;公司哪一部门的业绩最好,哪一部门的业绩最差,如何改进部门业绩等。

(二)云计算大数据充实了管理会计的新内涵,进一步促进了管理会计的应用

　　云计算、大数据、移动互联等新技术正在推动企业信息化进入新阶段,互联网正在改造或颠覆一个又一个传统企业,新技术与管理创新融合,为管理会计注入新的活力,充实新的

内涵。云计算促进财务职能转型,为财务管理提供工具和手段,如财务共享服务、促进财务体系的再设计,为财务转型提供数据基础、管理基础和组织基础;大数据技术则扩展了管理会计的数据范围,过去企业大多只能使用内部数据,而现在通过互联网可以对外部大数据进行采集处理,由此通过"对标"对企业定额、项目造价、经营预测等的合理性评估变得更加可行;此外,基于互联网的新管理工具和新业务模式,也使财务参与业务活动和决策变得更加容易,内控更加有效,全价值链活动的"三流合一"真正成为可能;互联网时代"去中心化"使传统组织结构向倒金字塔式转变,实现以客户为中心的全员决策、实时决策,充分发挥管理会计的价值。

云计算、大数据技术为管理会计深化应用提供了新路径、新工具和新方法,从精细到互联,集聚企业智慧,是管理会计发展的新趋势。

四、财务数字化转型给管理会计人才培养带来的挑战和机遇

从新时代、新业务对财务的新要求来看,财务转型是必经的过程,业财融合、管理会计及数字化是财务转型的重要手段和方式。财务转型成功的关键不在财务工作,而在于用全局眼光、敏锐的思维参与企业的战略管理,管理好报表后面的价值驱动因素。从时空维度来看,财务要从事后的记录转向事前的预判和决策。财务人员要从"理财管家"转向"管理策略家"和"战略规划家"。面向未来的会计职能变化如图 1-1 所示。

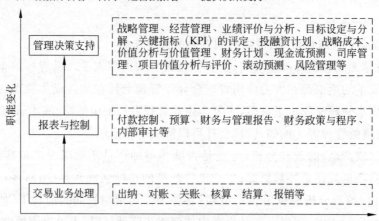

图 1-1 面向未来的会计职能变化

在全球数字化浪潮大背景下,数据逐步融入产业创新和升级的各个环节,数字化正在成为中国经济的新增长点与新动能。财务数字化转型的精髓就是"融合"。只有数字化、智能化与财务业务场景充分融合,才能开启管理会计新世界,将企业业务、财务场景和数字化技术相融合,重塑企业组织和流程,构建新的财务管理模式的"智慧财务",汇经营于数据,蕴管控于服务,控风险于智能,落战略于价值。财务人员应洞察企业未来发展方向,根据当前局势及趋势变化,推动企业战略发展,持续推进战略落地,实现企业的可持续健康发展,为企业创造更多价值。

边学边练

情景案例：结合管理会计的应用，你认为未来管理会计的新动向是什么？

边学边练
答案及解析

知识与能力训练

一、知识训练

（一）单项选择题

1. 现代企业会计的两大分支：一为财务会计，二为（　　）。
    A. 责任会计　　　　　B. 预算会计　　　　　C. 控制会计　　　　　D. 管理会计
2. 根据《指导意见》，中国特色的管理会计的框架设计是（　　）的管理会计有机体系。
    A. "2＋1"　　　　　B. "3＋1"　　　　　C. "4＋1"　　　　　D. "5＋1"
3. 管理会计起源于西方的（　　）。
    A. 资金管理　　　　　B. 成本管理　　　　　C. 预算管理　　　　　D. 绩效管理

（二）多项选择题

1. 绩效管理包括的管理会计工具有（　　）。
    A. 关键指标法　　　　B. 经济增加值　　　　C. 平衡计分卡　　　　D. 本量利分析
2. 管理会计与财务会计的主要区别有（　　）。
    A. 核算目的不同　　　B. 核算程序不同　　　C. 核算方法不同　　　D. 核算依据不同

（三）判断题

1. 管理会计与财务会计共同服务于企业管理，两者的最终目标一致。　　　　　　（　　）
2. 管理会计主要为企业内部各级管理人员服务。　　　　　　　　　　　　　　（　　）
3. 管理会计的主要职能是预算和监督。　　　　　　　　　　　　　　　　　　（　　）

二、能力训练

华为是全球领先的信息与通信技术（ICT）解决方案供应商，专注于 ICT 领域，坚持稳健经营、持续创新、开放合作。在华为，任正非先生在谈到财务管理时曾说过：财务如果不懂业务，只能提供低价值的会计服务；财务必须有渴望进步、渴望成长的自我动力；没有项目经营管理经验的财务人员不可能成长为 CFO；称职的 CFO 应随时可以接任 CEO。对于一个企业来说，最基本的两方面就是业务与财务。

请分析为什么管理会计要实现业财融合？

项目二

战 略 管 理

学习目标

知识目标：

（1）理解公司的愿景、使命与目标。

（2）掌握战略管理的内涵。

（3）理解战略管理过程的含义。

（4）掌握战略管理的应用程序。

（5）了解战略地图的含义。

（6）了解企业战略地图的绘制步骤。

能力目标：

（1）能够具备以书面表达和口头表达的方式清晰、有效传递信息的基本能力。

（2）能够理解单位目标、个人目标与单位战略规划的关系。

（3）能够预见未来，领导策略计划进程，引导决策，战略、规划管理风险及监控业绩。

（4）能够协助团队完成相关的尽职调查、成本与效益测算及分析工作。

（5）能够协助团队完成战略规划目标的分解。

（6）能够执行战略实施的各项指令。

课程思政：

（1）通过对战略管理的学习，理解战略战术、合作共赢、团队意识、团结协作、集体精神，自信自强。

（2）通过对企业战略管理价值观的学习，理解正直、真诚始终贯穿于工作态度与工作风格中，理解员工对公司的责任感、归属感和使命感。

（3）通过对企业战略有效实施的学习，理解企业文化要融入每个员工的日常行为习惯中，融入一系列的管理环节中，形成共同遵守的最高目标、价值目标、基本信念及行为规范。

（4）通过对战略管理的学习，理解运筹帷幄、战略决策的内涵。

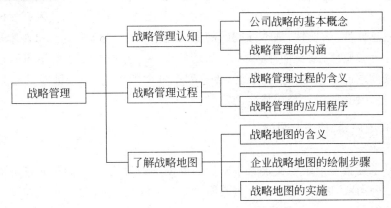

项目知识结构

战略管理
- 战略管理认知
  - 公司战略的基本概念
  - 战略管理的内涵
- 战略管理过程
  - 战略管理过程的含义
  - 战略管理的应用程序
- 了解战略地图
  - 战略地图的含义
  - 企业战略地图的绘制步骤
  - 战略地图的实施

情景导入

（1）女排精神：40年前，万人空巷看女排；而今，"女排精神"屡成网络热词。从默默无闻，到10次夺得世界排球"三大赛"冠军，中国女排生动诠释了奥林匹克精神和中华体育精神，为中华民族屹立于世界民族之林添上了光彩的一页。时光流转，新老交替，中国女排为何总能连创辉煌？打开国际化视野，引入科学赛训理念，让专业素养与精神力量融汇在一起，被视为女排屡屡突破的密钥。博采众长、开拓创新为女排精神注入新的时代内涵。这些年来，中国女排的教练员和队员换了一茬又一茬，但追求卓越、勇攀高峰的精气神一如既往。她们的坚守与奋起，为体育强国建设注入奋进的力量。女排姑娘在经历2020东京奥运会的挫折之后并没有气馁，表示将继续发扬女排精神，刻苦训练、补齐短板、重拾信心，以冲击者的姿态重新出发。

夺冠

（2）党史故事：1948年年初到1949年，中共中央在西柏坡指挥了辽沈、淮海、平津三大战役。三大战役波澜壮阔、惊天动地，为世人所瞩目，但它们的指挥中心竟然位于河北省一个不起眼的小村庄——西柏坡。三大战役完成了解放军对国民党军的战略决战，人民解放战争取得了决定性的胜利。

运筹帷幄
战略决战

思考：

（1）从电影《夺冠》中理解战略战术、团结协作、顽强拼搏、自信自强的精神缔造出比金牌更宝贵的精神宝藏，学习中国女排心系集体、精诚团结、矢志创新的品质。

（2）通过学习党史故事《运筹帷幄 战略决战》，理解战略战术、合作共赢。

任务一 战略管理认知

一、公司战略的基本概念

（一）公司战略的定义

公司战略是对公司各种战略的统称，其中既包括竞争战略，也包括营销战略、发展战略、品牌战略、融资战略、技术开发战略、人才开发战略、资源开发战略等。只有战略定位准，才能赢得市场,获得竞争优势,不断发展壮大。例如,公司竞争战略是对公司竞争的谋略,是对公司竞争整体性、长期性、基本性问题的谋略;公司营销战略是对公司营销的谋略,是对公司营销整体性、长期性、基本性问题的谋略;公司技术开发战略是对公司技术开发的谋略,是对公司技术开发整体性、长期性、基本性问题的谋略;公司人才战略是对公司人才开发的谋略,是对公司人才开发整体性、长期性、基本性问题的谋略。各种公司战略相同的是基本属性,不同的是谋划问题的层次与角度。总之,无论哪个方面的谋略,只要涉及的是公司整体性、长期性、基本性问题,就属于公司战略的范畴。

(二) 公司的愿景、使命与目标

1. 公司的愿景

公司的愿景是指一个组织或个人希望达到或创造的理想图景要解决的问题是"我们要成为什么样的公司"。例如,迪士尼公司的愿景是"成为全球的超级娱乐公司"。阿里巴巴集团的愿景是让客户相会、工作和生活在阿里巴巴,并持续发展最少 102 年。

2. 公司的使命

公司的使命阐明公司的根本性质与存在的理由,包括公司目的、公司宗旨、经营哲学。经营哲学影响公司的经营范围和经营效果,是其经营活动方式所确立的价值观、基本信念和行为准则,是企业文化的高度概括。

例如,华为的愿景与使命是把数字世界带入每个人、每个家庭、每个组织,构建万物互联的职能世界;阿里巴巴集团的使命是让天下没有难做的生意。阿里巴巴的六个价值观分别是:客户第一,客户是衣食父母;团队合作,共享共担,平凡人做非凡事;拥抱变化,迎接变化,勇于创新;诚信,诚实正直,言行坦荡;激情,乐观向上,永不放弃;敬业,专业执着,精益求精。

3. 公司的目标

公司的目标是公司使命的具体化,是衡量工作成绩的标准。目标是企业的基本战略。其目的是将使命转换成明确具体的业绩标准。例如,市场占有率、收益增长率、满意的投资回报率、股利增长率等财务目标,获取足够的市场竞争优势、建立技术上的领导地位,获得持久的竞争优势等战略目标。

(三) 公司战略的层次

公司层战略、业务层战略与职能层战略一起构成了企业战略体系。在企业内部,企业战略的各个层次之间是相互联系、相互配合的。所以,企业要实现其总体战略目标,必须将三个层次的战略有效地结合起来。公司战略的层次结构如图 2-1 所示。

二、战略管理的内涵

伊戈尔·安索夫在 1965 年撰写的《公司战略》一书中首次提出公司战略的概念。他借用了"战略"这个军事词汇,并引入"市场竞争"概念。谈到企业战略理论,人们自然会联想到军事战略,战略始于战争,源于战略思维。如中国古代《孙子兵法》中的军事战略、诸葛孔明的军事谋略等。企业战略的概念本身就是从这些军事谋略中发展和形成的。但是,安索夫强烈反对将军事战略尤其是军事谋略的模式简单套用在战略管理过程中。我们知道,在军事领域,战略主要是与军事情报搜集、行动计划、方案布局、战场布阵等相联系。军事战略与企业战略的最大不同在于军事战略以战胜对方为主要目标,而企业战略是以整合资源和创

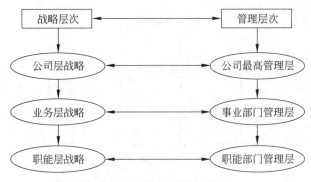

图 2-1 公司战略的层次结构

造价值为目标,坚决反对自相残杀的恶性竞争。根据安索夫的观点,战略管理是"企业高层管理者为保证企业的持续生存和发展,通过对企业外部环境与内部条件的分析,对企业全部经营活动所进行的根本性和长远性的规划与指导"。战略管理就是分析问题和解决问题的系统思路,强调应站在长远和全局的角度去认识企业管理问题,而不是习惯上的"头痛医头,脚痛医脚"、就事论事的片段式思路。与一般的管理不同,战略管理着眼于全局和未来,动态地完成从战略形成到战略执行的过程。

我国《管理会计应用指引第 100 号——战略管理》指出:战略管理是指对企业全局的、长远的发展方向、目标、任务和政策,以及资源配置做出决策和管理的过程。

任务二　战略管理过程

一、战略管理过程的含义

战略管理过程是战略分析、战略选择及评价与战略实施及控制三个环节相互联系、循环反复、不断完善的一个动态管理过程。战略管理过程的三个关键要素如图 2-2 所示。企业要生存,要持续成长,必须深谋远虑,必须有战略眼光,确定战略定位,明确战略重点,抓好战略策划,并加以有效地实施。这三个关键要素共同组成整个战略管理系统的完整过程。企业战略管理过程如图 2-3 所示。

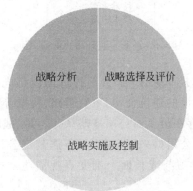

图 2-2 战略管理过程的三个关键要素

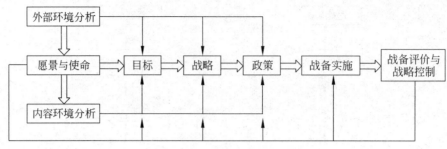

图 2-3　企业战略管理过程

二、战略管理的应用程序

　　企业应用战略管理工具方法,一般按照战略分析、战略选择、战略实施、战略评价与调整等程序进行。

(一)战略分析

　　战略分析包括外部环境分析和内部环境分析。战略分析阶段明确了"企业目前处于什么位置"。

　　1. 外部环境分析

　　(1)宏观环境分析。一般来说,企业宏观环境因素可以概括为四类,即政治和法律环境因素、经济环境因素、社会和文化环境因素、技术环境因素,如图 2-4 所示。

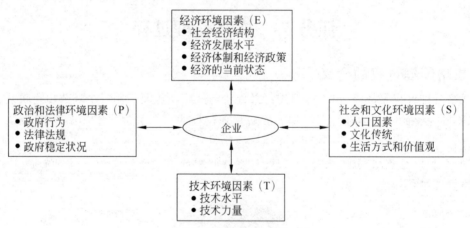

图 2-4　企业宏观环境(PEST)因素

　　【案例 2-1】　筑梦家公司是一家以"致力于打造国内领先、国际知名的建筑企业"为愿景、专门从事路桥工程施工建设的建筑公司,主营道路、桥梁等交通工程施工和技术服务等。由于筑梦家公司战略管理中存在员工对公司战略认知不足、战略执行不到位、战略缺乏与内外部环境的柔性适应等问题,公司拟采用 SWOT 方法制定公司的战略,并应用战略地图工具从财务、客户、内部流程、学习与成长四个维度直观描述公司的战略,实现战略目标清晰化、可视化。

　　要求:公司成立项目小组专门负责此次战略制定。项目小组采用 PEST 分析法对筑梦家公司外部环境进行分析。

解析：

①　政治与法律环境。随着我国相关法律制度的不断完善，建筑业的发展也越来越规范。2017年，住房和城乡建设部发布了《建筑业发展"十三五"规划》，旨在贯彻落实《国务院办公厅关于促进建筑业持续健康发展的意见》，阐明了"十三五"时期建筑业的发展战略意图，并明确了"十三五"时期的主要任务，这些政策的推行将进一步推进建筑业的持续健康发展，并对建筑业的发展产生重大影响。另外，国家"一带一路"倡议为建筑企业开辟了新的市场，带来了新的发展契机。

②　经济环境。目前我国的基础设施在某些方面已经处于世界领先地位，高铁、高速公路的通车里程已经成为世界第一，目前政府仍然在加大投入。未来特大型、大型城市的公共交通建设将延续很长一段时期。建筑业的市场规模增速虽然放缓，但发展空间仍然较大。此外，国家正在稳步实施投融资体制改革，大力推行PPP模式（即政府与社会资本合作），这将为建筑业的发展带来机遇。而劳动力、资源、环境等成本上升又给建筑业盈利能力带来了压力。

③　社会和文化环境。一方面，我国建筑业一直以来属于劳动密集型行业，而随着我国人口老龄化速度加快、人口红利逐渐消失，导致建筑业陷入招工难、用工荒等困境；另一方面，目前建筑行业一线产业工人技能水平较低，高素质复合型人才缺乏，而且由于工作环境较艰苦等原因，人才流失问题严重。这些都是目前建筑企业普遍面临的问题。

④　技术环境。目前我国建筑企业在技术水平和装备水平方面与发达国家相比仍存在差距，建筑企业需要积极学习新的施工技术（如波形钢腹板预应力技术、桥梁转体技术、碳纤维/混凝土喷射加固技术、节能型施工技术等），加强对新型施工材料的研究并应用于施工过程，利用BIM（建筑信息模型）等信息技术提升工程的施工效率。

（2）产业环境分析。波特认为，在每一个产业中都存在五种基本竞争力量，即潜在进入者、替代品、购买者、供应者与现有竞争者间的抗衡。在一个产业中，这五种力量共同决定产业竞争的强度及产业利润率，最强的一种或几种力量占据统治地位并且从战略形成角度来看起关键性作用。波特五力产业环境分析模型如图2-5所示。

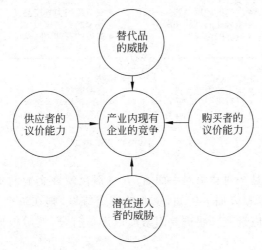

图2-5　波特五力产业环境分析模型

【案例 2-2】 接案例 2-1,要求：项目小组采用波特五力产业环境分析模型对筑梦家公司的产业环境进行分析。

解析：

① 购买者的议价能力。目前我国建筑市场上购买者的议价能力很强,国内建筑市场处于供大于求的阶段,加上建筑业是一个产品固定、生产流动的产业,使集中竞价时建筑企业的议价能力下降。

② 供应者的议价能力。建筑企业的供应者主要是钢铁、水泥等建筑材料供应商,其议价能力一般。这主要是因为虽然这些材料行业进入壁垒较高,供应商较少,但由于这些大宗材料具有比较强的专用性,且筑梦家公司具有严格的采购程序并及时付款,使筑梦家公司的议价能力相对较强。

③ 潜在进入者的威胁。路桥工程施工行业进入壁垒较高,除资金规模限制外,还有业务经验、设备等壁垒,面临的潜在进入者威胁一般。

④ 替代品的威胁。建筑业的替代品不是真正的替代建筑产品,而是指由于科技进步使得建筑形式发生改变,但这种替代实际上是一个长期的过程,潜在威胁较小。但当前科技发展迅速,筑梦家公司需要时时关注科技进步对建筑形式的影响,避免落后于竞争对手。

⑤ 产业内现有企业的竞争。当前产业内企业众多,实力规模差异较大,随着我国基础设施建设的持续发展,路桥工程施工产业的市场竞争在不断加剧,并呈现业务规模和地域上分布不均匀的特点。

2. 内部环境分析

内部环境分析包括资源与能力分析、价值链分析与业务组合分析。企业进行内部环境分析时,常用的战略分析工具有 SWOT 分析和波士顿矩阵分析等。

(1) SWOT 分析最核心的部分是评价企业内部的优势(S)和劣势(W)、判断企业所面临的机会(O)和威胁(T),并做出决策,即在企业现有的内外部环境下,如何最优地运用自己的资源,并且建立公司未来的资源。SWOT 分析模型如图 2-6 所示。

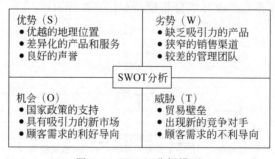

图 2-6 SWOT 分析模型

企业的优势和劣势是相对竞争对手而言的,一般反映在企业的资金、技术设备、职工素质、产品、市场、管理技术等方面。例如,企业的资金雄厚,则在资金上占优势;市场占有率低,则在市场上占劣势,应选定一些重要因素加以评价打分,然后根据其重要程度通过加权确定。

企业的机会是指环境中对企业有利的因素,如政府支持、高新技术的应用、良好的购买者和供应者的关系等。企业外部的威胁是指环境中对企业不利的因素,如竞争对手的出现、市场增长率缓慢、购买者和供应者讨价还价的能力增强、技术老化等。这是企业当前竞争地位或未来竞争地位的主要障碍。

（2）波士顿矩阵分析。波士顿矩阵分析认为市场引力（销售增长率）与企业实力（市场占有率）是决定产品结构的基本因素，这两个因素相互作用会出现四种不同性质的产品类型，形成不同的产品发展前景。波士顿矩阵分析模型如图 2-7 所示，在坐标图上，以纵轴表示企业销售增长率，横轴表示市场占有率，将坐标图划分为四个象限，依次为"明星产品（★）""问题产品（?）""金牛产品（¥）""瘦狗产品（×）"。瘦狗产品属于不再投资扩展或即将淘汰的产品。其目的在于通过产品所处不同象限的划分，使企业采取不同决策，以保证其不断地淘汰无发展前景的产品，保持"问号""明星""金牛"产品的合理组合，实现产品及资源分配结构的良性循环。

波士顿
矩阵分析

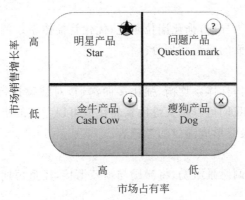

图 2-7 波士顿矩阵分析模型

（二）战略选择

战略选择要回答的问题是"企业向何处发展"。战略选择阶段要考虑以下两个问题。

1. 可选择的战略类型

（1）公司层战略选择包括发展战略、稳定战略、收缩战略三种基本类型。

（2）业务层战略选择包括基本竞争战略、中小企业竞争战略、蓝海战略三种战略。

（3）职能层战略选择包括市场营销战略、生产运营战略、研究与开发战略、人力资源战略、财务战略等。

2. 战略选择过程

（1）制订战略选择方案有自上而下、自下而上、上下结合三种方法。三者的区别在于战略制定中对集权与分权程度的把握。

（2）评估战略备选方案通常使用三个标准：一是适宜性标准，二是可接受性标准，三是可行性标准。

（3）选择战略是指根据企业目标选择战略，提交上级管理部门审批或者聘请外部机构。

（4）战略政策和计划。

（三）战略实施

战略实施是为实现企业战略目标而对战略规划的执行，是将企业的战略目标变成现实的管理过程。战略执行的成效关系到战略管理的成败。实施战略需要研究编制具体的对策措施,形成组织共识,采取适宜的工具与方法。企业可以通过战略目标分解、核心流程设计、权责体系再造、绩效模式优化、改革激励机制、建立战略执行系统与执行者机制来实现战略落地。

1. 战略目标分解

采用平衡计分卡方法将公司战略目标分解为重点工作,通过价值树和鱼骨图的方法将重点工作分解为关键因素,将关键因素按照学习与成长、内部运营、客户体验、财务的层层递进逻辑关系绘制成战略地图。

2. 核心流程设计

建立以客户需求为导向、执行任务为驱动、注重价值点控制、明确权责体系节点的流程体系。

3. 权责体系再造

以流程为核心,目标为导向,强化岗位角色,优化管控体系。例如,集团公司与下属公司在人、财、物、产、供、销方面的权责利划分。

4. 绩效模式优化

关注执行过程,注重指标体系均衡,强化多向沟通,对绩效执行效果进行调整控制。在企业战略地图的基础上,我们可以将关键因素转化成可以考核的指标,明确部门的使命与职责,将指标落实到部门,最终形成岗位的考核表。

5. 改革激励机制

关注结果与成长,强调愿景激励,将激励与绩效衔接,注重短期激励和长效激励相结合,建立合理激励措施。

6. 建立战略执行系统与执行者机制

造就卓越战略执行系统与执行者机制,卓越执行者应具备的核心能力包括良好的执行心态、对执行的深刻理解、清晰的角色定位、执行工具驾驭能力、熟练的流程操作。

【案例 2-3】 TCL 数字化向智能化和智慧化转型是集团公司的战略,为"双＋"战略,即"智能＋互联网","产品＋服务"提供构建智能和互联网应用技术的能力。财务在数字化转型中成为价值创造者、运营支持者和风险管控者,从单纯的核算和信息披露到高阶的财务战略实施,商业模式的搭建,产业投融资、兼并购、全球业务的布局等方向扩展,在预算、战略成本、税务筹划、理财增值等方面成为财经价值创造者和业务合伙人。TCL 财务基于这个定位形成了三个支柱:能力中心的 CEO、共享中心 SSC 和业务财务 BP。

要求:分析 TCL 通过数字化转型希望达到的战略目标。

解析:TCL 希望通过数字化转型构建互联、开放的体系,为用户提供智慧健康生活产品服务,实现以下目标:打造智能产品的应用体系;打造能够兼容接入其他厂家的平台;通过拓展智能家居的产品,提供全品类产品和服务,提高相关增值服务;通过引进、合作、并购等方式,拓展内容运营、智慧生活相关增值服务。

(四) 战略评价与调整

1. 战略评价

战略评价是指检测战略实施进展,评价战略执行业绩,不断修正战略决策,以期达到预期目标。战略评价包括三项基本活动:考查企业战略的内在基础;将预期结果与实际结果进行比较;采取纠正措施以保证行动与计划的一致。

2. 战略调整

战略调整是指根据企业情况的发展变化和战略评价结果,对所制定的战略及时进行调整,以保证战略有效指导企业经营管理活动。

【案例 2-4】 通过 SWOT 分析可以将企业战略分析过程中总结出的企业的优势与劣势、机会与威胁转换为企业下一步的战略开发方向。SWOT 分析成为战略分析与战略选择两个阶段的连接点。

SWOT 分析法运用

要求:用 SWOT 分析法对电力企业发展风能业务进行分析。

一家电力企业对发展风能业务的 SWOT 分析如图 2-8 所示。

因素	机会（O） ● 国民经济持续增长形成的发展空间 ● 良好的外部环境和政策前景 ● 率先行动者的机遇优势 ● 世界风电产业的发展经验 ● 常规发电竞争力的减弱	威胁（T） ● 竞争对手的竞争优势 ● 潜在进入者的加入 ● 中小水电的替代压力 ● 竞争上网的改革优势 ● 世界风电产业的快速发展引起的与供应商砍价地位的降低
优势（S） ● 秉承集团公司的办电经验及良好的客户关系 ● 秉承集团公司的无形资产 ● 本公司的优势 ● 规模化动作电力项目的整体能力 ● 集团公司的支持与实力	SO战略 ● 抢占优质风电资源 ● 规模化发展风电业务	ST战略 ● 寻找有经验的国际战略合作伙伴 ● 规模化发展风电产业 ● 争取中小水电联动开发 ● 规模化促进国产化
劣势（W） ● 风电产业开发经验不足 ● 风电产业市场份额较小 ● 风电价格呈下降趋势 ● 风电储备资源不足	WO战略 ● 寻找有经验的国际合作伙伴 ● 尽早进入竞争对手公司尚未涉及的海上风力发电领域	WT战略 ● 聘请有经验的风电专家 ● 尽快培养并吸引风电人才 ● 选择新型高效风机,尽快形成规模并积累经验

图 2-8　一家电力企业对发展风能业务的 SWOT 分析

解析:本例中几个不同的象限出现相同的战略方向。例如,"规模化发展风电产业"既属于"SO"战略,又属于"ST"战略,即这一战略方向的选择是综合了 S、O、T 三个方向的因素得出的结果;"寻找有经验的国际战略合作伙伴"既属于"ST"战略,又属于"WO"战略,即这一战略方向的选择是综合了 S、W、O、T 四个方向的因素得出的结果。企业在进行 SWOT 分析后,对于可选择的战略方向还要进行总结和梳理,最终确定公司战略选择的主要方向。

【案例 2-5】 波士顿矩阵由美国著名的管理学家、波士顿咨询公司创始人布鲁斯·亨德森于 1970 年首创。波士顿矩阵认为,一般决定产品结构的基本因素有两个:市场引力与企业实力。市场引力包括企业销售量(额)增长率、竞争对手强弱及利润高低等。其中最主要的是反映市场引力的综合指标——销售增长率,这是决定企业产品结构是否合理的外在因素。企业实力包括市场占有率,技术、设备、资金利用能力等,其中市场占有率是决定企业产品结构的内在要素,它直接显示出企业的竞争实力。销售增长率与市场占有率相互影响:市场引力大,市场占有率高,显示出产品发展前景良好,企业也具备相应的适应能力,实力较强;如果仅是市场引力大,而没有相应的高市场占有率,则说明企业尚无足够实力,则该种产品也无法顺利发展;相反,企业实力强,而市场引力小的产品也预示了该产品的市场前景不佳。

要求:用波士顿矩阵分析模型对宝洁公司的产品做出不同的发展决策。

解析:销售增长率与市场占有率两个因素相互作用,会出现四种不同性质的产品类型,形成不同的产品发展前景:①销售增长率和市场占有率"双高"的产品群(明星产品);②销售增长率和市场占有率"双低"的产品群(瘦狗产品);③销售增长率高、市场占有率低的产品群(问题产品);④销售增长率低、市场占有率高的产品群(金牛产品)。

$$本企业某种产品的绝对市场占有率=\frac{该产品本企业销售量}{该产品市场销售总量}$$

$$本企业某种产品的相对市场占有率=\frac{该产品本企业市场占有率}{该产品市场占有份额最大者(或特定的竞争对手)的市场占有率}$$

明星产品——沙宣。该品牌有很高的市场渗透率和占有率,品牌特征非常明显,占绝对优势,而且拥有稳定的顾客群,这类产品可能成为企业的金牛产品,因此需要加大投资。

金牛产品——飘柔、海飞丝。这两个产品销量增长率低,相对市场占有率高,已进入成熟期,可以为企业提供资金,支持其他产品尤其明星产品投资的后盾。

问题产品——伊卡璐。伊卡璐是宝洁为击败联合利华、德国汉高、日本花王而花费巨资购买的产品,此举是为了构筑一条完整的美发护发染发的产品线。宝洁的市场细分很大程度上不是靠功能和价格,而是通过广告诉求给予消费者不同的心理暗示。该品牌市场占有率低,产生的现金流不多,但公司对其发展抱有希望。

瘦狗产品——润妍。该品牌销售增长率低、相对市场占有率也低,应采用撤退战略,首先是坚守批量,逐渐撤退;其次是将剩余资源向其他产品转移;最后是整顿产品系列,与其他事业部合并,统一管理。

◆ 边学边练

情景案例:星巴克咖啡公司波特五种竞争力分析。

星巴克咖啡公司成立于1971年,是世界领先的特种咖啡的零售商、烘焙者和星巴克品牌拥有者。当前公司已在北美、拉丁美洲、欧洲、中东和太平洋沿岸37个国家拥有超过12 000家咖啡店,拥有员工超过117 000人。五力模型分析说明公司的销售运营中心,确定五力中影响企业成败的关键因素,使企业高层管理者从与这些因素相关的各因素中找出需要立即应对或处理的威胁,以便及时采取行动。对本公司的行业环境因素分析如表2-1所示。

表 2-1　行业环境因素

项目	因　素
A	星巴克凭借其独特的咖啡产品、优雅的环境、上乘的质量和服务受到了全世界顾客的青睐,可以说星巴克已经成长为该行业的领先者
B	星巴克主要的竞争对手包括COSTA等,给星巴克造成了一定程度的竞争压力。该行业中的竞争对手也开始争相丰富产品种类,营造具有自身特色的销售环境

续表

项目	因素
C	很多处在咖啡销售的边缘企业随时都有可能进入该市场同星巴克进行竞争。例如,Pizza Hot、KFC 这些企业拥有过硬的品牌知名度,且销售的食品种类非常丰富,同样也有良好的服务环境,这些企业很可能在适当的时机进入咖啡零售行业
D	与咖啡相似的饮料有很多,奶茶、可乐、果汁等都可以成为顾客的选择。所以,星巴克在主营咖啡的同时也兼顾了相关产品销售。再者,吸引顾客到星巴克消费的主要原因之一是星巴克的店内氛围。最为重要的一点是星巴克具有自主核心的咖啡技术,所以替代品的威胁对星巴克并不是很大
E	星巴克高质量的咖啡产品得益于精挑细选的咖啡豆供应商,高品质的原材料保证了星巴克咖啡成品的质量。星巴克在全球范围内采购咖啡豆,由于供应商很分散,所以星巴克能以较低的价格获取咖啡豆
F	星巴克和咖啡豆供应商构建了良好的长久合作关系,达到了双赢的理想效果
G	星巴克很多时候都是在出售一种氛围,这种无形产品会使消费者得到心理上的满足
H	星巴克的创始人舒尔茨曾说过"星巴克为年轻人推广了一种新的生活方式",而正是这种放松温馨的氛围吸引了大量的顾客

要求：完成五力模型分析,并用对应大写字母序号 A～H 分析结果将答案填入表 2-2 波特五力模型分析中。

情景案例解析

表 2-2 波特五力法模型分析

竞争力	现有行业竞争对手的挑战	潜在进入者的威胁	替代品的威胁	供应商讨价还价的能力	购买者的讨价还价能力
影响因素					

任务三 了解战略地图

一、战略地图的含义

战略地图是以平衡计分卡的四个层面(财务层面、客户层面、内部层面、学习与增长层面)目标为核心,通过分析这四个层面目标的相互关系而绘制的企业战略因果关系图。

战略地图的核心内容包括企业通过运用人力资本、信息资本和组织资本等无形资产(学习与成长)才能创新和建立战略优势与效率(内部流程),进而使公司把特定价值带给市场(客户),从而实现股东价值(财务目标)。

例如,W 集团是一所具有 200 余个子公司的大型集团公司,公司经过战略分析,确定了企业的愿景、使命。如何将愿景与使命绘制成形象明确的多维度的战略目标图？如何让员工正确理解企业的战略管理路径？如何将企业的战略目标层层落实到各子公司、各个部门和每个员工？如何激励员工按企业战略方向产生绩效,从而实现企业整体绩效最大化？完成上述管理意图,需要将企业的战略管理目标及实施路径用可视化手段反映出来,让每一个员工清楚地理解战略、认同战略,并以战略指标的实现程度评价责任中心和员工的业绩,以战略管理引导绩效管理,以绩效管理促进战略实施,这个工具就是战略地图。

二、企业战略地图的绘制步骤

企业可应用平衡计分卡的四维度划分绘制战略地图，以图形方式展示企业的战略目标及实现战略目标的关键路径。战略地图的绘制步骤如图 2-9 所示。

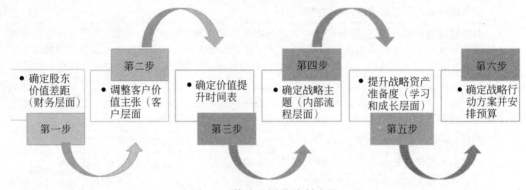

图 2-9　战略地图的绘制步骤

第一步：确定股东价值差距（财务层面），包括确定高层的财务（或使命）目标和指标；确定目标值和价值差距；把价值差距分配到增长和生产率目标。

第二步：调整客户价值主张（客户层面），包括阐明目标细分客户；阐明客户价值主张；选择指标；使客户目标和财务增长目标协调。

第三步：确定价值提升时间表，包括确定实现成果的时间表，划定战略实施的总时间；把价值差距分配给不同的主题，将财务目标值分解为内部流程和战略主题的目标值，并与具体的时间框架联系，以增强总目标值的可行性。

第四步：确定战略主题（内部流程层面），包括寻找、确定影响大的关键的流程（战略主题），运营管理流程、客户管理流程、创新流程、社会流程；设定指标和目标值，使关键内部流程与实现财务与客户目标（结果）的目标值保持协调一致。

第五步：提升战略资产准备度（学习和成长层面），包括确定支持战略流程所要求的人力、信息和组织资本等无形资产；分析评估现有无形资产对战略的支持程度，具备或者不具备支撑关键流程的能力，如果不具备，找出办法予以提升；确定指标和目标值。

第六步：确定战略行动方案并安排预算，包括确定并形成支持流程和开发无形资产的具体行动方案，根据前面确定的战略地图及相对应的不同目标、指标和目标值，制订一系列的行动方案，配备资源，形成预算；阐明并保障预算需求。

三、战略地图的实施

战略地图的实施是指企业利用管理会计方法，借助管控机制拓展的有关工具、方法，确保企业实现既定战略目标的过程。

第一，企业应用战略地图，应设计一套可以使各部门主管明确自身责任与战略目标相联系的考核指标，即进行战略 KPI 设计。

第二，企业应对战略 KPI 进行分解，落实责任并签订责任书。

第三，战略举措执行、执行报告与持续改善。

第四，评价激励。评价主要包括战略指标是否实现了战略目标和实现战略目标的原因两个方面。

这里的激励按照绩效管理中的有关要求进行,战略地图与平衡计分卡同为一个思想体系。激励的主要目的引导责任人自觉地、持续地积极工作,有效利用企业资源,提高企业绩效,实现企业战略目标。

战略地图示例如图 2-10 所示。

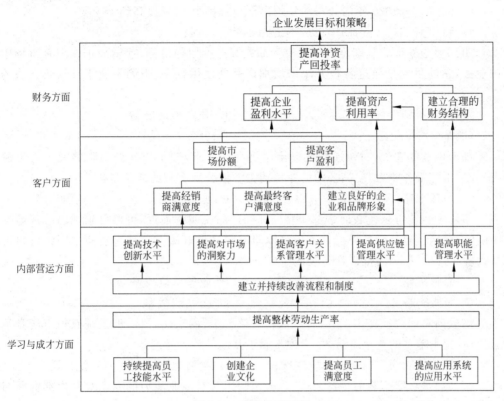

图 2-10　战略地图示例

知识与能力训练

一、知识训练

(一) 单项选择题

1. 甲公司是一家玩具生产厂商,为维持其行业第一的地位,拥有庞大的研发团队,不断研发出新型、智能型玩具,广受消费者喜爱。根据材料分析,甲公司采用的密集型战略是(　　)。

　　A. 多元化战略　　　B. 产品开发战略　　　C. 市场渗透战略　　　D. 市场开发战略

2. 下列各项中,属于战略地图中财务维度的指标是(　　)。

　　A. 服务响应时间　　　　　　　　B. 营业利润增长率

　　C. 新顾客数量　　　　　　　　　D. 专业能力达标率

3. 下列各项中,属于价值链管理基本活动的是(　　)。

　　A. 配送　　　　　　　　　　　　B. 企业基础设施

  C. 采购   D. 人力资源管理

  4. 下列各项中,属于公司的使命的是(　　)。

    A. 甲企业为人类的幸福和发展做出技术贡献

    B. 到 2018 年底乙公司在世界汽车市场的占有率居第一位

    C. 在 2018—2020 年丙公司的年均内部报酬率由 12% 提高到 16%

    D. 到 2018 年丁公司的单位成本下降 4%

  5. 市场渗透战略的基础是增加现有产品或服务的市场份额,或增加正在现有市场中经营的业务,它的目标是通过各种方法来增加产品的使用频率,下列不属于其增长方法的是(　　)。

    A. 扩大市场份额   B. 开发小众市场

    C. 保持市场份额   D. 开发新市场

  6. 随着网购的发展,对快递物流提出了更高的要求,顺丰快递公司重整其人力资源管理,提升员工的服务能力,提高公司的竞争能力。该公司实施的战略是(　　)。

    A. 总体战略   B. 业务单位战略   C. 职能战略   D. 竞争战略

  7. 市面上瓶装可乐包装通常都印有商标和产品说明。最近,可口可乐别出心裁地推出了中国区新包装,包装标签以可口可乐字体印上网络流行语。这种包装使中国区可口可乐销量大增,可口可乐公司推出新包装属于(　　)。

    A. 总体战略   B. 业务单位战略

    C. 职能战略   D. 公司层战略

  8. 纳爱斯集团曾经提出"让雕牌洗衣粉一统天下"的宏伟目标,但是洗衣粉市场竞争日益激烈,有越来越多的竞争者进入,下列不属于其产品替代品的是(　　)。

    A. 汰渍洗衣粉   B. 奥妙洗衣粉   C. 立白肥皂   D. 洗洁精

  9. 某公司是一家奶制品生产公司,该公司聘用具有专业能力的专家对其内部资源与外部环境进行分析。下列说法中正确的是(　　)。

    A. 该企业所占的地理位置优越属于外部的机会

    B. 企业所处的市场中出现新的竞争对手对于该企业来说是劣势

    C. 若该企业要走向国际化,国际贸易壁垒消除可以看作机会

    D. 该企业在消费者中的声誉败坏是威胁

  10. 下列各项中,关于战略管理表述不正确的是(　　)。

    A. 是一个循环往复的过程

    B. 需要修正原来的分析、选择与实施工作

    C. 是一次性的工作

    D. 要不断监控和评价战略的实施过程

  (二) 多项选择题

  1. 下列各项中,属于战略实施对策措施的有(　　)。

    A. 战略目标分解   B. 权责体系再造

    C. 核心流程设计   D. 绩效模式优化和激励机制设计

  2. 下列各项中,属于战略管理的特点的有(　　)。

    A. 全局性   B. 全过程   C. 长远性   D. 综合性

3. 下列各项中,属于战略特征的有(　　)。

    A. 全局性　　　　　　B. 长远性　　　　　　C. 纲领性　　　　　　D. 应变性

4. 常用的战略分析工具包括(　　)。

    A. 波士顿矩阵　　　　B. PEST 分析　　　　　C. SWOT 分析　　　　D. 情景分析

5. 下列各项中,属于战略地图实施的内容有(　　)。

    A. 战略 KPI 设计　　　　　　　　　　　B. 战略 KPI 责任落实

    C. 战略举措执行和执行报告　　　　　　D. 持续改善和评价激励

6. 下列各项中,属于企业战略体系构成的有(　　)。

    A. 总体　　　　　　　B. 业务层战略　　　　C. 管理层　　　　　　D. 职能层战略

7. 下列各项中,属于产业五种竞争力的有(　　)。

    A. 潜在进入者的威胁　　　　　　　　　B. 替代品的威胁

    C. 供应者和购买者讨价还价的能力　　　D. 产业内现有企业的竞争

8. 某钢铁公司的总经理预测钢材市场即将饱和,于是筹集资金成立了一家建筑公司和一家运输公司。两年后,钢厂的效益明显下降,而建筑公司和运输公司则风头正盛。下列关于该公司实施新战略的表述不正确的有(　　)。

    A. 该公司实施的新战略是成本领先战略

    B. 该公司实施的新战略是市场渗透战略

    C. 该公司实施的新战略是产品开发战略

    D. 该公司实施的新战略是多元化战略

9. 随着我国经济的发展和人民生活水平的提高,网上购物渐渐成为一种时尚的生活方式。某年"双十一",各网店通过促销等手段,使支付宝日交易额达到 350 亿元。上述资料体现的环境因素有(　　)。

    A. 政治和法律因素　　　　　　　　　　B. 经济因素

    C. 技术因素　　　　　　　　　　　　　D. 社会和文化因素

10. 王某是某知名大学的应届毕业生,正在面临找工作问题,了解 SWOT 分析的基本原理后,他结合自身的基本情况,对自己进行了 SWOT 分析。下列选项中属于王某所处外部环境机会的有(　　)。

    A. 口才很好,交际能力出众

    B. 中国 500 强甲企业近期来学校做宣讲

    C. 在某一领域拥有专业的系统知识,给人一种很"渊博"的形象

    D. 学校每年针对应届毕业生提供出国留学的名额

11. 下列选项中,属于内部业务流程维度的子流程的是(　　)。

    A. 创新流程　　　　　　　　　　　　　B. 经营流程

    C. 客户管理流程　　　　　　　　　　　D. 员工培训流程

12. 下列各项中,属于战略地图核心内容的是(　　)。

    A. 学习与成长　　　　B. 内部流程　　　　　C. 客户层面　　　　　D. 财务目标

13. 制订战略选择方案的方法有(　　)。

    A. 自上而下　　　　　B. 自下而上　　　　　C. 上下结合　　　　　D. 发展战略

14. 下列各项中,属于 SWOT 分析最核心的评价内容是(　　)。

　　A. 优势　　　　　B. 劣势　　　　　C. 机会　　　　　D. 威胁

(三) 判断题

1. 战略地图可以只包括财务、客户、内部业务流程三个维度。　　　　　　　（　　）

2. 战略落地也称战略实施,是将企业的战略规划蓝图变成现实的管理过程。　（　　）

3. 战略地图与平衡计分卡同为一个思想体系,激励的主要目的是引导责任人自觉地、持续地积极工作,提高企业绩效,实现企业战略目标。　　　　　　　　　　　（　　）

4. 客户维度指标包含客户结果性衡量指标,如满意度、保留率、增长率等。　（　　）

5. 战略分析包括内部环境分析和外部环境分析。　　　　　　　　　　　　　（　　）

6. 战略调整是指企业通过检测战略实施进展,评价战略执行效果,审视战略的科学性和有效性,不断修正战略举措,以期达到预期目标。　　　　　　　　　　　　　（　　）

7. 公司层战略是企业最高层次的战略,是指为实现企业总体目标,对企业未来基本发展方向所做出的长期性、总体性的谋划。　　　　　　　　　　　　　　　　　（　　）

8. 根据在细分市场上采用的具体战略不同,多元化战略可以划分为集中成本领先战略和集中差异化战略。　　　　　　　　　　　　　　　　　　　　　　　　　（　　）

9. 战略管理的根本目的是为企业长远发展进行谋划。　　　　　　　　　　　（　　）

二、能力训练

　　佳和酒店有限责任公司准备调整酒店二层布局,将其改建为店内酒吧,供客人休闲放松,调研后得出如下主要结论:A. 经济飞速发展的同时,酒吧业迅速发展,人们的生活方式、生活习惯已经慢慢与世界接轨,酒吧就成了城市最直接的文化标志之一,而酒店内酒吧的开立可以针对性地满足酒店住宿人群尤其是外地顾客的需求;B. 目前受新冠肺炎疫情影响,经济环境相对低迷,酒吧发展迅速的同时,竞争日趋激烈;C. 公司具有良好的客户群体和相对合理的布局场,能够进行酒店内酒吧的经营;D. 公司之前没有经营酒吧的经验,还未打通高档酒水的供应商渠道。

　　要求:根据调研结论完成酒店内酒吧项目SWOT分析表,并将序号"A、B、C、D"填入表2-3中。

表 2-3　酒店内酒吧项目 SWOT 分析表

项　　目	序　　号
优势(S)	
劣势(W)	
机会(O)	
威胁(T)	

项 目 三

成 本 管 理

学习目标

知识目标：

（1）了解成本管理的基础知识。

（2）掌握成本形态分析。

（3）熟悉变动成本法与全部成本法的区别。

（4）掌握变动成本法的优缺点及应用。

（5）理解标准成本差异的内涵，掌握标准成本差异的分析思路和方法。

（6）掌握变动成本差异、固定成本差异的计算方法，正确理解变动成本差异、固定成本差异对成本管理的意义。

（7）理解和掌握作业、作业分类、作业动因、资源动因等重要概念，把握作业成本法的理论脉络。

（8）了解作业成本法的成本计算程序。

（9）掌握作业成本法的基本方法并对案例进行分析。

能力目标：

（1）能够具备根据不同成本计算方法的成本管理流程与特征，按照业绩标准，接受标准指令，高效率地执行作业；能够运用技术工具与方法不断优化业务流程，实施持续改进；能够分析作业结果，反馈作业差异，改进运营绩效。

（2）熟练掌握信息处理技术（包括数据库与电子表格等）和统计技术的基础应用方法。

课程思政：

（1）通过学习成本管理，能够按照管理控制与预算管理的目标和标准，高效率地执行供、产、销环节的具体作业，运用精细化成本管理方法，使所配置的资源得以最有效的利用。

（2）通过学习成本管理，能够对生产经营过程的各个环节进行科学合理的管理，力求以最少的生产耗费取得最多的生产成果。

项目知识结构

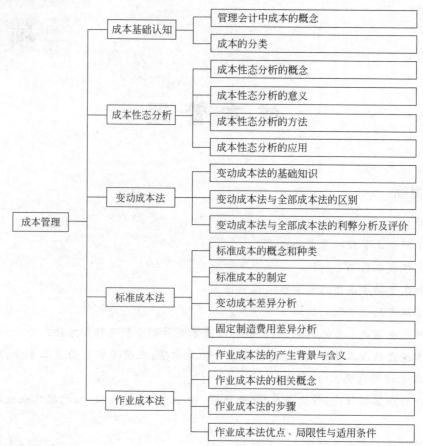

情景导入

（1）总成本领先战略：丰田公司创立了独具特色的适时制生产方式，运用这种方式可节约相关人员费用、仓储保管费用，降低生产成本，提高企业的盈利水平。丰田公司的适时制生产方式有效制止了过量生产，从而把生产系统中的零部件的生产储备量降到几乎为零的程度。这迫使生产系统中每道加工工序的作业人员必须生产出 100% 合格的零部件，否则一旦出现不合格产品，会破坏正常的适时制生产。因此，生产过程的创新和自动化也是降低成本的重要基础。

（2）小米集团战略成本管理：小米科技有限责任公司成立于 2010 年 3 月 3 日，是一家专注于智能硬件和电子产品研发的全球化移动互联网企业，同时也是一家专注于智能手机、互联网电视及智能家居生态链建设的创新型科技企业。

小米公司的创始人在企业运行初期便意识到公司的短板是现金流不足，因此为了弥补不足，小米公司从进入市场开始便确定了成本领先战略，从增收和节流两个方面入手，并且把节流作为压缩成本的主要方式。在众多竞争对手中，小米公司实现营业额反超，这无不彰显着互联网公司在当代市场的巨大潜力，也体现了运用互联网思维颠覆传统企业游戏规则的重大成功。而战略成本管理是小米公司得以开拓一片蓝海市场的重要措施。

思考：

（1）成本领先战略的含义是什么？华为成本领先战略的成功取决于什么？

（2）成本管理已经成为企业文化的一部分，想在竞争中领先，就必须加强成本管理，树立在工作中节约成本的意识，探索研究成本控制的方法。

任务一　成本基础认知

成本基础认知

一、管理会计中成本的概念

随着经济的不断发展，会计业务在不断延伸和拓展，成本的概念也在不断丰富。

从广义上讲，成本是一种耗费。成本是对实现某一特定目标而做出的牺牲。这种牺牲可以通过付出的资源来计量。管理会计的出现使成本的概念多样化。现代管理会计则认为，成本是指企业在生产经营过程中对象化的、以货币表现的、为达到一定目的而应当或者可能发生的各种经济资源的价值牺牲或者代价。

二、成本的分类

成本可以按各种不同的标准进行分类，以适应企业经营管理的不同需要。

（一）成本按经济用途分类

成本按经济用途可以分为制造成本和非制造成本两大类，满足对外财务报告的需要。

1. 制造成本

制造成本也称为生产成本或生产经营成本，是指为制造（生产）产品或提供劳务而发生的支出。就制造企业而言，制造成本可根据其具体经济用途分为直接材料、直接人工、燃料和动力及制造费用等成本项目。

2. 非制造成本

非制造成本也称为期间成本或期间费用，通常可分为销售成本、管理成本和财务成本。销售成本是指为销售产品而发生的各项成本，如专职销售人员的工资、津贴和差旅费，专门销售机构固定资产的折旧费、保险费、广告费、运验费等。管理成本是指在制造成本和销售成本以外的所有办公和管理费用，如董事经费，行政管理人员的工资、差旅费、办公费，行政管理部门固定资产的折旧费及相应的保险费和财产税等。财务成本是指在企业理财过程中发生的名种成本，如借款的利息支出。

（二）成本按性态分类

成本性态也称为成本习性，是指在一定条件下成本总额对业务总量（产量或销售量）的依存关系。

成本性态可从以下 3 个方面理解：①一定条件是指一定的时间范围或产量范围，又称相关范围；②成本总额是指为取得营业收入而发生的成本费用，包括制造成本和非制造成本；③业务总量是指企业在一定生产经营期内投入或完成的经营工作量的总称，可以表现为实物量、价值量、时间量等。

成本按性态可以分为固定成本、变动成本和混合成本三类。

1. 固定成本

（1）固定成本的定义。固定成本是指其总额在一定期间和一定产量范围内，不受业务量变动的影响而保持固定不变的成本。例如,行政管理人员的工资、办公费、财产保险费、不动产税、按直线法计提的固定资产折旧费、职工教育培训费等。

(2) 固定成本的性态。在一定时间范围和产量范围内,固定成本有两种性态:一是固定成本总额的不变性,即不论产量是否变动,成本总额都不会发生任何变化,如图 3-1 所示;二是单位额的反比例变动性,即当产量变动时,单位产品的固定成本将随产量的变动而成反比例变动,如图 3-2 所示。

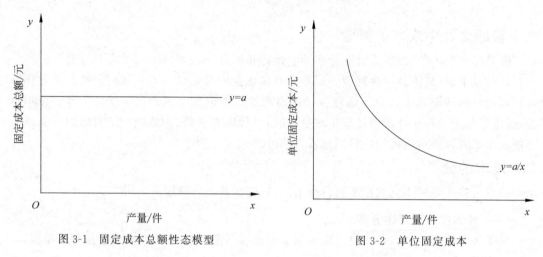

图 3-1   固定成本总额性态模型   图 3-2   单位固定成本

(3) 固定成本的分类。固定成本按其支出数额是否受企业管理层决策行为的影响,可被细分为酌量性固定成本和约束性固定成本。

酌量性固定成本也称为选择性固定成本,是指企业管理当局的决策可以在不同时期改变其支出数额的固定成本,如新产品开发费、广告费、职工培训费等。

约束性固定成本是企业维持正常生产的经营能力而必须负担的最低固定成本,企业管理当局的决策无法改变其支出数额,因而也称为承诺性固定成本。例如,厂房及机器设备按直线法计提的折旧费、房屋及设备租金、不动产税、财产保险费、照明费、行政管理人员的薪金等。

部分费用的固定成本分类如表 3-1 所示。

表 3-1   固定成本分类

序号	费 用 类 型	固定成本类型
1	研究开发费	酌量性固定成本
2	社会保险费	约束性固定成本
3	直接人工	酌量性固定成本
4	能源费(按千瓦小时计费)	约束性固定成本
5	直接材料	约束性固定成本
6	外请顾问咨询费	酌量性固定成本
7	设备折旧费	约束性固定成本
8	注册会计师审计费	酌量性固定成本
9	广告宣传费	酌量性固定成本
10	销售佣金	酌量性固定成本

续表

序号	费用类型	固定成本类型
11	雇员教育培养	酌量性固定成本
12	公司房屋租金	约束性固定成本

（4）固定成本的相关范围。固定成本的"固定性"是有限定条件的，在管理会计中称为"相关范围"，具体表现为一定的时间范围和一定的空间范围。

当原有的相关范围被打破时，固定成本是否还表现为某种固定性？原有的相关范围被打破，自然就有了新的相关范围；原有的固定成本总额发生变化，自然就会有新的固定成本总额，只不过其"固定性"体现在新的相关范围内罢了。

2. 变动成本

（1）变动成本的定义。变动成本是指在一定期间和一定产量范围内，其总额随着产量的变动而成正比例变动的成本，如直接材料费、产品包装费、按件计酬的工人薪金、推销佣金及固定资产折旧费等。

（2）变动成本的性态。在相关范围内，变动成本具有两种性态：一是变动成本总额的正比例变动性，即变动成本总额随着业务量的增减而成正比例变动；二是单位变动成本的不变性，即单位变动成本是一个定量。

若以 y 表示成本总额、x 表示产量、b 表示单位变动成本，则变动成本的性态可用以下数学模型表达，如图 3-3 和图 3-4 所示。

$$y = bx$$

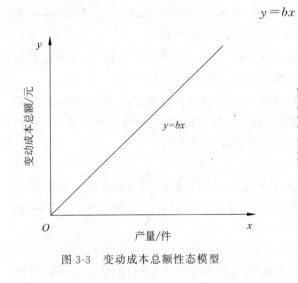

图 3-3　变动成本总额性态模型

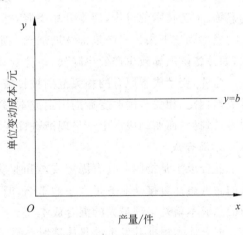

图 3-4　单位变动成本性态模型

（3）变动成本的分类。借用固定成本分类的思想，变动成本也可以分为酌量性变动成本和约束性变动成本。酌量性变动成本是指企业管理当局的当前决策可以改变其支出数额的成本。约束性变动成本是指企业管理当局的当前决策无法改变其支出数额的变动成本。

（4）变动成本的相关范围。变动成本同样也存在相关范围的问题。超过相关范围，变动成本将不再表现为完全的线性关系，而是非线性的关系。

图 3-5 表明，当产量开始上升，即产量由 0 件到 x_1 件时，变动成本总额的增长幅度小于

产量的增长幅度,表现在图中就是变动成本总额曲线呈现一种上凸的趋势,即其斜率随着产量的上升而变小;当产量继续上升,即产量由 x_2 件继续增加时,变动成本总额的增长幅度又会大于产量的增长幅度,表现在图中就是变动成本总额曲线呈现一种下凹的趋势,即其斜率随着产量的上升而变大;而在产量上升的中间阶段,即产量由 x_1 件到 x_2 件时,变动成本总额线的弯曲程度平缓,基本呈直线状态(即线性关系)。变动成本的相关范围指的就是这个中间阶段。

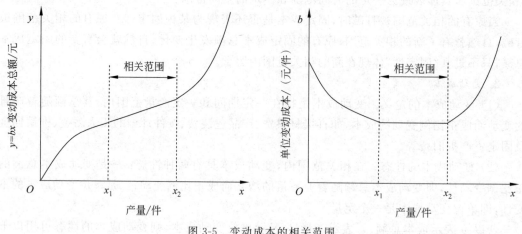

图 3-5　变动成本的相关范围

对于单位变动成本来说,当产量开始上升,即产量由 0 件到 x_1 件时,随着操作人员工作的熟练、工艺技术的进步,成本开始下降,达到一定产量后,即产量由 x_1 件到 x_2 件时,单位变动成本固定下来。当产量继续增加到一定程度,即产量由 x_2 件继续增加时,由于各种原因,如设备陈旧导致生产效率降低,单位变动成本呈现增加趋势。

此外,变动成本原有的相关范围被打破,也就有了新的相关范围。需要指出的是,与固定成本相比,相关范围改变后的固定成本总额呈现跳跃性变化,相关范围之间的界限相对来说容易划分,而变动成本由于呈现渐进性变化,划分起来比较困难。

3. 混合成本

混合成本是指同时具有固定成本和变动成本两种性态的成本,其特征是成本项目发生额的高低虽然直接受业务量大小的影响,但不存在严格的比例关系。在现实经济生活中,企业的总成本就是一项最大的混合成本。

混合成本根据其发生的具体情况,通常可以分为以下三类。

(1)半变动成本。半变动成本是指总成本虽然受产量变动的影响,但是其变动的幅度并不与产量的变化保持严格的比例关系。这类成本的特征是当产量为零时,成本为一个初始量,类似于固定成本;当业务发生时,成本以初始量为起点,随产量的变化而成比例变化,类似于变动成本。

半变动成本可以用以下模型来表示:

$$y = a + bx$$

式中,a 表示固定成本总额;b 表示单位变动成本;x 表示产量;y 表示总成本。

【案例 3-1】　假设企业每月电费支出的初始量为 4 000 元,超过初始量的电费为

1元/千瓦时,每生产1件产品需耗电1千瓦时。假设企业本月共生产7 000件产品,则其支付的电费总额为11 000元。请分别用模型和图解法描述电费的成本性态。

解析:将数据代入半变动成本模型,则有

$$y = a + bx = 4\ 000 + 1 \times 7\ 000 = 11\ 000$$

式中,$a = 4\ 000$,$b = 1$,$x = 7\ 000$。

电费的性态如图 3-6 所示。

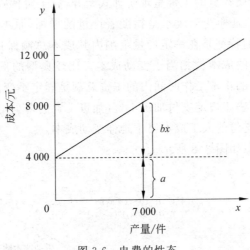

图 3-6　电费的性态

(2)半固定成本。半固定成本随产量的增长而成阶梯式增长,又称阶梯式半变动成本,其特点是:产量在一定范围内增加,成本总额不变;当产量增加超过一定限度时,成本总额会突然跳跃式上升,然后在产量增加的一定限度内又保持不变,如企业的货运员、检验员的工资等。

半固定成本的性态如图 3-7 所示。

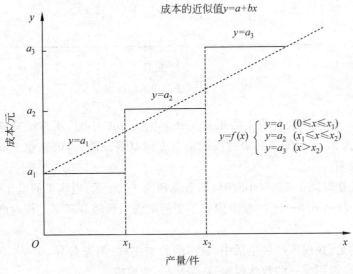

图 3-7　半固定成本的性态

【**案例 3-2**】　假设某企业的产品生产下线后,需经专门的质检员检查方能入成品库,每个质检员最多检验 2 000 件产品。也就是说,产量每增加 200 件就必须增加一名质检员,而且是在产量一旦突破 200 件的倍数时就必须增加。假设质检员的工资标准为 3 000 元,请对企业质检员工资的成本性态进行描述。

解析:企业质检员工资的成本性态可用图 3-7 说明,当产量在 $0 \sim x_1$(即 $0 \sim 200$ 件)时,成本 $y = a_1 = 3\,000$ 元;当产量在 x_1 到 x_2(即 $200 \sim 400$ 件)时,成本 $y = a_2 = 6\,000$ 元。随着产品产量的增加,企业质检员的工资呈现阶梯式跃升,属于阶梯式混合成本。

(3) 延伸变动成本。延伸变动成本是指随着产量的增加,原本固定不变的成本成为变动成本。延伸变动成本的特征是在一定产量范围内其成本总额保持固定不变,一旦突破这个产量限度,其超额部分的成本就相当于变动成本。比较典型的例子是:当企业实行计时工资制时,其支付给职工的正常工作时间内的工资总额是固定不变的;但当职工的工作时间超过正常水平时,企业按法律规定支付加班工资(加班工资的多少与加班时间的长短存在正比例关系),所有为此而支付的人工成本属于延伸变动成本。

延伸变动成本的性态如图 3-8 所示。

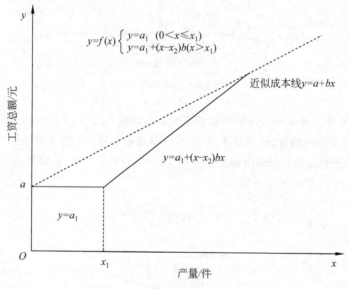

图 3-8　延伸变动成本的性态

【**案例 3-3**】　假设某企业职工的正常工作时间为 200 小时,正常工资总额为 3 000 元(即小时工资率为 15 元),职工加班时按规定需支付双薪。那么,该企业工资总额的成本性态可用图 3-8 说明。

当职工的工作时间 $x \leqslant 200$ 小时时,工资总额为 3 000 元;当职工的工作时间 $x > 200$ 小时时,工资总额 $y = 3\,000 + 15x$,原本固定不变的工资总额随着职工工作时间的延长成为变动成本。

需要说明的是,在现实经济生活中,成本的种类多样、形态各异,但是,不管是哪种形态的混合成本,都可以用统一的数学模型 $y = a + bx$ 来模拟。

（三）其他成本的概念及分类

与财务会计相比,管理会计进行决策所应用的成本概念在内涵和外延上都有很大不同。为此,必须熟悉这些新的成本概念。

1. 机会成本

企业在进行经营决策时,必须从多个备选方案中选择一个最优方案,放弃另外的方案。此时,被放弃的次优方案所可能获得的潜在利益被称为已选中的最优方案的机会成本。应注意的是,机会成本仅是被放弃方案的潜在利益,而非实际支出,因此不能据以登记入账。

2. 边际成本

从理论上讲,边际成本是指产量向无限小变化时成本的变动数额。事实上,产量不可能向无限小变化,至少应为 1 个单位的产量。因此,边际成本就是产量每增加或减少 1 个单位所引起的成本变动数额。如果把不同产量作为不同方案来理解,边际成本实际就是不同方案形成的差量成本。

3. 沉没成本与付现成本

按照决策是否导致未来现金流出,成本可以划分为沉没成本与付现成本。

（1）沉没成本。沉没成本是企业在以前经营活动中已经支付现金,而在现在或将来经营期间摊入成本费用的支出,如固定资产、无形资产、递延资产等。

（2）付现成本。付现成本是指由现在或将来的任何决策能够改变其支出数额的成本。付现成本是决策必须考虑的重要影响因素。

4. 相关成本与无关成本

企业在进行经营决策时,在可供选择的多种方案所涉及的各种成本中,有些成本与方案的选择有关,而有些成本与方案的选择无关。

相关成本是对决策有影响的各种形式的未来成本,如机会成本、边际成本、付现成本、专属成本、差量成本、酌量性成本等。

那些对决策没有影响的成本称为无关成本。这类成本过去已经发生,或对未来决策没有影响,因此在决策时不予考虑,如沉没成本、联合成本、约束性成本等。

【案例 3-4】 甲企业只生产一种 A 产品,一个月的最大生产能力是 800 件,其专用生产设备的月折旧额（固定成本）为 15 000 元。当产量分别为 200 件、400 件、600 件和 800 件时,单位产品所负担的固定成本如表 3-2 所示。

表 3-2 单位产品所负担的固定成本

产量/件	固定成本/元	单位产品负担的固定成本/元
200	15 000	75
400	15 000	37.5
600	15 000	25
800	15 000	18.75

我们用 F 来表示固定成本总额,x 表示产量,a 表示单位产量所负担的固定成本,并将表 3-2 的有关数据绘入坐标图中,得到固定成本的性态模型,如图 3-9 所示。

从表 3-2 和图 3-9 中可以看出,单位产品所负担的固定成本与产量成反比关系,即产量

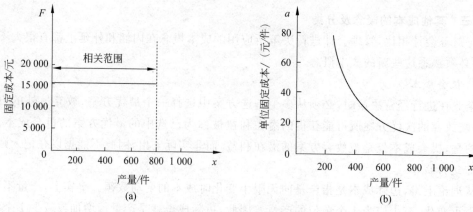

图 3-9 固定成本的性态模型

的增加会导致单位产品所负担的固定成本下降。

【案例 3-5】 沿用案例 3-4 的条件,假定甲企业的生产设备增加 1 倍时,A 产品最大加工能力达到 1 600 件,月折旧费用由 15 000 元增加到 30 000 元,那么折旧费用(固定成本)的变化如图 3-10 所示。

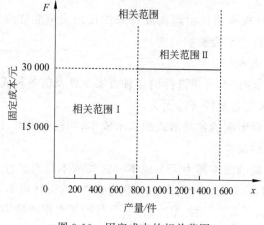

图 3-10 固定成本的相关范围

从图 3-10 中可以看出,甲企业设备折旧费用有两个相关范围。相关范围 I 是每月产量为 0~800 件,每月固定折旧费用为 15 000 元;相关范围 II 是每月产量为 800~1 600 件,每月固定折旧费用为 30 000 元。

【案例 3-6】 已如某产品的产量和材料总成本如表 3-3 所示,其成本性态如何表现?

表 3-3 产品的产量和材料总成本

产量/件	材料总成本/元	单位产品材料成本/元
125	5 000	40
250	10 000	40
500	20 000	40
1 000	40 000	40

若以 y 表示变动成本总额，x 表示产量，b 表示单位变动成本，并将上例有关数据绘入坐标图中，则变动成本的性态模型如图 3-11 所示。从表 3-3 和图 3-11 中可以看出，虽然单位产品材料成本不变，但材料总成本随产量的增加成正比例增加。

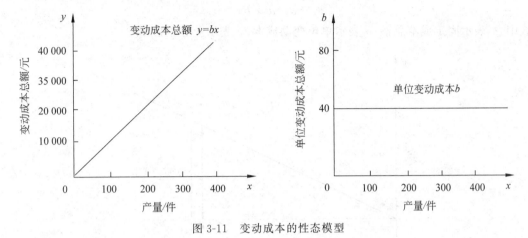

图 3-11　变动成本的性态模型

边学边练

　　情景案例一：小张大学毕业后回家创业，开了一家包子店，生意红火，同学小魏很羡慕，也打算经营个加盟店，于是考察店铺情况及每月的开支。这家包子店的店铺租金为每月 5 000 元，每千克面粉可以做 30 个包子，小张卖 3 000 个包子就需要花费 1 200 元买进 100 千克面粉；假如卖 6 000 个包子，就需要花费 2 400 元买进 200 千克面粉。

边学边练
答案及解析

　　请分析案例中店铺租金和面粉的成本性态并将分析结果填入表 3-4。

表 3-4　店铺租金和面粉的成本性态分析

分析项目	分析结果
成本性态	
固定成本	
变动成本	

任务二　成本性态分析

成本性态分析

一、成本性态分析的概念

　　成本性态分析又称为成本习性分析，是指在成本性态分类的基础上，按照一定的程序和方法，将全部成本区分为固定成本和变动成本两大类，并建立函数模型的过程。

　　成本性态分析不同于成本按其性态分类，成本按其性态分类是定性的分析，是指成本可分为固定成本、变动成本和混合成本三大类，而成本性态分析是在此基础上将其量化，并用函数模型表示的过程。

成本函数模型(图 3-12)一般可用公式表示为

　　　总成本＝固定成本＋变动成本＝固定成本＋单位变动成本 x 业务量

即

$$y = a + bx$$

式中,a 表示固定成本总额;b 表示单位变动成本;x 表示业务量(产量)。

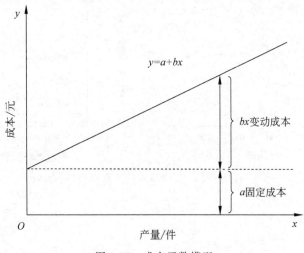

图 3-12　成本函数模型

二、成本性态分析的意义

成本性态分析的意义主要有以下几个方面。

(一)成本性态分析是采用变动成本计算法的前提条件

变动成本计算法在计算企业各期间的损益时必须首先将企业一定时期发生的所有成本划分为固定成本和变动成本两大类,进行成本性态分析、正确区分变动成本与固定成本,是进行变动成本计算的基础。

(二)成本性态分析为进行成本-产量-利润之间相互依存关系的分析提供了方便

成本-产量-利润之间相互依存关系的分析是管理会计的基础分析方法,在分析中需要使用反映成本性态的成本函数(即反映成本性态的方程式),对过去的数据进行分析、研究,从而相对准确地将成本分解为固定成本和变动成本两大类。

(三)成本性态分析是正确制定经营决策的基础

要做出正确的短期经营决策必须区分相关成本和非相关成本。在"相关范围"内,固定成本不随产量的变动而变动,在短期经营决策中大多属于非相关成本;而变动成本在大多数情况下属于相关成本。

(四)成本性态分析是正确评价企业各部门工作业绩的基础

变动成本与固定成本具有不同的成本性态。在一般情况下,变动成本的高低可反映出生产部门和供应部门的工作业绩,完成的好坏应由它们负责。例如,在直接材料、直接人工和变动性制造费用方面,如有所节约或超支,就可视为其业绩好坏的反映,这样就便于分清各部门的经济责任。

三、成本性态分析的方法

成本性态分析的方法主要有以下几种。

（一）直接分析法

直接分析法又称个别确认法，是在掌握有关项目成本性态的基础上，在成本发生的当时，逐一对每项成本的具体内容进行直接分析，并据此确定成本性态分析模型的一种分析方法。直接分析法适用于管理会计基础工作开展较好的小企业，规模较大的企业不宜采用此法。

1.账户分析法

账户分析法又称为会计分析法，这种方法实际上是一种定性分析法，是指在成本发生的同时按照其性态直接将其归入固定成本或者变动成本。

2.合同确认法

合同确认法是根据本单位与供应单位之间所签订的供需合同中规定的支付标准的费用的性质来确认成本性态的一种分析方法。该方法常与账户分析法一起使用。

（二）历史成本分析法

历史成本分析法是对半变动成本进行分解的一种常用方法。其基本原理是通过对历史成本数据的分析，依据以前各期实际成本与产量间的依存关系来推算一定期间固定成本和单位变动成本的平均值，并以此来确定所估算的未来成本。历史成本分析法可具体分为高低点法、散布图法和回归分析法三种，下面重点介绍前两种方法。

1.高低点法

高低点法是指在若干连续时期中选择最高业务量和最低业务量两个时点的半变动成本进行对比，求得变动成本和固定成本的一种分解半变动成本的方法。高低点法是利用代数式 $y=a+bx$，选用一定历史资料中的最高业务量与最低业务量的总成本（或总费用）之差 Δy，与两者业务量之差 Δx 进行对比，求出 b，然后求出 a 的方法。其具体步骤如下。

设以 y 代表一定期间某项半变动成本总额，x 代表业务量，a 代表半变动成本中的固定部分，b 代表半变动成本中依一定比率随业务量变动的部分（单位变动成本）。

（1）在各期业务量与相关成本的坐标点中，以业务量为准，找出其最高点和最低点，即 $(x_{高}, y_{高})$ 和 $(x_{低}, y_{低})$。

（2）最高业务量与最低业务量之间的半变动成本差额只能与变动成本有关，因此单位变动成本 b 可按如下公式计算：

$$成本 = \frac{最高业务量成本 - 最低业务量成本}{最高业务量 - 最低业务量} = \frac{高低点成本之差}{高低点业务量之差}$$

即

$$b = \frac{y_{高} - y_{低}}{x_{高} - x_{低}}$$

（3）将高点和低点坐标值、b 代入直线方程 $y=a+bx$，计算固定成本 a。

（4）将求得的 a，b 代入直线方程 $y=a+bx$，得到成本性态分析模型。

高低点法分解半变动成本简便易算，只要有两个不同时期的业务量和成本就可求解，使用较为广泛。但这种方法只根据最高、最低两点的资料,不考虑两点之间业务量和成本的变化,计算结果往往不够精确。

2. 散布图法

散布图是表示两个变量之间关系的图,又称相关图,用于分析两个测定值之间的相关关系,它有直观简便的优点。通过做散布图对数据的相关性进行直观的观察,不但可以得到定性的结论,而且可以通过观察剔除异常数据,从而提高用计算法估算相关程度的准确性。其具体步骤如下。

(1) 将各期业务量与相应的混合成本的历史资料作为点的坐标标注在平面直角坐标图上。

(2) 目测地画一条直线,使其尽量通过或接近所有的坐标点。

(3) 在纵坐标上读出该直线的截距值,即为固定成本总额 a。

(4) 在直线上任取一点,假设其坐标为 (x,y),将其代入下式计算单位变动成本 b:

$$b = \frac{y-a}{x}$$

(5) 将 a,b 值代入 $y=a+bx$,得出一般成本性态分析模型。

四、成本性态分析的应用

(一)基本假设

1. 相关范围假设

在研究成本性态时必须考虑相关范围的影响。研究固定成本、变动成本,必须与一定的时期和一定的业务量范围相联系。只要在相关范围内,不管时间多久、业务量增减变动幅度多大,固定成本总额的不变性和变动成本总额的正比例变动性都将存在。

(1) 固定成本的相关范围。固定成本总额只有在一定时期和一定业务量范围内才是固定的,这里所说的一定范围叫作相关范围。

【案例 3-7】 一家生产拖拉机的公司 4 台专用设备每月租金为 48 000 元,其最大生产能力为 100 辆,若超过 400 辆,则需要增加固定设备,租金支出也要相应增加。另外,若该公司的拖拉机产量低于 100 辆,租用的设备就无须 4 台,租金支出就可相应减少。由此可见,该拖拉机公司的租金总成本 48 000 元仅在产量为 100～400 辆时才是固定不变的,如图 3-13 所示。

(2) 变动成本的相关范围。在实际工作中,许多行业的变动成本总额和业务量总数之间的依存关系与固定成本总额一样,也存在一定的“相关范围”,即只有在一定的业务量范围和时间范围内,变动成本总额和业务量之间才会保持相对稳定的正比例变动关系,即完全的线性关系。但如果超出一定的业务量范围和时间范围,变动成本总额和业务量之间就可能表现为不完全的线性关系。

【案例 3-8】 某拖拉机公司的产品,在产量增长的初始阶段(即小批量生产时),单位产品消耗的直接材料和直接人工可能较多,与产量的增长不一定成比例,从而使变动成本总额 (bx) 曲线呈向下弯曲的趋势(即斜率 b 随产量的增加而减少),形成非线性关系。但当产量增加到一定范围时,各项材料和人工的消耗比较稳定,从而使变动成本总额和业务量总数之间呈现出严格的、完全的线性关系,这个范围就被称为变动成本的“相关范围”。如果产量超出“相关范围”继续增加,就可能出现一些新的不利因素,促使产品的单位变动成本 (b) 增

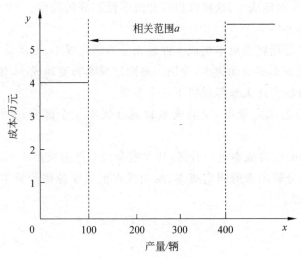

图 3-13　固定成本的相关范围

高,从而使变动成本总额(bx)曲线呈向上弯曲的趋势,又形成非线性关系,如图 3-14 所示。

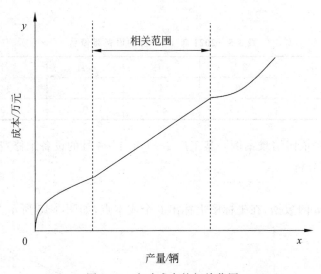

图 3-14　变动成本的相关范围

2. 线性假设

建立反映成本与业务量之间关系的数字函数是进行成本性态分析的关键,成本在形成的过程中可能会受到多个因素或者业务量的影响。为简化分析,假定总成本可以近似地用一元线性方程 $y=a+bx$ 来描述,以此来简明又相对准确地反映成本的固定和变动性态。

(二)成本性态分析的程序

成本性态分析的程序是指进行成本性态分析的步骤。

1. 单步骤分析程序

单步骤分析程序是指在进行成本性态分析时,将总成本一次直接分解为固定成本部分和变动成本部分,并建立成本模型的分析程序。在实际工作中,如果企业的某些混合成本数额较少,可以将其视为固定成本,这样可以简化成本性态分析程序。

2.多步骤分析程序

多步骤分析程序是指将总成本按成本性态先分为固定成本、变动成本和混合成本,再将混合成本分解为固定成本和变动成本,分别汇总固定成本和变动成本,建立成本性态模型的分析程序。多步骤分析程序大致经过以下几个步骤。

(1)将总成本分为固定成本、变动成本和混合成本三个部分,并分别用 a,bx,y_1 来表示。

(2)对总成本中的混合成本进行分解,建立混合成本性态模型 $y = a_1 + b_1 x$。

(3)将混合成本分解出来的固定成本、变动成本汇集于原固定成本部分和变动成本部分,建立成本性态模型。

$$y = (a + a_1) + (b + b_1)x$$

边学边练

边学边练
答案及解析

情景案例二:某工厂2021年1—6月的设备维修费如表3-5所示。要求:采用高低点法进行成本性态分析。

表 3-5　2021年1—6月的设备维修费

月份	1月	2月	3月	4月	5月	6月
业务量/小时	6	8	4	7	9	5
维修费/元	110	115	85	105	120	100

【案例 3-9】　仍依照情景案例一某工厂2021年1—6月的设备维修费,要求:采用散布图法进行成本性态分析。

解析:

(1)根据表3-5的数据,在坐标图上标出6个成本点,如图3-15所示。

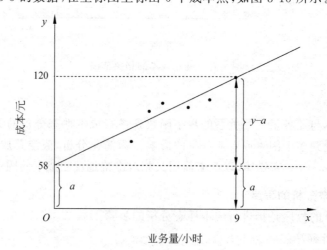

图 3-15　维修费用的散布图

（2）通过目测画一条直线，使其尽量通过或接近所有的坐标点，如图 3-15 所示。

（3）该直线与纵轴相交之处就是维修费的固定成本总额。在图 3-15 中，$a=58$。

（4）在直线上任取一点$(9,120)$，则

$$b = \frac{y-a}{x} = \frac{120-58}{9} = 6.89（元／小时）$$

（5）将 a、b 值代入，得出一般成本性态模型 $y=58+6.89x$。

以上两种方法各有利弊，在实际工作中，我们应该根据具体情况和需要，灵活采用各种成本性态分析方法。

任务三　变动成本法

变动成本法

一、变动成本法的基础知识

（一）变动成本法的概念

变动成本法是管理会计专用的一种成本计算方法，又称边际成本法、直线成本法，它是指在组织常规的成本计算过程中，以成本性态分析为前提条件，只将变动生产成本作为产品生产成本的构成内容，而将固定性制造费用作为期间费用处理的一种成本计算方法。变动成本法下全部成本的构成如图 3-16 所示。

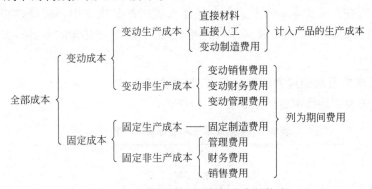

图 3-16　变动成本法下全部成本的构成

（二）变动成本法的特征

变动成本法以成本性态分析为前提，只有进行成本性态分析，制造费用才被分为固定性制造费用和变动性制造费用，进而生产成本才可以被划分为变动生产成本（包括直接材料、直接人工、变动性制造费用）和固定生产成本（即固定制造费用）。变动成本法的产品成本只包括直接材料、直接人工、变动性制造费用等变动生产成本。

二、变动成本法与全部成本法的区别

（一）全部成本法及其构成

全部成本法是指在计算一定期间内生产产品的成本时，将生产产品所消耗的所有直接材料、直接人工和全部制造费用（包括固定制造费用和变动制造费用）都计入产品成本中的成本计算方法。

采用这种方法,要把在一定期间内发生的全部成本先按其经济职能划分为生产成本和非生产成本两大类。其中生产成本包括直接材料、直接人工和制造费用;非生产成本包括销费用、财务费用、管理费用等。全部成本法下全部成本的构成如图3-17所示。

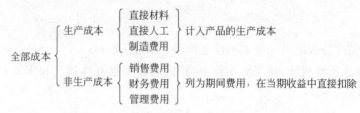

图 3-17　全部成本法下全部成本的构成

(二) 应用的前提条件不同

1. 变动成本法的应用前提条件

变动成本法有其严格的应用前提,必须把全部成本分为固定成本和变动成本两大块,尤其对混合成本,更加注重对它的合理分解,将混合成本分解后,分别归属于固定成本和变动成本;不仅如此,还要对销售费用、财务费用和管理费用按成本性态进行分类,而不是将它们简单地划归为期间费用。

2. 全部成本法的应用前提条件

全部成本法将变动成本和固定成本全部计入当期产品成本中。所以,应用全部成本法时,不需要划分固定成本和变动成本之间的界限,更不需要对混合成本进行分解,将成本归总就可以了。

(三) 产品成本及期间成本的划分标准、构成内容不同

全部成本法和变动成本法的区别如表3-6所示。

表 3-6　全部成本法和变动成本法的区别

区　别	变动成本法	全部成本法
产品成本构成不同	直接材料 直接人工 变动制造费用	直接材料 直接人工 制造费用
期间费用构成不同	固定制造费用 管理费用 销售费用 财务费用	管理费用 销售费用 财务费用

从表3-6中可以看出,在变动成本法下,制造费用按成本性态划分为固定制造费用和变动制造费用两部分,变动制造费用计入产品成本,固定制造费用计入期间费用。在全部成本法下,制造费用不按成本性态划分,全部计入产品成本,销售的产品所负担的制造费用计入销售成本,没有销售出去的产品形成存货,其所负担的制造费用计入企业的资产中。

【案例 3-10】　假定某企业2021年全年只生产甲产品,其产销量及成本资料如表3-7所示。根据资料,分别计算两种成本法下产品的生产成本。

表 3-7　产销量及成本资料

项　目	产销量/件	项　目		成本/元
期初存货	0	直接材料		60 000
本期产量	10 000	直接人工		20 000
本期销量	8 000	制造费用	变动费用	20 000
			固定费用	50 000
期末存货	2 000	销售费用	变动费用	10 000
			固定费用	20 000
销售单价/(元/件)	30	管理费用	变动费用	4 000
			固定费用	6 000
		财务费用	变动费用	0
			固定费用	0

　　解析：根据上述资料，两种成本法下产品成本的计算如表 3-8 所示，在这里我们用单位产品成本进行区别。由表 3-8 可知，全部成本法下的单位生产成本比变动成本法下的单位生产成本大，其差额正是对固定成本是否吸纳造成的。

表 3-8　两种成本法下产品成本的计算　　　　　　　单位：元

项　目	全部成本法	变动成本法
直接材料	60 000	60 000
直接人工	20 000	20 000
变动制造费用	20 000	20 000
固定制造费用	50 000	
产品生产成本	150 000	100 000

（四）期末存货成本的计算不同

　　两种成本法下期末存货成本的计算如表 3-9 所示。

表 3-9　两种成本法下期末存货成本的计算

分析方法	变动成本法	全部成本法
期末存货计算方式	本期发生的固定制造费用被作为期间成本，在计算当期损益时被全部扣除，因而期末存货中不包括固定制造费用	产品成本中包括固定制造费用，所以当本期存在期末存货时，本期发生的固定制造费用要在期末存货和本期销售存货之间分配，因此在全部成本法下，有一部分固定制造费用随着期末存货成本递延到下期
期末存货计算公式	期末存货成本=单位期末存货成本×期末存货量=期末变动成本×期末存货量	期末存货成本=单位期末存货成本×期末存货量

　　通过表 3-9 可以看出两种方法下的期末存货成本的计算公式看似相同，但其内涵是不同的，因而计算出来的结果也不同。

需要注意的是,产品成本构成内容上的区别是变动成本法与全部成本法的主要区别。两种方法在其他方面的区别均由此产生。

【案例 3-11】　接案例 3-10,分析两种方法下的存货成本计算差异。

解析:两种方法下的存货成本计算如表 3-10 所示。

表 3-10　两种方法下的存货成本计算

项　　目	期末存货/件	单位成本/元	总成本/元
全部成本法	2 000	15	30 000
变动成本法	2 000	10	20 000

(五) 销售成本的计算方法不同

无论是全部成本法,还是变动成本法,本期销售成本的计算通用公式都为

$$本期销售成本=期初存货成本+本期发生的生产成本-期末存货成本$$

在变动成本法下,由于单位变动成本是固定不变的,本期销售成本仅和销售量有关,因此:

$$本期销售成本=单位变动成本×销售量$$

因为全部成本法下的单位产品成本既包括单位变动成本也包括单位固定成本,而单位固定成本与业务量成反比例变动,因而,当前后各期间的生产量不相同时,其单位固定成本就会变化,从而使本期销售成本既与销售量有关又与生产量有关。

【案例 3-12】　接案例 3-10,分析两种成本法下的销货成本计算差异。

解析:两种成本法下的销货成本计算如表 3-11 所示。

表 3-11　两种成本法下的销货成本计算　　　　　　　　单位:元

项　　目	全部成本法	变动成本法
直接材料	60 000	60 000
直接人工	20 000	20 000
变动制造费用	20 000	20 000
固定制造费用	50 000	
变动销售费用		10 000
变动管理费用		4 000
变动财务费用		0
销货成本	150 000	114 000

(六) 两种成本法下损益的计算过程不同

两种成本法下损益的计算如表 3-12 所示。

从表 3-12 可以看出,变动成本法下损益的计算过程是先计算贡献毛益;然后计算税前利润;全部成本法下损益的计算过程是先计算销售毛利,然后计算税前利润。

表 3-12　两种成本法下损益的计算

分析方法	变动成本法	全部成本法
税前利润	贡献毛益＝销售收入－变动成本 税前利润＝贡献毛益－固定成本	销售毛利＝销售收入－销售成本 税前利润＝销售毛利－期间成本
公式分析	变动成本＝变动生产成本＋变动非生产成本＝（直接材料＋直接人工＋变动制造费用）＋变动销售和管理费用	销售成本＝单位产品成本×销售量＝期初存货成本＋本期生产成本－期末存货成本
	固定成本＝固定生产成本＋固定非生产成本＝固定制造费用＋固定销售管理费用	期间成本＝销售费用＋管理费用

三、变动成本法与全部成本法的利弊分析及评价

在评价与应用全部成本法和变动成本法时,应注意和强调成本信息的决策有用性的差异(如在不同市场环境下,管理的目的不同;不同利益主体,其考核角度不同),不能简单处理。全部成本法的优缺点是相对于变动成本法而言的。例如,变动成本法下的产品成本不符合传统的成本概念,而全部成本法下的产品成本符合传统的成本概念。但变动成本法和全部成本法之间也并不是一种简单的"此是彼非"和"此非彼是"的关系。例如,变动成本法使人们更加重视销售环节;全部成本法有刺激生产的作用,因而使人们重视生产环节,在一定情况下,这不一定就是缺点,如当产品供不应求时,生产是第一位的。

【**案例 3-13**】　设某企业月初没有在产品和产成品存货。当月甲产品共生产 50 件,销售 40 件,月末结存 10 件。每件产品的售价为 500 元,销售费用中的变动性费用为每件 20 元。甲产品的成本费用如表 3-13 所示。

表 3-13　甲产品的成本费用　　　　　　　　　　　　　　　　单位:元

成 本 项 目	单位产品项目成本	项目总成本
直接材料	200	10 000
直接人工	60	3 000
变动制造费用		1 000
固定制造费用		2 000
管理费用		4 000
变动销售费用	20	800
固定销售费用		2 200
合计		23 000

要求:采用全部成本法和变动成本法计算出产品成本、期末存货成本、销售成本、期间费用和损益。

解析:两种成本计算法下的利润计算过程如表 3-14 所示。

表 3-14　两种成本计算法下的利润计算过程　　　　　　　　单位:元

损益计算过程	变动成本法	全部成本法
销售收入　　40 件×500	20 000	20 000
销售成本		

续表

损益计算过程	变动成本法	全部成本法
期初存货成本	0	0
当期产品成本		
50件×280	14 000	
50件×320		16 000
期末存货成本		
10件×280	2 800	
10件×320		3 200
销售成本		
40件×280	11 200	
40件×320		12 800
贡献毛益(生产阶段)或毛利	8 800	7 200
管理费用		4 000
销售费用		3 000
变动销售费用　40件×20	800	
贡献毛益(全部)	8000	
固定成本		
固定制造费用	2 000	
管理费用和固定销售费用	6 200	
小计	8 200	
税前利润	−200	200

边学边练

情景案例三：接案例3-9,比较全部成本法和变动成本法下的各项差异。**请根据表3-13、表3-14填写表3-15。**

表3-15　两种方法下的差异比较　　　　　　　　　　　　　　　　　　单位：元

项　　目	变动成本法	全部成本法	差　异
单位产品成本			
期末存货成本			
销售成本			
期间费用			
税前利润			

边学边练
答案及解析

解析：由于两种方法对这一期间发生的固定制造费用(2 000元)的处理方式不同(变动成本法将其全部处理为期间费用,不计入产品成本;全部成本法将其全部计入产品成本),所以导致出现多种差异。全部成本法将固定制造费用计入产品成本,比变动成本法下的单位产品成本多40(2 000÷50)元。这也导致全部成本法的期末存货成本比变动成本法的期末存货成本高 400(40×10)元;同样,导致变动成本法下的期间费用比全部成本法下的期间费用高 1 600(40×40)元。上述差异共同导致两种方法下的损益差异为 400 元。

任务四 标准成本法

标准成本法

一、标准成本的概念和种类

(一)标准成本的概念

标准成本是通过精确的调查、分析与技术测定而制定的,用于评价实际成本、衡量工作效率的一种目标成本。标准成本具体有以下两种含义。

单位产品的标准成本＝单位产品直接材料标准成本＋单位产品直接人工标准成本＋

单位产品制造费用标准成本

标准成本(总额)＝实际产量×单位产品标准成本

(二)标准成本的种类

理想标准成本是一种理论标准,是指在现有条件下所能达到的最优成本水平,即在生产过程无浪费、机器无故障、人员无闲置、产品无废品的假设条件下制定的成本标准。

正常标准成本是指在正常情况下,企业经过努力可以达到的成本标准。这一标准考虑了生产过程中不可避免的损失、故障和偏差等。

二、标准成本的制定

(一)用量标准与价格标准

用量标准与价格标准如表 3-16 所示。

表 3-16 用量标准与价格标准

单位产品标准成本	用 量 标 准	价 格 标 准
直接材料	单位产品材料消耗量	原材料单价
直接人工	单位产品直接人工工时	小时工资率
制造费用	单位产品直接人工工时(或台时)	小时制造费用分配率

(二)单位产品标准成本的确定

1. 直接材料标准成本

直接材料标准成本＝$\sum$(单位产品材料用量标准×材料价格标准)

【案例 3-14】 假定某企业甲产品耗用 A、B、C 三种直接材料,其直接材料标准成本计算如表 3-17 所示。

表 3-17 甲产品耗用直接材料标准成本计算

项 目	标 准		
	A 材料	B 材料	C 材料
用量标准①	3 千克/件	6 千克/件	9 千克/件
价格标准②	45 元/千克	15 元/千克	30 元/千克

续表

项　目	标　准		
	A 材料	B 材料	C 材料
标准成本③＝①×②	135 元/件	90 元/件	270 元/件
单位产品直接材料标准成本	495 元		

2. 直接人工标准成本

$$直接人工标准成本＝工时用量标准×标准工资率$$

【案例 3-15】 接案例 3-13,甲产品直接人工标准成本计算如表 3-18 所示。

表 3-18　甲产品直接人工标准成本计算

项　目	标　准
月标准总工时①	15 600 小时
月标准总工资②	168 480 元
标准工资率③＝②÷①	10.8 元/小时
单位产品工时用量标准④	1.5 小时/件
直接人工标准成本⑤＝④×③	16.2 元/件

3. 制造费用标准成本

$$制造费用标准成本＝工时用量标准×制造费用分配率标准$$

三、变动成本差异分析

（一）成本差异的计算

成本差异计算的通用模式如图 3-18 所示。

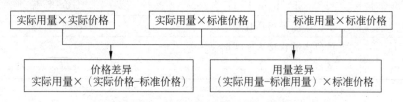

图 3-18　成本差异计算的通用模式

　　直接材料、直接人工和变动制造费用都属于变动成本,其实际成本高低取决于实际用量和实际价格,标准成本的高低取决于标准用量和标准价格,所以其成本差异可归结为价格脱离标准造成的价格差异与用量脱离标准造成的用量差异两类,如图 3-19 所示。

（二）变动成本差异的分析

变动成本差异分析的具体公式如表 3-19 所示。

表 3-19　变动成本差异分析的具体公式

变动成本差异	价　格　差　异	数　量　差　异
直接材料	材料价格差异＝实际数量×(实际价格－标准价格)	材料数量差异＝(实际数量－实际产量×单位产品的标准耗用量)×标准价格

续表

变动成本差异	价 格 差 异	数 量 差 异
直接人工	工资率差异＝实际工时×(实际工资率－标准工资率)	人工效率差异＝(实际工时－实际产量×单位产品的标准工时)×标准工资率
变动制造费用	耗费差异＝实际工时×(实际分配率－标准分配率)	效率差异＝(实际工时－实际产量×单位产品的标准工时)×标准分配率

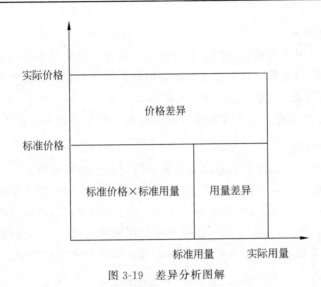

图 3-19　差异分析图解

（三）变动成本项目差异责任承担分析

变动成本项目差异形成原因及责任归属表如表 3-20 所示。

表 3-20　变动成本项目差异形成原因及责任归属

差　　异	负责部门	具 体 原 因
材料价格差异	采购部门	(1)供应厂家价格变动；(2)未按经济采购批量进货；(3)未能及时订货造成紧急订货；(4)采购时舍近求远等
材料数量差异	主要是生产部门	(1)操作疏忽造成废品和废料增加；(2)工人用料不精心；(3)操作技术改进而节省材料；(4)新工人上岗造成多用料；(5)机器或工具不适用造成用料增加等
工资率差异	一般是人力资源部门	(1)工人升降级使用；(2)奖励制度未产生实效；(3)工资率调整；(4)加班或使用临时工；(5)出勤率变化等
人工效率差异和变动制造费用效率差异	主要是生产部门	(1)工作环境不良；(2)工人经验不足；(3)劳动情绪不佳；(4)新工人上岗太多；(5)机器或工具选用不当；(6)设备故障较多；(7)生产计划安排不当；(8)产量规模太少,无法发挥经济批量优势等
变动制造费用耗费差异	生产部门经理负责	变动制造费用的实际小时分配率脱离标准

四、固定制造费用差异分析

固定制造费用不随业务量变动而变动,固定制造费用成本差异分析不同于变动成本差异分析。其分析方法有"二因素分析法"和"三因素分析法"。固定制造费用差异分析如图 3-20 所示。

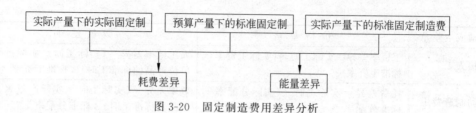

图 3-20　固定制造费用差异分析

（一）二因素分析法

固定制造费用耗费差异＝固定制造费用实际数－固定制造费用预算数

固定制造费用能量差异＝固定制造费用预算数－固定制造费用标准成本

提示：此处"生产能量"用预算产量下的标准工时表示。

固定制造费用标准分配率＝固定制造费用预算数÷生产能量

（二）三因素分析法

固定制造费用耗费差异＝固定制造费用实际数－固定制造费用预算数

固定制造费用闲置能量差异＝固定制造费用预算数－实际工时×固定制造费用标准分配率

　　　　　　　　　　　　＝（生产能量－实际工时）×固定制造费用标准分配率

固定制造费用效率差异＝（实际工时－实际产量应耗标准工时）×固定制造费用标准分配率

【案例 3-16】　歌尔企业生产某一产品，其标准成本单如表 3-21 所示。

表 3-21　标准成本单

项　　　目	用量标准	价格标准	标准成本
直接材料	5 千克/件	6 元/千克	30 元
直接人工	6 小时/件	2 元/小时	12 元
变动制造费用	5 小时/件	0.4 元/小时	2 元
固定制造费用	6 小时/件	0.8 元/小时	4.8 元
单位产品标准成本	48.8 元		

该企业的标准总工时为 60 000 小时，标准产量是 10 000 件，标准固定制造费用是 48 000 元。该产品实际产量、实际耗用量和实际价格等资料如表 3-22 所示。假设无期初、期末存货，试分析各种成本差异。

表 3-22　该产品实际产量、耗用量和实际价格等资料

项　　　目	总　　　额	单　位　数
实际产量	12 000 件	
实际耗用总工时	78 000 小时	6.5 小时/件
直接材料	66 000 千克	5 元/千克
直接人工	195 000 元	2.5 元/小时
变动制造费用	78 000 元	1 元/小时
固定制造费用	46 800 元	0.6 元/小时

解析：

1. 直接材料成本差异及分析

（1）成本差异计算。

$$实际价格×实际用量=5×66\ 000=330\ 000（元）\qquad①$$
$$标准价格×实际用量=6×66\ 000=396\ 000（元）\qquad②$$
$$标准价格×标准用量=6×5×10\ 000=300\ 000（元）\qquad③$$
$$材料价格差异=①-②=330\ 000-396\ 000=-66\ 000（元）$$
$$材料用量差异=②-③=396\ 000-300\ 000=96\ 000（元）$$
$$材料成本差异=①-③=330\ 000-300\ 000=30\ 000（元）$$

（2）成本差异分析。材料实际成本比标准成本多耗费 30 000 元，表现为：原材料价格降低了 1 元/千克，使得成本下降了 66 000 元；由于产量增加，相应增加了原材料的消耗量，使成本上升了 96 000 元，两项合计使实际成本比标准成本上升了 30 000 元。企业应该加强材料管理，提高材料的综合利用程度，避免浪费。

2. 直接人工成本差异及分析

（1）成本差异计算。

$$实际价格×实际用量=2.5×78\ 000=195\ 000（元）\qquad①$$
$$标准价格×实际用量=2×78\ 000=156\ 000（元）\qquad②$$
$$标准价格×标准用量=2×60\ 000=120\ 000（元）\qquad③$$
$$工资率差异=①-②=195\ 000-156\ 000=39\ 000（元）$$
$$工时用量差异=②-③=156\ 000-120\ 000=36\ 000（元）$$
$$人工成本差异=①-③=195\ 000-120\ 000=75\ 000（元）$$

（2）成本差异分析。人工实际成本比标准成本多耗费 75 000 元，表现为工资率上升了 0.5 元/小时，使人工成本上升了 39 000 元；工时总额增加了 18 000 小时，使人工成本上升了 36 000 元，两项合计使人工成本上升了 75 000 元，企业的生产部门应该加强生产管理，提高劳动效率。

3. 变动制造费用成本差异及分析

（1）成本差异计算

$$实际价格×实际用量=1×78\ 000=78\ 000（元）\qquad①$$
$$标准价格×实际用量=0.4×78\ 000=31\ 200（元）\qquad②$$
$$标准价格×标准用量=0.4×60\ 000=24\ 000（元）\qquad③$$
$$变动制造费用价格差异=①-②=78\ 000-31\ 200=46\ 800（元）$$
$$工时用量差异=②-③=31\ 200-24\ 000=7\ 200（元）$$
$$变动制造费用成本差异=①-③=78\ 000-24\ 000=54\ 000（元）$$

（2）成本差异分析。变动制造费用实际成本比标准成本多耗费了 54 000 元，表现为变动制造费用分配率实际上升了 0.6 元/小时，使变动制造费用上升了 46 800 元；工时总额增加了 18 000 小时，使变动制造费用上升了 7200 元，两项合计使变动制造费用上升了 54 000 元。

4. 固定制造费用成本差异及分析

（1）成本差异计算。

$$固定制造费用预算差异=46\ 800-48\ 000=-1\ 200（元）$$
$$固定制造费用生产能力差异=0.8×(60\ 000-78\ 000)=-14\ 400（元）$$

固定制造费用效率差异＝0.8×(78 000－12 000×60 000÷10 000)＝4 800(元)

固定性制造费用成本差异＝(－1 200)＋(－14 400)＋4 800＝－10 800(元)

（2）成本差异分析。

固定制造费用实际成本比标准成本降低了 10 800 元,表现为实际支出的固定制造费用比标准固定制造费用低 1 200 元;因实际总工时高于标准总工时,使生产能力被充分利用,降低固定制造费用 14 400 元;因实际单位工时(6.5 小时/件)比标准单位工时(6 小时/件)高,实际工时的使用效率下降,使固定制造费用上升 4800 元。三者合计,固定制造费用节约了 10 800 元。

◆ 边学边练

情景案例四: 福耀公司是一家制造业公司,只生产和销售防滑瓷砖一种产品。产品生产工艺流程比较成熟,生产工人技术操作比较熟练,生产组织管理水平较高,公司实行标准成本制度,定期进行标准成本差异分析。

甲公司的生产能量为 6 000 平方米/月,2021 年 9 月实际生产 5 000 平方米。

其他相关资料如表 3-23 和表 3-24 所示。

表 3-23 防滑瓷砖实际消耗量

项　目	直接材料	直接人工	变动制造费用	固定制造费用
实际使用量	24 000 千克	5 000 人工小时	8 000 机器小时	8 000 机器小时
实际单价	1.5 元/千克	20 元/小时	15 元/小时	10 元/小时

表 3-24 防滑瓷砖标准成本资料

项　目	用量标准	价格标准
直接材料	5 千克/平方米	1.6 元/千克
直接人工	1.2 小时/平方米	19 元/小时
变动制造费用	1.6 小时/平方米	12.5 元/小时
固定制造费用	1.5 小时/平方米	8 元/小时

边学边练
答案及解析

要求:

（1）计算直接材料的价格差异、数量差异和成本差异。

（2）计算直接人工的工资率差异、人工效率差异和成本差异。

（3）计算变动制造费用的耗费、效率差异和成本差异。

（4）计算固定制造费用的耗费差异、闲置能量差异、效率差异和成本差异。

（5）计算产品成本差异总额和单位成本差异。

作业成本法

任务五　作业成本法

一、作业成本法的产生背景与含义

（一）作业成本法的产生背景

伴随高度自动化、智能化的企业经营环境的改变,产品成本结构中的制造费用(主要是折旧费等固定成本)比重大幅增加,其分配的科学与否决定产品成本计算的准确性和成本控制的有效性。传统的全部按产量基础分配制造费用会产生误导决策的成本信息。

（二）作业成本法的含义

作业成本法是将间接成本与辅助费用更准确地分配到产品和服务的一种成本计算方法。

在作业成本法下,直接成本可以直接计入有关产品,与传统的成本计算方法相同,只是直接成本的范围比传统成本的范围大,强调尽量减少不准确的分配。不能追溯到产品的成本,则先追溯有关作业或分配到有关作业,计算作业成本,再将作业成本分配到有关产品。

二、作业成本法的相关概念

（一）作业

作业是指企业中特定组织(成本中心、部门或产品线)重复执行的任务或活动。

作业应具备以下特征。

（1）作业是以人为主体的工作,在企业生产经营过程中,只有人能发挥主观能动作用时,该工序或环节才可能成为作业。

（2）作业消耗一定的资源。作业以人为主体,至少要消耗一定的人力资源;作业是人力作用于物的工作,因而也要消耗一定的物质资源。例如,水从高处往低处流,不是作业;使水从低处向高处流,是人消耗资源的结果,才可能成为作业。

（3）作业管理的核心是识别增值作业和非增值作业。

增值作业是指能够增加顾客价值的作业,否则就是非增值作业,如废品清理作业、次品处理作业、返工作业等属于非增值作业。作业成本管理的核心是尽可能消除"不增值作业",改进"增值作业",优化"作业链"和"价值链",最终增加"顾客价值"和"企业价值"。

【案例 3-17】 某服装厂采用作业成本法核算产品成本,为便于存放棉纱,该厂租用了一个离公司较远的仓库,近来承揽了几家大型制衣公司的业务,需要生产大量布匹,以前的运输车辆供应不能满足运送原料的需求,又新调用了一些车辆和人力来运输,负责将棉纱从仓库运送到生产车间。期末一核算,经理大吃一惊,订单增加很多,但是利润却没增加多少,他不明白是什么原因造成这样的结局。

解析：服装厂的仓库离生产车间较远,棉纱从仓库运送到生产车间的作业属于非增值作业,又因为业务量扩大增加了运输方面的投入,提高了非增值成本,自然利润增幅较慢。经理应该将原料供应方式改变为由供应方直接送货到生产车间,这样可以削减甚至消除非增值作业。

（二）成本动因

成本动因是指作业成本或产品成本的驱动因素,分为资源成本动因和作业成本动因两种。

1. 资源成本动因

资源成本动因是引起作业成本增加的驱动因素,用于衡量一项作业的资源消耗量。依据资源成本动因可以将资源成本分配给各有关作业。

2. 作业成本动因

作业成本动因是引起产品成本增加的驱动因素,用于衡量一个成本对象(产品、服务或顾客)需要的作业量。作业成本动因计量各成本对象耗用作业的情况,并被用作作业成本的分配基础。

三、作业成本法的步骤

作业成本法按照"作业耗用资源,产品耗用作业"的基本思路进行成本的归集和分配,在过程中满足不同的管理需要。作业成本计算的基本程序是要把资源耗费价值予以分解并分配给作业,再将各作业汇集的价值分配给最终产品或服务。这一过程可以分为以下五个步骤。

(1) 设立资源库,并归集资源库价值。

(2) 确认主要作业,并设立相应的作业中心。

(3) 确定资源动因,并将各资源库汇集的价值分派到各作业中心。

(4) 选择作业动因,并确定该作业成本的成本动因分配率。

$$作业成本分配率 = \frac{当期实际作业成本}{作业动因数}$$

(5) 计算作业成本和产品成本。

$$某产品耗用的作业成本 = \sum(该产品耗用作业动因数 \times 作业成本分配率)$$

$$某产品成本 = 直接材料 + 直接人工 + 该产品作业成本$$

【案例 3-18】 某企业本月生产甲、乙两种产品,其中甲产品的技术工艺过程较为简单,生产批量较大;乙产品的技术工艺过程较为复杂,生产批量较小。甲、乙两种产品的相关资料如表 3-25 所示。

表 3-25　甲、乙两种产品的相关资料

项　目	甲　产　品	乙　产　品
产量/件	10 000	2 000
直接人工工时/小时	25 000	4 000
单位产品直接人工成本/元	12	10
单位产品直接材料成本/元	20	20
制造费用总额/元	232 000	

要求:

(1) 采用传统成本计算方法,制造费用按照直接人工工时比例进行分配,分别计算甲、乙两种产品的单位成本。

(2) 采用作业成本计算方法,分别计算甲、乙两种产品的单位成本。

(3) 分析两种方法计算产品成本存在差别的原因。

解析:

(1) 根据表 3-24 中的资料,如果按传统的成本计算方法,制造费用按直接人工工时在甲、乙两种产品之间进行分配,则

$$制造费用分配率 = \frac{232\ 000}{25\ 000 + 4\ 000} = 8(元/小时)$$

$$单位甲产品应分配制造费用 = \frac{25\ 000 \times 8}{10\ 000} = 20(元)$$

$$单位乙产品应分配制造费用 = \frac{4\ 000 \times 8}{2\ 000} = 16(元)$$

$$甲产品单位成本 = 12 + 20 + 20 = 52(元)$$

乙产品单位成本＝10＋20＋16＝46(元)

(2) 作业成本法下成本计算如表3-26和表3-27所示。

表3-26　计算各项作业的成本分配率

作业成本库 (作业中心)	可追溯成本/元	成本动因	作业量			成本动因分配率/(元/件)
			甲产品/件	乙产品/件	合计/件	
机器调整准备	50 000	准备次数	300	200	500	100
质量检验	45 000	检验次数	150	50	200	225
设备维修	30 000	维修工时	200	100	300	100
生产订单	55 000	订单份数	195	80	275	200
材料订单	25 000	订单份数	140	60	200	125
生产协调	27 000	协调次数	50	50	100	270
合计	232 000					

企业每年制造费用总额为232 000元,依据作业动因设置六个成本库,根据表3-25的有关资料和计算结果,计算作业成本计算法下两种产品的制造费用,如表3-27所示。

表3-27　作业成本计算法下两种产品的制造费用分配

作业成本库 (作业中心)	成本动因分配率(元/件)	甲 产 品		乙 产 品		作业成本(制造费用)合计/元
		作业量/件	作业成本/件	作业量/件	作业成本/件	
机器调整准备	100	300	30 000	200	20 000	50 000
质量检验	225	150	33 750	50	11 250	45 000
设备维修	100	200	20 000	100	10 000	30 000
生产订单	200	195	39 000	80	16 000	55 000
材料订单	125	140	17 500	60	7 500	25 000
生产协调	270	50	13 500	50	13 500	27 000
合计		—	153 750	—	78 250	232 000
单位产品应分摊的制造费用		15.38		39.13		—

由此可得出甲、乙两种产品的单位成本。

甲产品单位成本＝12＋20＋15.38＝47.38(元)

乙产品单位成本＝10＋20＋39.13＝69.13(元)

(3) 传统成本计算法与作业成本计算法的产品成本结果结算比较如表3-28所示。

表3-28　产品成本结果结算比较

产 品	作业成本计算法的产品成本/元	传统成本计算法的产品成本/元	绝对差/元	相对差
甲产品	47.38	52	4.62	9.75%
乙产品	69.13	46	−23.13	−33.44%

传统方法下制造费用按照单一标准进行分配,产量大的甲产品承担更多的制造费用,高估了产量高的产品的成本,低估了产量低的产品的成本,扭曲了产品成本;作业成本法按照多动因分配,提高了成本分配的准确性。

四、作业成本法的优点、局限性与适用条件

作业成本法的成本分配主要使用追溯和动因分配,尽可能减少不准确的分摊,因此能够提供更加真实、准确的成本信息。作业成本法的优点、局限性与适用条件如表 3-29 所示。

表 3-29 作业成本法的优点、局限性与适用条件

项　目	内　容
优点	(1) 成本计算更准确; (2) 成本控制和成本管理更有效; (3) 为实施价值链分析和成本领先战略提供信息支持
局限性	(1) 开发和维护费用较高; (2) 作业成本法不符合对外财务报告的需要; (3) 确定成本动因比较困难; (4) 不利于管理控制
适用条件	(1) 制造费用在产品成本中占有较大比重; (2) 产品多样性程度高; (3) 面临的竞争激烈; (4) 规模比较大

边学边练

情景案例五:志高公司生产普通蒸汽挂烫机和手持式蒸汽挂烫机,该公司采用传统成本法计算产品成本。最近,财务经理对传统成本法计算出的结果进行分析,认为对制造费用的分配存在问题,于是决定采用作业成本法对普通蒸汽挂烫机和手持式蒸汽挂烫机的制造费用重新进行分配,以提高成本信息的有用性。产品成本资料如表 3-30 所示。

表 3-30 产品成本资料

产品名称	年产量/台	单位产品 机器工时/小时	直接材料 单位成本/元	直接人工 单位成本/元
普通蒸汽挂烫机	10 000	10	50	20
手持式蒸汽挂烫机	40 000	10	30	20

企业每年制造费用总额为 2 000 000 元,依据作业动因设置五个成本库,作业中心相关资料如表 3-31 所示。

表 3-31 作业中心相关资料

作业名称	成本动因	作业成本/元	作业动因数		
			普通蒸汽挂烫机	手持式蒸汽挂烫机	合计
机器调整	调整次数	600 000	3 000	2 000	5 000
质量检验	检验次数	480 000	4 000	4 000	8 000

作业名称	成本动因	作业成本/元	作业动因数		
			普通蒸汽挂烫机	手持式蒸汽挂烫机	合计
生产订单	订单份数	120 000	200	400	600
机器维修	维修次数	600 000	400	600	1 000
材料验收	验收次数	200 000	100	300	400
合计		2 000 000			

要求：采用作业成本法计算两种产品的单位成本,填写表3-32～表3-34。

解析：

(1) 计算各项作业的成本分配率。

表 3-32　各项作业的成本分配率计算表

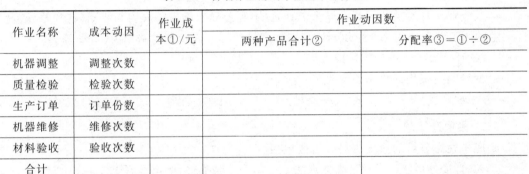

作业名称	成本动因	作业成本①/元	作业动因数	
			两种产品合计②	分配率③＝①÷②
机器调整	调整次数			
质量检验	检验次数			
生产订单	订单份数			
机器维修	维修次数			
材料验收	验收次数			
合计				

(2) 计算作业成本法下两种产品的制造费用。

表 3-33　作业成本法下两种产品的制造费用计算表

作业名称	作业成本/元	作业动因数		分配率	分配的制造费用/元	
		普通蒸汽挂烫机	手持式蒸汽挂烫机		普通蒸汽挂烫机④	手持式蒸汽挂烫机⑤
机器调整						
质量检验						
生产订单						
机器维修						
材料验收						
合计						

(3) 计算作业成本法下两种产品的单位成本。

表 3-34　作业成本法下两种产品的单位成本计算表

产品名称	单位产品制造费用/元	产品单位成本/元
普通蒸汽挂烫机		
手持式蒸汽挂烫机		

知识与能力训练

一、知识训练

（一）单项选择题

1. 当业务量变动时，单位固定成本将（　　）。
   A. 成正比例变动　　B. 成反比例变动　　C. 固定不变　　D. 降低
2. 下列成本项目中不属于约束性固定成本的是（　　）。
   A. 折旧费　　B. 经营性租赁费　　C. 融资性租赁费　　D. 管理人员工资
3. 变动成本法的产品成本是指（　　）。
   A. 固定生产成本　　　　　　　　B. 变动生产成本
   C. 固定非生产成本　　　　　　　D. 变动非生产成本
4. 某企业4月发生的预算差异为700元（不利差异），能量差异为500元（有利差异），实际发生的固定制造费用为18 000元，则实际产量的标准固定制造费用为（　　）元。
   A. 18 700　　B. 17 800　　C. 17 300　　D. 17 500
5. 变动制造费用的价格差异是指（　　）。
   A. 预算差异　　B. 效率差异　　C. 闲置差异　　D. 能量差异

（二）多项选择题

1. 成本性态分析的历史资料分析法包括（　　）。
   A. 直接分析法　　B. 高低点法　　C. 散布图法　　D. 直线回归法
2. 作业分析的具体内容包括（　　）。
   A. 资源动因分析　　　　　　　　B. 作业动因分析
   C. 增值作业的确认　　　　　　　D. 作业链的连接关系分析
3. 优化作业的主要目的在于（　　）。
   A. 降低作业单位产出成本　　　　B. 缩短作业时间
   C. 提高作业质量　　　　　　　　D. 消除非增值作业

（三）判断题

1. 成本性态是指成本总额与特定业务量之间的依存关系。（　　）
2. 变动成本法提供信息主要是为满足对外提供报表的需要，而完全成本法提供信息是为满足面向未来决策、强化企业内部管理的需要。（　　）
3. 当期末存货量不为零，而期初存货量为零时，完全成本法确定的营业净利润小于变动成本法确定的营业净利润。（　　）
4. 当期末存货量和期初存货量均为零时，两种成本计算法确定的营业净利润相等。（　　）
5. 同质成本库是指可以用一项共同的成本动因解释其成本变动的成本。（　　）

二、能力训练

1. 福耀公司2021年产量最高的月份是5月，产量最低的月份是12月，这两个月的制造费用资料如表3-35所示。

表 3-35　福耀公司 5 月和 12 月的制造费用资料

月份	5 月	12 月
产量/件	75	42
制造费用/元	31 660	24 400

制造费用包括变动成本、固定成本和混合成本。其中，单位变动成本为 200 元，每月固定成本总额为 15 000 元。

要求：

(1) 采用高低点法将该厂制造费用中的混合成本进行分解，并写出混合成本公式。

(2) 假定 2022 年 1 月计划产量为 90 件，预测其制造费用总额将为多少。

2. 某工厂最近 5 年的产销量资料如表 3-36 所示。

表 3-36　某工厂最近 5 年的产销量资料　　　　　　　单位：件

年份	2017 年	2018 年	2019 年	2020 年	2021 年
生产量	800	800	700	300	500
销售量	800	700	400	200	800

该产品单价 50 元，单位变动生产成本 30 元，每年固定生产成本 4 000 元，每年销售和管理费用（全部是固定费用）1 000 元，存货计价采用先进先出法，2016 年年末存货量为零。

要求：

(1) 按变动成本法计算各年营业净利润。

(2) 计算各期期末存货量。

(3) 计算完全成本法下各期期末存货中的固定生产成本。

(4) 按简算法计算两种成本计算法各期营业净利润的差额。

(5) 利用利润差额计算各期完全成本法下的营业净利润。

3. 某工厂的固定制造费用及有关资料如下：固定制造费用实际支出总额 61 700 元，实际产量标准工时 16 000 工时，固定制造费用预算总额 60 000 元，预算产量标准工时 20 000 工时，本年度实际耗用总工时 17 500 工时。

要求：

(1) 计算固定制造费用差异总额。

(2) 用二因素分析法分解成本差异。

(3) 用三因素分析法分解成本差异。

4. 某工厂本月固定制造费用的预算差异为 200 元（不利差异），效率差异为 120 元（不利差异），能力差异为 480 元（有利差异）。已知标准费用分配率为 2.40 元/小时，实际产量标准工时为 11.50 小时。

要求：计算固定制造费用本月实际支付数额。

5. 某企业生产甲、乙两种产品，其中甲产品 900 件，乙产品 300 件，其作业数据如表 3-37 所示。

表 3-37　甲、乙两种产品作业数据　　　　　　单位：元

作业中心	资源耗用	动因	动因量（甲产品）	动因量（乙产品）	合计
材料处理	18 000	移动次数	400	200	600
材料采购	25 000	订单件数	350	150	500
使用机器	35 000	机器小时	1 200	800	2 000
设备维修	22 000	维修小时	700	400	1 100
质量控制	20 000	质检次数	250	150	400
产品运输	16 000	运输次数	50	30	80
合计	136 000				

要求：按作业成本法计算甲、乙两种产品的成本，并将计算结果填入表 3-38 中。

表 3-38　作业成本计算表　　　　　　单位：元

作业中心	成本库	动因量	动因率	甲产品	乙产品
材料处理	18 000	600			
材料采购	25 000	500			
使用机器	35 000	2 000			
设备维修	22 000	1 100			
质量控制	20 000	400			
产品运输	16 000	80			
合计	136 000				
单位成本					

6. 天成旅游公司有 3 辆客运汽车，每辆车可容纳 50 名游客和 1 名导游。该公司向旅客提供到某地的"一日游"服务。本月有关成本资料如表 3-39 所示。

表 3-39　成本资料

作　业	动因分配率	成本动因	动因消耗量
支付高速公路费	30 元/次	使用次数/次	46
车辆使用	500 元/次	使用次数/次	23
支付门票费	50 元/人次	旅客加导游人数/人	1 108
支付导游费	500 元/次	导游次数/次	23
提供膳食	60 元/人次	用餐次数/次	1 131
广告	1 000 元/次	广告次数/次	4

要求：按作业成本法计算该公司每提供一次旅游的服务成本。

营 运 管 理

学习目标

知识目标：

(1) 了解运营管理的相关概念。

(2) 了解运营计划的制订与执行。

(3) 理解本量利分析的基本假设。

(4) 掌握本量利分析的相关概念和方法。

(5) 能用数学化的模型和图式来揭示固定成本、变动成本、销售量、单价、销售额、利润等变量之间的内在规律。

(6) 掌握边际贡献及其相关指标的计算公式。

(7) 掌握保本点分析、保利点分析等方法，为决策提供依据。

(8) 掌握本量利分析的各种方法，并能在实践中加以应用。

(9) 掌握第三性分析的原理。

能力目标：

(1) 具备根据企业的不同情况进行盈亏平衡分析和利润分析的能力。

(2) 具备对企业经营安全程度进行评价的能力。

(3) 具备对企业利润的敏感性分析能力。

(4) 培养学生以价值增值为目标的信息整合能力。

(5) 培养学生具备一定的职业判断、分析和思维能力。

课程思政：

(1) 通过学习营运管理这种管理会计工具方法，培养学生的核心价值观教育，使学生理解优秀的管理会计人员能为企业创造价值，把握我国管理会计制度文件的相关规定，在拓展活跃思维的同时强化实践应用操作。

(2) 适时渗透管理会计职业道德教育，从爱岗敬业、诚信从业、客观公正、保守秘密和廉洁自律五个方面端正职业认知、树立正确的价值观，用专业的方法工具、良好的职业规范为企业工作，提供深入有效的管理支持。

项目知识结构

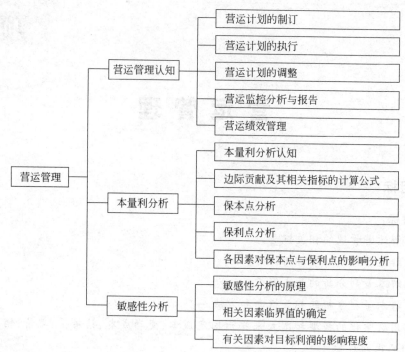

情景导入

(1) 啤酒和尿布：沃尔玛在美国的一位店面经理曾发现，啤酒和尿布的销量每周都会有一次同比攀升，一时却不清楚是什么原因。后来，沃尔玛运用商业智能（business intelligence, BI）技术发现，购买这两种产品的顾客几乎都是 25～35 岁、家中有婴儿的男性，每次购买的时间均在周末。沃尔玛在对相关数据分析后得知，这些人习惯晚上边看球赛、喝啤酒，边照顾孩子。得到这个结果后，沃尔玛决定把这两种商品摆放在一起，结果，这两种商品的销量都有了显著增加。

(2) 党史故事：1921 年 7 月 23 日晚 8 时，中国共产党第一次全国代表大会在上海召开，会址就设在上海法租界望志路 106 号李书城与其弟李汉俊的寓所，一共有 15 位出席者。会议原定由陈独秀主持，由于他在广州公务繁忙未能出席会议，大会临时推选张国焘主持，毛泽东、周佛海担任记录。7 月 24 日，大会召开第二次会议。7 月 27 日、28 日、29 日，大会召开第三、第四、第五次会议。会议集中讨论了《中国共产党的第一个纲领》。7 月 30 日晚上，按原先计划，代表们仍聚集在李公馆召开第六次会议，准备在这次会上通过《中国共产党的第一个纲领》和《中国共产党的第一个决议》，选举中央机构，宣告党的一大闭幕。但就在此时，有密探闯入，使会议临时中断。随后，部分代表们转移到嘉兴南湖的一艘游船上，进行了最后的会议决议。至此，具有划时代意义的中国共产党第一次全国代表大会宣告闭幕。中国共产党肩负着民族复兴的期望和人民解放的重托，在中国正式诞生了。

思考：

(1) 结合案例思考营运管理的重要性、如何制订营运计划。

一大首聚
开天辟地

（2）培养学生的国家使命感、民族自豪感。通过党史故事《一大首聚 开天辟地》，让学生结合运营管理知识，明确企业在制订营运计划时应以战略目标为指引，充分分析宏观经济形势、行业发展规律及竞争对手情况等内外部环境变化，客观评估自身的优势、面临的风险和机会。

任务一　营运管理认知

营运管理是指为实现企业战略和营运目标，各级管理者通过计划、组织、指挥、协调、控制、激励等活动，实现对企业生产经营过程中的物料供应、产品生产和销售等环节的价值增值管理。企业进行营运管理应区分计划、实施、检查、处理四个阶段（简称 PDCA），形成闭环管理，使营运管理工作更加条理化、系统化、科学化。

营运管理领域应用的管理会计工具方法一般包括本量利分析、敏感性分析、边际分析等。企业应根据自身业务的特点和管理需要等，选择单独或综合运用营运管理工具方法，以更好地实现营运管理目标。

企业应用营运管理工具方法，一般按照营运计划的制订、营运计划的执行、营运计划的调整、营运监控分析与报告、营运绩效管理等程序进行。

一、营运计划的制订

（一）营运计划的基本含义

营运计划是指企业根据战略决策和营运目标的要求，从时间和空间上对营运过程中的各种资源所做出的统筹安排，其主要作用是分解营运目标、分配企业资源、安排营运过程中的各项活动。

营运计划按计划的时间可分为长期营运计划、中期营运计划和短期营运计划；按计划的内容可分为销售、生产、供应、财务、人力资源、产品开发、技术改造和设备投资等营运计划。

（二）制订营运计划应当遵循的原则

1. 系统性原则

企业在制订计划时不仅应考虑营运的各个环节，还要从整个系统的角度出发，既要考虑大系统的利益，也要兼顾各个环节的利益。

2. 平衡性原则

企业应考虑内外部环境之间的矛盾，有效平衡可能对营运过程中的研发、生产、供应、销售等存在影响的各个方面。

3. 灵活性原则

企业应当充分考虑未来的不确定性，在制订计划时保持一定的灵活性和弹性。

企业在制订营运计划时，应以战略目标和年度营运目标为指引，充分分析宏观经济形势、行业发展规律及竞争对手情况等外部环境变化，还应评估企业自身研发、生产、供应、销售等环节的营运能力，客观评估自身的优势和劣势，以及面临的风险和机会等。

（三）营运预测的含义

企业在制订营运计划时应开展营运预测，将其作为营运计划制订的基础和依据。

营运预测是指通过收集整理历史信息和实时信息，恰当运用科学预测方法，对未来经济活动可能产生的经济效益和发展趋势做出科学合理的预计与推测的过程。

（四）企业制订营运计划的方法

（1）企业应用多种工具方法制订营运计划的，应根据自身实际情况，选择单独或综合应用预测决策会计、平衡计分卡、标杆管理等管理会计工具方法；同时，应充分应用本量利分析、敏感性分析、边际分析等管理会计工具方法，为营运计划的制订提供具体量化的数据分析，有效支持决策。

（2）企业应当科学合理地制订营运计划，充分考虑各层次营运目标、业务计划、管理指标等方面的内在逻辑联系，形成涵盖各价值链的、不同层次和不同领域的、业务与财务相结合的、短期与长期相结合的目标体系和行动计划。

（3）企业应采取自上而下、自下而上或上下结合的方式制订营运计划，充分调动全体员工的积极性，通过沟通、讨论达成共识。

（4）企业应根据营运管理流程，对营运计划进行逐级审批。企业各部门应在已经审批通过的营运计划的基础上进一步制订各自的业务计划，并按流程履行审批程序。

（5）企业应对未来的不确定性进行充分预估，在科学营运预测的基础上，制订多方案的备选营运计划，以应对未来不确定性带来的风险与挑战。

二、营运计划的执行

（1）经审批的营运计划应以正式文件的形式下达执行。企业应逐级分解营运计划，按照横向到边、纵向到底的要求分解落实到各所属企业、部门、岗位或员工，确保营运计划得到充分落实。

（2）经审批的营运计划应分解到季度、月度，形成月度的营运计划，逐月下达、执行。各企业应根据月度的营运计划组织开展各项营运活动。

（3）企业应建立配套的监督控制机制，及时记录营运计划的执行情况，进行差异分析与纠偏，持续优化业务流程，确保营运计划的有效执行。

（4）企业应在月度营运计划的基础上，开展月度、季度滚动预测，及时反映滚动营运计划所对应的实际营运状况，为企业资源配置的决策提供有效支持。

三、营运计划的调整

营运计划一旦批准下达，一般不予调整。宏观经济形势、市场竞争形势等发生重大变化，导致企业营运状况与预期出现较大偏差的，企业可以适时对营运计划做出调整，使营运目标更加切合实际。

企业在营运计划执行过程中应关注和识别存在的各种不确定因素，分析和评估其对企业营运的影响，适时启动调整原计划的有关工作，确保企业的营运目标更加切合实际，更合理地进行资源配置。

企业在做出营运计划调整决策时，应分析和评估营运计划调整方案对企业营运的影响，包括对短期的资源配置、营运成本、营运效益等的影响，以及对长期战略的影响。

企业应建立营运计划调整的流程和机制，规范营运计划的调整。营运计划的调整应由具体执行的所属企业或部门提出调整申请，经批准后下达正式文件。

四、营运监控分析与报告

为强化营运监控，确保企业营运目标的顺利实现，企业应结合自身实际情况，按照日、周、月、季、年等频率建立营运监控体系，并按照 PDCA 管理原则，不断优化营运监控体系的各项机制,做好营运监控分析工作。

(一)企业营运监控分析的含义

企业营运监控分析是指以本期财务和管理指标为起点,通过指标分析查找异常,并进一步揭示异常所反映的营运缺陷,追踪缺陷成因,提出并落实改进措施,不断提高企业的营运管理水平。

企业营运监控分析的基本任务是发现偏差、分析偏差和纠正偏差。

(1)发现偏差是指企业通过各类手段和方法,分析营运计划的执行情况,发现计划执行中的问题。

(2)分析偏差是指企业对营运计划执行过程中出现的问题和偏差原因进行研究,采取针对性的措施。

(3)纠正偏差是指企业根据偏差产生的原因采取针对性的措施,使企业营运过程中的活动按既定的营运计划进行。

(二)企业营运监控分析的一般步骤

(1)明确营运目的,确定有关营运活动的范围。

(2)全面收集有关营运活动的资料,进行分类整理。

(3)分析营运计划与执行的差异,追溯原因。

(4)根据差异分析采取恰当的措施,并进行分析和报告。

企业应将营运监控分析的对象、目的、程序、评价及改进建议形成书面分析报告。分析报告按照分析的范围及内容可以分为综合分析报告、专题分析报告和简要分析报告;按照分析的时间可以分为定期分析报告和不定期分析报告。企业应建立预警、督办、跟踪等营运监控机制,及时对营运监控过程中发现的异常情况进行通报、预警,按照 PDCA 管理原则督促相关责任人将工作举措落实到位。

企业可以建立信息报送、收集、整理、分析、报告等日常管理机制,保证信息传递的及时性和可靠性;建立营运监控管理信息系统、营运监控信息报告体系等,保证营运监控分析工作的顺利开展。

五、营运绩效管理

企业可以开展营运绩效管理,激励员工为实现营运管理目标作出贡献。企业可以建立营运绩效管理委员会、营运绩效管理办公室等不同层级的营运绩效管理组织,明确绩效管理流程和审批权限,制定绩效管理制度。企业可以以营运计划为基础,制定绩效管理指标体系,明确绩效指标的定义、计算口径、统计范围、绩效目标、评价标准、评价周期、评价流程等内容,确保绩效指标具体、可衡量、可实现、相关且具有明确期限。

绩效管理指标应以企业营运管理指标为基础,做到无缝衔接、层层分解,确保企业营运目标的落实。

任务二　本量利分析

本量利分析及其应用

一、本量利分析认知

本量利分析(cost volume profit analysis,简称 CVP 分析)是在成本性态分析和变动成本法的基础上进一步开展的一种分析方法,着重研究业务量、价格、成本和利润之间的数量关系。本量利分析所提供的原理、方法在成本管理会计中有广泛的应用,同时它又是企业进行决策、计划和控制的重要工具。

(一) 本量利分析的基本含义

本量利分析是成本—业务量—利润依存关系分析的简称。它是以成本性态分析和变动成本法为基础,对成本、利润、业务量与单价等因素之间的依存关系进行分析,发现变动的规律性,为企业进行预测、决策、计划和控制等活动提供支持的一种方法。

本量利分析是现代管理会计学的重要组成部分,是管理会计的核心内容。本量利分析也是一种使用工具。在企业的经营管理活动中,管理人员在决定生产和销售的数量时,往往以数量为起点,以利润为目标,期望能在业务量和利润之间建立起一种直接的函数关系,从而利用这个数学模型,在业务量变动时估计对利润的影响,或者在利润变动时计算出完成目标利润所需要达到的业务量水平。因此,本量利分析在规划企业经济活动、正确进行经营决策和有效控制经济过程等方面起着重要的作用。

(二) 本量利分析的基本假设

现实经济生活中,成本、销售量和利润之间的关系非常复杂。例如,成本与业务量之间可能呈线性关系,也可能呈非线性关系;销售收入与销售量之间也不一定是线性关系,因为售价可能发生变动。为建立本量利分析理论,必须对上述复杂的关系做一些基本假设,由此来严格限定本量利分析的范围,对于不符合这些基本假设的情况,可以进行本量利扩展分析。

1. 相关范围和线性关系假设

由于本量利分析是在成本性态分析基础上发展起来的,所以成本性态分析的基本假设也是本量利分析的基本假设,也就是在相关范围内,固定成本总额保持不变,变动成本总额随业务量变化成正比例变化,前者用数学模型来表示就是 $y=a$,后者用数学模型来表示就是 $y=bx$,所以,总成本与业务量呈线性关系,即 $y=a+bx$。相应地,假设售价也在相关范围内保持不变,销售收入与销售量之间也呈线性关系,用数学模型来表示就是以售价为斜率的直线 $y=px$(p 为销售单价)。在相关范围内,成本与销售收入均分别表现为直线。

有了相关范围和线性关系假设,就把在相关范围之外,成本和销售收入分别与业务量呈非线性关系的实际情况排除在外了,因为在实际经济活动中,成本、销售收入和业务量之间存在非线性关系这种现象。

2. 品种结构稳定假设

该假设是指在一个生产和销售多种产品的企业里,每种产品的销售收入占总销售收入的比例不会发生变化。但在现实经济生活中,企业很难始终按照一个固定的品种结构来销售产品,如果销售产品的品种结构发生较大变动,必然导致利润与原来品种结构不变假设下预计的利润有很大差别。有了这种假设,就可以使企业管理人员关注价格、成本和业务量对利润的影响。

3. 产销平衡假设

产销平衡假设是指企业生产出来的产品总是可以销售出去,即能够实现生产量等于销售量。在这一假设下,本量利分析中的量就是指销售量,而不是生产量。但在实际经济生活中,生产量可能不等于销售量,这时产量因素就会对本期利润产生影响。

正因为本量利分析建立在上述假设的基础上,所以一般只适用于短期分析。在实际工作中应用本量利分析原理时,必须从动态的角度去分析企业生产经营条件、销售价格、品种结构和产销平衡等因素的实际变动情况,调整分析结论,积极应用动态分析和敏感性分析等技术来克服本量利分析的局限性。

(三)本量利分析的基本公式

本量利分析的目标是利润,在变动成本法的基础上,通过损益法计算利润时,首先确定一定期间的收入,然后计算与这些收入相匹配的变动成本和固定成本,两者之间的差额即为期间利润,计算公式为

$$目标利润=销售收入-总成本=销售收入-(变动成本+固定成本)$$
$$=销售单价\times销售量-单位变动成本\times销售量-固定成本$$
$$=(单价-单位变动成本)\times销售量-固定成本$$

上式可用字母表示为

$$P=px-(bx+a)=px-bx-a=(p-b)x-a$$

式中:P 为营业利润;p 为销售单价;x 为销售量(业务量);b 为单位变动成本;a 为固定成本总额。

(四)本量利分析的作用

本量利分析是管理人员从事管理决策的有力工具。作为以营利为目的的企业组织,其生产经营的直接目的是以一定的成本生产出社会所需的产品,并将产品销售出去,取得利润。因此,企业为实现更多的利润,就需要客观地研究成本、销售量和利润三者之间的关系,分析其内在规律,为比较经营方案、进行经济评估、做出正确的决策提供准确可靠的数字依据。

本量利分析将成本、产量、利润这几个方面的变动所形成的相互关系联系起来进行分析,其核心部分是确定盈亏平衡点,并围绕它从动态上研究有关影响因素如何变化可以获得更多的利润,这对企业加强内部管理、提高经济效益起着重要的作用。

二、边际贡献及其相关指标的计算公式

边际贡献(contribution margin)是指产品的销售收入扣除变动成本之后的金额,表明该产品为企业做出的贡献,也称贡献毛益、边际利润或创利额,是衡量产品盈利能力的一项非常重要的指标,具有弥补固定成本和创造利润的特点。如果边际贡献等于固定成本,则企业不盈不亏;如果边际贡献大于固定成本,则企业处于盈利状态,它们之间的差额为盈利额;反之,企业将会出现亏损。

边际贡献可以用单位边际贡献表示,也可以用边际贡献总额和边际贡献率表示。

(一)单位边际贡献

单位边际贡献(unit contribution margin,cm)是指销售单价与单位变动成本的差额,该指标反映每销售一件产品所带来的边际贡献,用公式表示为

$$单位边际贡献=销售单价-单位变动成本$$

即

$$cm=p-b$$

(二)边际贡献总额

边际贡献总额(total contribution margin,Tcm)是指产品销售收入总额与变动成本总

额之间的差额,用公式表示为:
$$边际贡献总额＝销售收入总额－变动成本总额$$
即
$$Tcm=px-bx=(p-b)x=cmx$$

(三)边际贡献率

边际贡献率(contribution margin rate,cmR)是指边际贡献总额占销售收入总额的百分比,或单位边际贡献占销售单价的百分比,用公式表示为

$$边际贡献率=\frac{边际贡献总额}{销售收入总额}\times100\%=\frac{单位边际总额}{销售单价}\times100\%$$

即

$$cmR=\frac{Tcm}{px}\times100\%=\frac{cm}{p}\times100\%$$

(四)变动成本率

与边际贡献率相关的另一个指标是变动成本率(variable cost rate,bR)。变动成本率是指变动成本总额占销售收入总额的百分比,或单位变动成本占销售单价的百分比,用公式表示为

$$变动成本率=\frac{变动成本总额}{销售收入总额}\times100\%=\frac{单位变动成本}{销售单价}\times100\%$$

即

$$bR=\frac{bx}{px}\times100\%=\frac{b}{p}\times100\%$$

将变动成本率与边际贡献率两个指标联系起来,可以得出
$$边际贡献率＋变动成本率＝1$$
即
$$cmR+bR=1$$

可见,变动成本率与边际贡献率两者是互补的。企业变动成本率越高,边际贡献率就越低,创利能力弱;反之,企业变动成本率越低,边际贡献率必然越高,创利能力强。

【案例 4-1】 鸿星公司生产和销售一批产品,该产品的单位售价为 50 元,单位变动成本为 30 元,固定成本为 60 000 元,如果预计该产品销售量为 10 000 件。

要求:

(1)计算该产品的单位边际贡献、边际贡献总额和边际贡献率。

(2)利用边际贡献指标,计算该公司的本期目标利润。

解析:

(1)　　　单位边际贡献 $cm=p-b=50-30=20$(元)

　　　边际贡献总额 $Tcm=(p-b)x=cmx=20\times10\ 000=200\ 000$(元)

　　　边际贡献率 $cmR=\frac{Tcm}{px}\times100\%=\frac{200\ 000}{50\times10\ 000}\times100\%=40\%$

或
$$cmR=\frac{cm}{p}\times100\%=\frac{20}{50}\times100\%=40\%$$

或

$$bR=\frac{b}{p}\times100\%=\frac{30}{50}\times100\%=60\%$$

则
$$cmR=1-bR=1-60\%=40\%$$

（2） 目标利润 $P=Tcm-a=200\ 000-60\ 000=140\ 000$（元）

边学边练

情景案例一：邦远公司仅经营一种产品，该产品 2021 年的实际销量为 10 000 件，单价为 100 元/件，单位变动成本为 70 元/件，固定成本为 200 000 元，实现利润 100 000 元。

要求：计算该产品的单位边际贡献、边际贡献总额和边际贡献率。

边学边练
答案及解析

三、保本点分析

（一）保本点分析的基本概念

保本点也称盈亏平衡点、损益平衡点，是指企业经营达到不盈不亏的状态的销售量或者销售额。企业的销售收入减去变动成本后所得到的边际贡献只有在补偿固定成本后出现了剩余，才能为企业提供一定的盈利，否则，企业就会出现亏损。当边际贡献刚好等于固定成本时，企业处于不盈不亏状态，即保本状态。保本点分析就是研究企业恰好处于保本状态时本量利关系的一种定量分析方法，是确定企业经营安全程度和进行保利分析的基础，又称损益平衡分析、盈亏临界分析等。

保本点分析包括单一产品的保本点分析和多品种产品的保本点分析。

（二）单一产品的保本点分析

确定单一产品的保本点分析的方法主要有等式法、边际贡献法和图示法。

1. 等式法

等式法是指在本量利基本关系的基础上，根据保本点的定义，运用本量利分析的基本公式，先求出保本点的销售量，再推算保本点的销售额的一种方法。

本量利分析的基本公式为

$$利润＝（销售收入－变动成本）－固定成本$$

即

$$P=(p-b)x-a$$

本量利分析中，保本点的利润等于零，令 $P=0$，公式变形为

$$(p-b)x-a=0$$

得到保本点销售量公式

$$x=\frac{a}{p-b}$$

保本销售额可以用保本点销售量乘以销售单价得出，即·

$$保本点销售量＝\frac{固定成本}{销售单价－单位变动成本}$$

$$保本点销售额＝销售单价×保本点销售量$$

当企业的产品有多个品种时，等式法不适用。因为不同产品的销售量无法直接相加。

【案例 4-2】 接案例 4-1，要求用等式法计算该公司的保本点销售量和保本点销售额。

解析：

$$保本点销售额＝\frac{a}{p-b}=\frac{60\ 000}{50-30}=3\ 000（件）$$

$$保本点销售额＝px=50×3\ 000=150\ 000（元）$$

2. 边际贡献法

边际贡献法是指利用边际贡献与业务量、利润之间的关系计算保本点销售量和保本点销售额的一种方法。当企业处于保本点时,边际贡献总额和固定成本总额是相等的,可用公式表示为

$$P = Tcm - a = cm \cdot x - a = 0$$

当 $Tcm = a$ 时,$cm \cdot x = a$,即

$$x = \frac{a}{cm}$$

利用边际贡献率来代替单位边际贡献,可以得出保本点销售额。

$$保本点销售量 = \frac{固定成本}{单位边际贡献}$$

$$保本点销售额 = \frac{固定成本}{边际贡献率}$$

【案例 4-3】 接案例 4-1,采用边际贡献法计算保本点销售量和保本点销售额。

解析:

$$边际贡献率 cmR = \frac{50 - 30}{50} = 40\%$$

$$保本点销售额 = \frac{a}{cm} = \frac{60\ 000}{50 - 30} = 3\ 000(件)$$

$$保本点销售额 = \frac{a}{cmR} = \frac{60\ 000}{40\%} = 150\ 000(件)$$

边学边练

边学边练
答案及解析

情景案例二:邦远公司开发新产品,预计销售单价为 40 元,单位变动成本为 20 元,固定成本总额为 40 000 元。

要求:用等式法和边际贡献法计算保本销售量和保本销售额。

3. 图示法

本量利关系图是指在平面直角坐标系上使用解析几何模型反映企业不同业务量水平条件下的盈亏状况的图形,也称盈亏平衡图。本量利关系图有很多类型,主要有传统式、边际贡献式和利量式三种。

(1)传统式。传统式本量利关系图是一种较为常见的、能够反映本量利基本关系的图形,在实际中运用最广泛。其特点是将变动成本置于固定成本之上,与成本发生的实际情况一致,突出反映固定成本总额不变的特点。

如图 4-1 所示,x 轴表示销售量,y 轴表示销售额,图中绘制出销售收入线($y = px$)、固定成本线($y = a$)和总成本线($y = a + bx$),销售收入线与总成本线的交点即为保本点,保本点在 x 轴对应的销售量为保本点销售量,在 y 轴对应的销售额为保本点销售额。

传统式本量利关系图可以反映出当销售量(额)大于保本点时,企业就会有盈利,销售量越大,能实现的盈利就越多;反之,当销售量(额)小于保本点时,企业就会有亏损,销售量越少,亏损额就越大。

(2)边际贡献式。边际贡献式本量利关系图是一种将固定成本置于变动成本线之上,

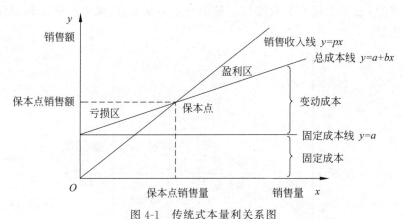

图 4-1　传统式本量利关系图

可反映在不同销售量（额）下的边际贡献水平，能直观地反映边际贡献、固定成本及利润之间关系的图形。

如图 4-2 所示，x 轴表示销售量，y 轴表示销售额，图中绘制出销售收入线（$y=px$）、变动成本线（$y=bx$）和总成本线（$y=a+bx$）。销售收入线与变动成本线都是从原点出发，二者均与业务量成正比例变化，二线之间的垂直距离是边际贡献，在边际贡献与固定成本相等处为保本点，保本点在 x 轴对应的销售量为保本点销售量，在 y 轴对应的销售额为保本点销售额。

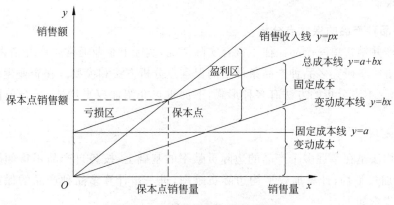

图 4-2　边际贡献式本量利关系图

边际贡献式本量利关系图可以形象地反映出边际贡献的形成过程，即销售收入减去变动成本。在保本点处，边际贡献正好等于固定成本，利润正好等于 0；当边际贡献大于固定成本时，企业就会有盈利，销售量越大，实现的盈利就越大；反之，当边际贡献小于固定成本时，企业就会有亏损，销售量越少，亏损额就越大。同时，该图还可以反映出销售收入首先弥补变动成本，形成边际贡献再补偿固定成本，只有超额的部分才构成企业的利润，这更符合变动成本法的思路。

（3）利量式。利量式本量利关系图是一种简化的保本图，它以利润线代替销售收入线和总成本线，仅反映销售量和利润之间的关系。

如图 4-3 所示，x 轴表示销售量，y 轴表示利润额，图中绘制出利润线[过（0，$-a$），斜率为单位边际贡献 cm 的直线],利润线与 x 轴的交点为保本点,保本点在 x 轴对应的销售量为保本点销售量。

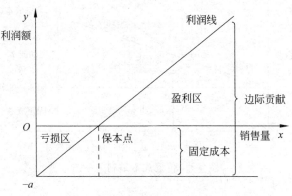

图 4-3　利量式本量利关系图

利量式本量利关系图可反映出当销售量为零时,企业的亏损额恰好是固定成本,随着销售量的增长,亏损额逐渐下降,当销售量增长到正好等于保本点的销售量时,利润为零,表明企业不盈不亏。当销售量增长到大于保本点销售量时,利润为正,而且销售量越大,能实现的盈利就越多;反之,当销售量低于盈亏平衡点,便为亏损,销售量越小,亏损额就越大。因此,该图最大的优点是清晰地反映业务量和利润的直接关系,有利于对销售量和利润的关系进行预测和控制分析。

（三）多品种产品的保本点分析

企业生产并销售单一产品往往不符合实际情况,实际上企业通常生产并销售多种产品,因此有必要进一步研究多品种产品条件下的保本点分析方法和模型。在企业生产多品种产品的条件下,保本点分析的方法有多种形式,下面重点介绍加权平均法、联合单位法和分别计算法。

1. 加权平均法

加权平均法是在掌握多个产品的边际贡献率的基础上,按各自产品销售额所占比重作为权重进行加权平均,计算加权平均边际贡献率,进一步计算多品种产品的保本额和保本量。其计算步骤如下。

第一步,计算加权边际贡献率,其计算公式为

$$加权边际贡献率 = \sum (某产品的销售额比重 \times 该产品的边际贡献率)$$

第二步,计算综合保本点销售额,其计算公式为

$$综合保本点销售额 = \frac{固定成本总额}{加权边际贡献率}$$

第三步,计算各自产品的保本点销售额和销售量,其计算公式为

$$某种产品的保本点销售额 = 综合保本点销售额 \times 该种产品的销售额比重$$

$$该产品的保本点销售量 = \frac{该产品的保本点销售额}{该产品的销售单价}$$

【案例 4-4】　鸿星公司计划期内的固定成本为 21 600 元,同时生产甲、乙、丙三种产品

（假定产销平衡），有关资料如表 4-1 所示。

表 4-1　甲、乙和丙三种产品的有关资料

项　　目	甲产品	乙产品	丙产品
产量/件	500	1 000	1 250
销售单价/元	25	7.5	4
单位变动成本/元	20	4.5	3

要求：采用加权平均法计算该企业三种产品的保本点销售额和保本点销售量。

解析：

三种产品的销售总额＝500×25＋1 000×7.5＋1 250×4＝25 000（元）

甲产品的销售额比重＝（500×25）÷25 000 ×100%＝50%

乙产品的销售额比重＝（1 000×7.5）÷25 000×100%＝30%

丙产品的销售额比重＝（1 250×4）÷25 000×100%＝20%

甲产品的贡献边际率＝（25－20）÷25×100%＝20%

乙产品的贡献边际率＝（7.5－4.5）÷7.5×100%＝40%

丙产品的贡献边际率＝（4－3）÷4×100%＝25%

由此可得

加权贡献边际率＝$\sum$（某种产品的贡献边际率×该产品的销售额比重）

＝20%×50%＋40%×30%＋25%×20%＝27%

综合保本点销售额＝$\dfrac{固定成本总额}{加权边际贡献率}$＝$\dfrac{21\ 600}{27\%}$＝80 000（元）

甲产品的保本点销售额＝80 000×50%＝40 000（元）

甲产品的保本点销售量＝$\dfrac{40\ 000}{25}$＝1 600（件）

乙产品的保本点销售额＝80 000×30%＝24 000（元）

乙产品的保本点销售量＝$\dfrac{24\ 000}{7.5}$＝3 200（件）

丙产品的保本点销售额＝80 000×20%＝16 000（元）

丙产品的保本点销售量＝$\dfrac{16\ 000}{4}$＝4 000（件）

2. 联合单位法

联合单位是指多种产品按销售量比例构成的组合。例如，企业生产 A、B、C 三种产品，这三种产品的产销比为 2∶2∶1，则 1 个联合单位就相当于 2 个 A、2 个 B 和 1 个 C。如果企业所生产的各个产品的销售量之间存在比较稳定的数量关系，且产品销售有保障，就可以使用联合单位作为保本点计算的计量单位。其计算步骤如下。

（1）选择一种产品为标准产品，计算出各种产品的产销比。

（2）计算联合单价和联合单位变动成本，计算公式为

联合单价＝$\sum$（某产品的销售单价×该产品的产销比）

联合单位变动成本＝$\sum$（某产品的单位变动成本×该产品的产销比）

（3）计算联合单位边际贡献，计算公式为

$$联合单位边际贡献＝联合单价－联合单位变动成本$$

（4）计算联合保本点销售量，计算公式为

$$联合保本点销售量＝\frac{固定成本总额}{联合单位边际贡献}$$

（5）计算各种产品的保本点销售量和保本点销售额，计算公式为

某种产品的保本点销售量＝联合保本点销售量×该种产品的产销比

该产品的保本点销售额＝该产品的保本点销售量×该产品销售单价

【案例 4-5】　接案例 4-4，假定甲、乙、丙三种产品产销比稳定，要求采用联合单位法计算三种产品的保本点销售量和保本点销售额。

解析：

（1）计算各种产品的产销比。

$$甲：乙：丙＝500：1\ 000：1\ 250＝1：2：2.5$$

（2）计算联合单价和联合单位变动成本。

联合单价＝$\sum$（某产品的销售单价×该产品的产销比）＝$25×1＋7.5×2＋4×2.5＝50$（元）

联合单位变动成本＝$\sum$（某产品的单位变动成本×该产品的产销比）

$$＝20×1＋4.5×2＋3×2.5＝36.5（元）$$

（3）计算联合单位边际贡献。

$$联合单位边际贡献＝联合单价－联合单位变动成本＝50－36.5＝13.5（元）$$

（4）计算联合保本销售量。

$$联合保本点销售量＝\frac{固定成本总额}{联合单位边际贡献}＝\frac{21\ 600}{13.5}＝1\ 600（件）$$

（5）计算各种产品的保本点销售量和保本点销售额。

甲产品的保本点销售量＝$1\ 600×1＝1600$（件）

甲产品的保本点销售额＝$1\ 600×25＝40\ 000$（元）

乙产品的保本点销售量＝$1\ 600×2＝3\ 200$（件）

乙产品的保本点销售额＝$3\ 200×7.5＝24\ 000$（元）

丙产品的保本点销售量＝$1\ 600×2.5＝4\ 000$（件）

丙产品的保本点销售额＝$4\ 000×4＝16\ 000$（元）

3. 分别计算法

分别计算法是指在一定条件下，将企业全部固定成本按一定标准在各产品之间进行分配后，再计算各个产品的保本点销售额和保本点销售量的一种方法。该方法的关键是合理分配固定成本，分配时需要区分专属成本和共同成本。专属成本是专属于某种产品生产时发生的成本，共同成本是由多种产品共同负担的成本，其中专属成本直接分配到对应产品中，而共同成本需要采用合理的分配标准进行分配，可按边际贡献、销售额、标准工时等分配标准分配给各个产品。其计算步骤如下。

（1）计算某产品分摊的固定成本，计算公式为

某产品分摊的固定成本＝该产品的专属成本＋分配的固定成本

（2）计算某产品的保本点销售量，计算公式为

$$某产品的保本点销售量=\frac{某产品分摊的固定成本额}{该产品单位边际贡献}$$

（3）计算某产品的保本点销售额，可用以上计算所得的保本点销售量与销售单价相乘得出，也可以采用以下计算公式：

$$某产品的保本点销售量=\frac{某产品分摊的固定成本额}{该产品单位边际贡献率}$$

【案例 4-6】 接案例 4-4，假定甲、乙、丙三种产品的专属固定成本分别为 8 000 元、5 000 元、3 000 元，要求采用分别计算法计算三种产品的保本点销售量和保本点销售额。

解析：

三种产品分摊的共同成本＝21 600－8 000－5 000－3 000＝5 600（元）

边际贡献总额＝500×（25－20）＋1 000×（7.5－4.5）＋1 250×（4－3）

$\qquad$ ＝2 500＋3 000＋1 250＝6 750（元）

固定成本分配率＝5 600÷6 750＝0.83

甲产品分摊的固定成本＝8 000＋0.83×2 500＝10 075（元）

乙产品分摊的固定成本＝5 000＋0.83×3 000＝7 490（元）

丙产品分摊的固定成本＝3 000＋0.83×1 250＝4 038（元）

甲产品的保本点销售量$=\frac{10\ 075}{5}=2\ 015$（件）

甲产品的保本点销售额＝2 015×25＝50 375（元）

或 $\qquad$ 甲产品的保本点销售额$=\frac{10\ 075}{20\%}=50\ 375$（元）

乙产品的保本点销售量$=\frac{7\ 490}{3}=2\ 497$（件）

乙产品的保本点销售额＝2 497×7.5＝18 728（元）

或 $\qquad$ 乙产品的保本点销售额$=\frac{7\ 490}{40\%}=18\ 725$（元）

丙产品的保本点销售量$=\frac{4\ 038}{1}=4\ 038$（件）

丙产品的保本点销售额＝4 038×4＝16 152（元）

或 $\qquad$ 丙产品的保本点销售额$=\frac{4\ 038}{25\%}=16\ 752$（元）

因为四舍五入的原因，上述计算结果略有差异。

（四）经营安全程度评价

1. 安全程度评价指标

安全边际（margin of safety）是指预计或实际销售量（额）超过盈亏临界点销售量（额）的差额。该指标标志着企业从预计或实际销售量（额）到盈亏临界点还有多大的距离，用于反映企业经营的安全程度，一般用以下指标来表示。

（1）安全边际量。

$$安全边际量＝预计（或实际）销售量－保本点销售量$$

（2）安全边际额。

$$安全边际额＝预计（或实际）销售额－保本点销售额＝安全边际量×销售单价$$

（3）安全边际率。安全边际率是指安全边际量（额）占预计（或实际）销售量（额）的百分比。

$$安全边际率＝\frac{安全边际量}{预计（或实际）销售量}×100\%＝\frac{安全边际额}{预计（或实际）销售额}×100\%$$

此外，安全边际率也可以用保本作业率来进行推算。保本作业率也称保本点开工率，是指保本点销售量（额）占企业预计（或实际）销售量（额）的百分比，表明企业实现盈利所必须达到的最低作业水平。

$$安全作业率＝\frac{保本点销售量}{预计（或实际）销售量}×100\%＝\frac{保本点销售额}{预计（或实际）销售额}×100\%$$

安全边际率与保本作业率的关系为

$$安全边际率＋保本作业率＝1$$

可见，安全边际率与保本作业率具有互补关系，因此，安全边际率也可用保本作业率进行推算。

$$安全边际率＝1－保本作业率$$

以上介绍的安全边际值（率）越大，企业的盈利能力越强，发生亏损的可能性越小，表明经营越安全；反之，安全边际值（率）越小，企业的盈利能力越弱，发生亏损的可能性也越高，表明经营的安全程度越低。我们可以根据安全边际率的不同，将企业的安全程度进行等级划分，如表 4-2 所示。

表 4-2　企业经营安全性的检验标准

安全边际率	40%以上	30%～40%	20%～30%	10%～20%	10%以下
安全等级	很安全	安全	较安全	不安全	危险

【案例 4-7】　鸿星公司产销 A 产品，该产品的单位变动成本为 20 元，单价为 50 元，本期企业实现的销售量为 3 000 件，发生的固定成本总额为 36 000 元，要求计算 A 产品的安全边际量、安全边际额和安全边际率。

解析：

$$A 产品的保本点销售量＝\frac{36\ 000}{50－20}＝1\ 200（件）$$

$$A 产品的保本点销售额＝1\ 200×50＝60\ 000（元）$$

$$A 产品的安全边际量＝3\ 000－1\ 200＝1\ 800（件）$$

$$A 产品的安全边际额＝3\ 000×50－1\ 200×50＝（3\ 000－1\ 200）×50$$
$$＝90\ 000（元）$$

$$A 产品的安全边际率＝\frac{1\ 000}{3\ 000}×100\%$$

或

$$A 产品的安全边际率＝\frac{90\ 000}{3\ 000×50}×100\%＝60\%$$

由于安全边际率为 60%，在 40%以上，表明该企业经营很安全。

2. 安全边际与利润的关系

目标利润＝（销售单价－单位变动成本）×销售量－固定成本

$$＝单位边际贡献×(保本销售量＋安全边际量)－固定成本$$

$$＝(单位边际贡献×保本销售量－固定成本)＋单位边际贡献×安全边际量$$

$$＝单位边际贡献×安全边际量$$

$$＝边际贡献率×安全边际额$$

$$预计销售利润率＝\frac{目标利润}{预计销售收入}＝\frac{边际贡献率×安全边际额}{预计销售收入}$$

$$＝边际贡献率×\frac{安全边际额}{预计销售收入}$$

$$＝边际贡献率×安全边际率$$

【案例 4-8】 接案例 4-7,该公司的单位边际贡献为 30 元/件,边际贡献率为 60%,安全边际量为 1 800 件,安全边际额为 90 000 元,安全边际率为 60%。要求:计算目标利润和预计销售利润率。

解析:

$$目标利润＝30×1\ 800＝60\%×90\ 000＝54\ 000(元)$$

$$预计销售利润率＝60\%×60\%＝36\%$$

边学边练

情景案例三: 邦远公司生产 B 产品,预计销售单价为 600 元,单位变动成本为 300 元,固定成本总额为 600 000 元,预计销售量为 4 000 件。

要求:

(1) 计算安全边际量、安全边际额、保本作业率和安全边际率。

(2) 计算目标利润和预计销售利润率。

边学边练
答案及解析

四、保利点分析

保利点分析也称盈利条件下的本量利分析,是指在销售单价和成本确定的情况下,为确保事先确定的目标利润能够实现所达到的销售量和销售额。

(一)单一产品的目标利润分析

1. 实现税前目标利润的分析模型

根据本量利分析的基本模型:

$$税前目标利润＝(销售单价－单位变动成本)×销售量－固定成本$$

则实现目标利润的销售量(保利量)为

$$保利量＝\frac{税前目标利润＋固定成本}{销售单价－单位变动成本}＝\frac{税前目标利润＋固定成本}{单位边际贡献}$$

则实现目标利润的销售额(保利额)为

$$保利额＝销售单价×保利量＝\frac{税前目标利润＋固定成本}{边际贡献率}$$

将目标税前利润用 TP 表示,保利量用 x_p 表示,保利额用 X_p 表示,以上公式可表示为

$$x_p＝\frac{TP＋a}{p－b}＝\frac{TP＋a}{cm}$$

$$X_p＝px_p＝\frac{TP＋a}{cmR}$$

【案例 4-9】 鸿星公司仅产销一种产品,单价为 50 元,单位变动成本为 30 元,固定成本总额为 10 000 元,税前目标利润为 60 000 元,要求计算保利量和保利额。

解析:

保利量:　$x_p = \dfrac{TP+a}{p-b} = \dfrac{TP+a}{cm} = \dfrac{60\,000+10\,000}{50-30} = 3\,500(件)$

保利额:　$X_p = px_p = 50 \times 3\,500 = 175\,000(元)$

$$cmR = \dfrac{50-30}{50} \times 100\% = 40\%$$

或

$$X_p = \dfrac{TP+a}{cmR} = \dfrac{60\,000+10\,000}{40\%} = 175\,000(元)$$

2. 实现税后目标利润的分析模型

由于,

$$税后目标利润 = 税前目标利润 \times (1-所得税税率)$$

$$税前目标利润 = \dfrac{税后目标利润}{1-所得税税率}$$

所以,实现税后目标利润的销售量(保利量)为

$$保利量 = \dfrac{\dfrac{税后目标利润}{1-所得税税率}+固定成本}{销售单价-单位变动成本} = \dfrac{\dfrac{税后目标利润}{1-所得税税率}+固定成本}{单位边际贡献}$$

则实现税后目标利润的销售额(保利额)为

$$保利额 = 销售单价 \times 保利量 = \dfrac{\dfrac{税后目标利润}{1-所得税税率}+固定成本}{边际贡献率}$$

将目标税后利润用 TTP 表示,所得税税率用 TR 表示,以上公式可表示为

$$x_p = \dfrac{\dfrac{TTP}{1-TR}+a}{p-b} = \dfrac{\dfrac{TTP}{1-TR}+a}{cm}$$

$$x_p = px_p = \dfrac{\dfrac{TTP}{1-TR}+a}{cmR}$$

【案例 4-10】 接案例 4-9,假如该企业税后目标利润为 50 000 元,企业所得税税率为 25%,要求计算保利量和保利额。

解析:

保利量 $x_p = \dfrac{\dfrac{TTP}{1-TR}+a}{P-b} = \dfrac{\dfrac{TTP}{1-TR}+a}{cm} = \dfrac{\dfrac{50\,000}{1-25\%}+10\,000}{50-30} = 3\,833(元)$

保利额 $X_p = px_p = 50 \times 3\,833 = 191\,650(元)$

或　$X_p = \dfrac{\dfrac{TTP}{1-TR}+a}{cmR} = \dfrac{\dfrac{50\,000}{1-25\%}+10\,000}{40\%} = 191\,667(元)$

因为四舍五入的原因，上述计算结果略有差异。

边学边练

边学边练
答案及解析

情景案例四：邦远公司生产一种产品，单价为 100 元，单位变动成本为 60 元，固定成本总额为 20 000 元。

要求：

（1）假定该公司税前目标利润为 40 000 元，要求计算保利量和保利额。

（2）假定该公司税后目标利润为 28 000 元，企业所得税税率为 25%，要求计算保利量和保利额。

（二）多品种产品的目标利润分析

多品种产品的目标利润分析是指在单一产品的目标利润分析的基础上，依据分析结果进行优化调整，寻找最优的产品组合。其计算步骤和多品种产品的下保本点分析基本相同，基本公式如下。

$$实际目标利润的销售额 = \frac{综合目标利润 + 固定成本}{综合边际贡献率}$$

公式中的综合边际贡献率可采用前面所介绍的多品种产品的保本点分析中的加权平均法进行计算。

五、各因素对保本点与保利点的影响分析

以上关于保本点、保利点的分析都是假定在相关范围内，除业务量以外的销售单价、单位变动成本、固定成本、品种结构等诸多因素保持不变的条件下讨论的，业务量的变动是影响销售收入和总成本的唯一因素。然而企业在实际生产经营过程中难免存在各种不确定的因素，这些不确定的因素会导致某些基本假设条件不再成立，进而影响保本点和目标利润的确定。

（一）销售单价的影响

在其他因素不变的情况下，产品销售单价的变动对利润产生同方向的影响。如图 4-4 所示，销售价格上升（$p_2 > p_1$），销售收入线斜率会变大，向纵坐标靠拢，导致保本点下降，盈利区域面积也随之变大，表明盈利可能性会增加；反之，销售价格下降，保本点就会提高，盈利可能性就会减少。

（二）单位变动成本的影响

在其他因素不变的情况下，单位变动成本的变化对利润产生反方向的影响。如图 4-5 所示，单位变动成本上升（$b_2 > b_1$），总成本线斜率会变大，向纵坐标靠拢，导致保本点上升，盈利区域面积也随之变小，表明盈利可能性会减少；反之，单位变动成本下降，保本点就会下降，盈利可能性会增加。

（三）固定成本的影响

在其他因素不变的情况下，固定成本总额发生变化，不会影响销售收入及边际贡献，但固定成本增加，需要由更多的边际贡献来补偿。如图 4-6 所示，固定成本上升（$a_2 > a_1$），总成本线会向上平移，导致保本点上升，盈利区域面积也随之变小，表明盈利可能性会减少；反

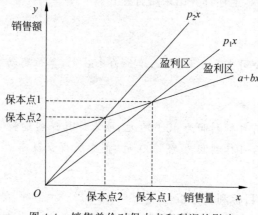

图 4-4　销售单价对保本点和利润的影响

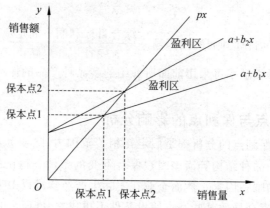

图 4-5　单位变动成本对保本点和利润的影响

之,固定成本下降,总成本线向下平移,导致保本点下降,盈利可能性会增加。

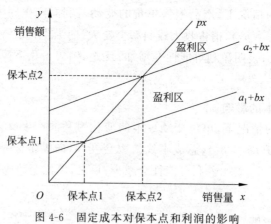

图 4-6　固定成本对保本点和利润的影响

（四）产品品种结构变动的影响

企业在生产并销售多种产品的情况下,因为各个产品的边际贡献率不同,因此,产品组

合如果发生变化,也会对保本点和保利点产生影响。例如,在采用加权平均法情况下保本点的计算公式为

$$加权边际贡献率 = \sum(某产品的销售额比重 \times 该产品的边际贡献率)$$

$$综合保本点销售额 = \frac{固定成本总额}{加权边际贡献率}$$

当增加边际贡献率高的产品销售额比重时,计算的加权边际贡献率就会增大,保本点就会下降,盈利的可能性会增加;反之,当减少边际贡献率高的产品销售额比重时,计算的加权边际贡献率就会减少,保本点就会上升,盈利的可能性会减少。

任务三 敏感性分析

一、敏感性分析的原理

敏感性分析是指对影响目标实现的因素进行量化分析,以确定各因素变化对实现目标的影响及敏感程度。其实质是通过逐一改变相关变量数值的方法来解释关键指标受这些因素变动影响大小的规律。下面是敏感性分析的原理步骤。

(1)确定敏感性分析指标。敏感性分析的对象是具体的技术方案及其反映的经济效益。因此,技术方案的某些经济效益评价指标,如息税前利润、投资收益率、净现值等,都可以作为敏感性分析指标。

(2)计算该技术方案的目标值。一般将在正常状态下的经济效益评价指标数值作为目标值。

(3)选取不确定因素。在进行敏感性分析时,并不需要考虑和计算所有的不确定因素,而应视方案的具体情况选取几个变化可能性较大,并对经效益目标值影响作用较大的因素。例如,产品售价变动、产量规模变动等都会对方案的经济效益大小产生影响。

(4)计算不确定因素变动时对分析指标的影响程度。在进行单因素敏感性分析时,要在固定其他因素的条件下变动其中一个不确定因素,然后变动另一个因素(仍然保持其他因素不变),以此求出某个不确定因素本身对方案效益指标目标值的影响程度。

(5)确定敏感因素。根据影响程度结果确定敏感因素,进行分析和采取措施,以提高技术方案的抗风险能力。

二、相关因素临界值的确定

敏感性分析的目的是确定企业由盈利变为亏损的各个有关影响因素变化的临界值。影响利润的因素主要有销售量、销售单价、单位变动成本和固定成本总额,求出销售量和单价的最小允许值,单位变动成本和固定成本总额的最大允许值,就可以得到盈亏临界值。超越临界值就会由盈利变为亏损,其中单价、销售量的变化会引起利润同方向的变动;单位变动成本、固定成本总额的变化会引起利润反方向的变动。

下面根据本量利基本表达式 $P = (p-b)x - a$,令 $P = 0$,可推导出各因素的临界公式。

销售量最小允许值:

$$x = \frac{a}{p-b}$$

销售单价最小允许值:

$$p = b + \frac{a}{x}$$

单位变动成本最大允许值：$\qquad b=p-\dfrac{a}{x}$

固定成本最大允许值：$\qquad a=(p-b)x$

【案例 4-11】 鸿星公司生产和销售单一产品，销售单价为 50 元，单位变动成本为 30 元，固定成本为 60 000 元，目标销售量为 5 000 件，要求计算各因素的盈亏临界值。

解析：

销售量变最小允许值：$\quad x=\dfrac{a}{p-b}=\dfrac{60\,000}{50-30}=3\,000(件)$

销售单价最小允许值：$\quad p=b+\dfrac{a}{x}=30+\dfrac{60\,000}{5\,000}=42(元)$

单位变动成本最大允许值：$\quad b=p-\dfrac{a}{x}=50-\dfrac{60\,000}{5\,000}=38(元)$

固定成本最大允许值：$\quad a=(p-b)x=(50-30)\times5\,000=100\,000(元)$

三、有关因素对目标利润的影响程度

销售量、销售单价、单位变动成本和固定成本总额的变动都会引起利润的变动。有些因素的小幅变动会引起利润的大幅变动，这种因素称为敏感性强的因素；有些因素虽然大幅变动，但对利润的影响甚小，这种因素称为敏感性弱的因素。通过敏感性分析，人们根据因素的敏感程度，对它们的重视程度也应有所区别。对敏感性强的因素，应当给予较多的关注，确保目标利润的完成，对于敏感性弱的因素则可不必作为分析的重点。

反映敏感程度高低的指标是敏感系数（敏感度），计算公式如下：

$$敏感系数=\dfrac{目标值变动百分比}{因素值变动百分比}$$

敏感系数值可正可负，如果敏感系数值为正，表示它与利润同方向变动；如果敏感系数值为负，表示它与利润反方向变动。

【案例 4-12】 接案例 4-11，预计明年销售量、单价、单位变动成本、固定成本分别增长 10%，计算各因素的敏感系数。

$$本年度利润=5\,000\times(50-30)-60\,000=40\,000(元)$$

（1）销售量的敏感系数，销售量增长 10%。

$$目标销售量=5\,000\times(1+10\%)=5\,500(件)$$

$$目标利润=5\,500\times(50-30)-60\,000=50\,000(元)$$

$$利润变化百分比=\dfrac{50\,000-40\,000}{40\,000}\times100\%=25\%$$

$$销售量的敏感系数=\dfrac{25\%}{10\%}=2.5$$

（2）销售单价的敏感系数，销售单价增长 10%。

$$目标单价=50\times(1+10\%)=55(元)$$

$$目标利润=5\,000\times(55-30)-60\,000=65\,000(元)$$

$$利润变化百分比=\dfrac{65\,000-40\,000}{40\,000}\times100\%=62.5\%$$

$$销售量的敏感系数=\dfrac{62.5\%}{10\%}=6.25$$

（3）单位变动成本的敏感系数，单位变动成本增长 10%。

$$目标单位变动成本 = 30 \times (1 + 10\%) = 33(元)$$

$$目标利润 = 5\,000 \times (50 - 33) - 60\,000 = 25\,000(元)$$

$$利润变化百分比 = \frac{25\,000 - 40\,000}{40\,000} \times 100\% = -37.5\%$$

$$单位变动成本的敏感系数 = \frac{-37.5\%}{10\%} = -3.75$$

（4）固定成本的敏感系数，固定成本增长 10%。

$$目标固定成本 = 60\,000 \times (1 + 10\%) = 66\,000(元)$$

$$目标利润 = 5\,000 \times (50 - 30) - 66\,000 = 34\,000(元)$$

$$利润变化百分比 = \frac{34\,000 - 40\,000}{40\,000} \times 100\% = -15\%$$

$$固定成本的敏感系数 = \frac{-15\%}{10\%} = -1.5$$

从以上计算结果可以看出，影响利润的四个因素中，销售单价最为敏感（敏感系数为 6.25），其次是单位变动成本（敏感系数为 -3.75），最后是销售量（敏感系数为 2.5），固定成本敏感性最低（敏感系数为 -1.5）。但这一排序并非是一成不变的，如果条件发生变化，各因素的敏感系数的排序也可能会发生变化。

知识与能力训练

一、知识训练

（一）单项选择题

1. 已知企业只生产一种产品，单价为 5 元，单位变动成本为 3 元，固定成本总额为 600 元，则保本销售量（   ）件。

    A. 200   B. 300   C. 120   D. 400

2. 已知企业某产品的单价为 2\,000 元，目标销售量为 3\,500 件，固定成本总额为 100\,000 元，目标利润为 600\,000 元，则企业应将单位变动成本的水平控制在（   ）元。

    A. 1\,200   B. 1\,300   C. 1\,100   D. 1\,800

3. 下列因素单独变动时，不对保本点产生影响的是（   ）。

    A. 成本   B. 单价   C. 销售量   D. 目标利润

4. 固定成本降低时，会使（   ）。

    A. 利润降低   B. 保本点降低   C. 贡献毛益降低   D. 贡献毛益提高

5. 下列因素提高时，会使保本点降低的是（   ）。

    A. 单位变动成本   B. 固定成本   C. 单价   D. 销售量

6. 保本点降低时，会使（   ）。

    A. 利润降低   B. 安全边际降低

    C. 保本点作业率降低   D. 销售量降低

7. 某企业只生产一种产品，单价为 56 元，单位变动成本为 36 元，固定成本总额为 4\,000

元,如果企业要确保安全边际率达到 50%,则销售量应达到(　　)件。

　　A. 143　　　　　　　B. 222　　　　　　　C. 400　　　　　　　D. 500

　　8. 在下列措施中,只提高安全边际量而不能降低保本点的是(　　)。

　　A. 提高单价　　　　　　　　　　　B. 增加销量

　　C. 降低单位变动成本　　　　　　　D. 降低固定成本

　　9. 某公司生产的产品,单价为 2 元,边际贡献率为 40%,本期的保本量为 200 000 件,其固定成本为(　　)元。

　　A. 160 000　　　　　B. 500 000　　　　　C. 800 000　　　　　D. 1 000 000

　　10. 某企业销售收入为 10 000 元,固定成本为 2 200 元,保本点作业率为 40%,企业的营业利润为(　　)元。

　　A. 1 800　　　　　　B. 2 300　　　　　　C. 3 300　　　　　　D. 3 800

　　(二)多项选择题

　　1. 保本点的表现形式包括(　　)。

　　A. 保本额　　　　　B. 保本量　　　　　C. 保本作业率　　　　D. 变动成本率

　　2. 某公司产品的单位变动成本为 8 元,销售单价为 12 元,固定成本为 2 000 元,销售量为 1 000 件,如果预计实现利润 3 000 元,该公司应采取的措施有(　　)。

　　A. 单价提高 1 元　　　　　　　　　B. 提高销量 125 件

　　C. 单位变动成本降低 1 元　　　　　D. 降低固定成本 500 元

　　E. 单价降低 1 元

　　3. 在下列各项中,能够影响保本点变动的因素有(　　)。

　　A. 单位变动成本　　B. 单位边际贡献　　C. 销售单价　　　　D. 固定成本

　　4. 企业在多品种产品经营情况下,可用于保本分析的方法有(　　)。

　　A. 回归分析法　　　B. 联合单位法　　　C. 加权平均法　　　D. 分别计算法

　　5. 在下列各项中,会引起税后利润增加的有(　　)。

　　A. 提高单价　　　　　　　　　　　B. 提高固定成本

　　C. 提高销售量　　　　　　　　　　D. 降低所得税税率

　　(三)判断题

　　1. 营运计划一旦批准下达,一般不予调整。　　　　　　　　　　　　　　　(　　)

　　2. 营运计划按计划的时间可分为长期营运计划、中期营运计划和短期营运计划。

　　　　　　　　　　　　　　　　　　　　　　　　　　　　　　　　　　　(　　)

　　3. 本量利分析是在成本性态分析和变动成本法的基础上进一步开展的一种分析方法,着重研究业务量、价格、成本和利润之间的数量关系。　　　　　　　　　　(　　)

　　4. 安全边际量=预计(或实际)销售量-保本销售量。　　　　　　　　　　(　　)

　　5. 边际贡献是指产品的销售收入扣除变动成本之后的金额,表明该产品为企业做出的贡献,也称贡献毛益率。　　　　　　　　　　　　　　　　　　　　　　(　　)

二、能力训练

　　1. 鸿星公司只生产一种产品(单位:件),2020 年变动成本总额为 60 000 元,单价为 10 元,边际贡献率为 40%,获得营业利润 10 000 元,假设 2021 年仅固定成本比上年增加了

6 000 元,其他条件不变。

要求：计算 2021 年的保本点销售量和保本点销售额。

2. 鸿星公司生产甲产品,单位售价为 30 元,单位变动成本为 21 元,固定成本为 450 元。

要求：

(1) 计算保本点销售量。

(2) 若要实现目标利润 180 元,销售量是多少？

(3) 若销售净利润为销售额的 20%,计算销售量。

(4) 若单位变动成本增加 2 元,固定成本减少 170 元,计算此时的保本点销售量。

(5) 就上述资料,若销售额为 200 件,计算单价应调整到多少才能实现利润 350 元(假定单位变动成本和固定成本不变)。

3. 鸿星公司计划期固定成本总额预计为 20 000 元,生产销售 A、B、C 三种产品,有关资料如表 4-3 所示。

表 4-3　甲、乙和丙三种产品的有关资料

项　　目	甲产品	乙产品	丙产品
产量/件	1 600	2 000	4 000
销售单价/元	60	18	10
单位变动成本/元	40	13	8

要求：采用加权平均法计算三种产品的保本点销售额和保本点销售量。

4. 鸿星公司只生产甲产品,销售单价为 20 元,单位变动成本为 14 元,固定成本总额为 792 000 元,本年销售产品 150 000 件。

要求：

(1) 计算本年实现的利润。

(2) 计算安全边际额。

(3) 该公司如果税前目标利润为 60 000 元,试计算保本点销售量和销售额。

5. 鸿星公司只生产一种产品,2021 年实际销量为 10 000 件,单价为 100 元,单位变动成本为 70 元,固定成本为 200 000 元,实现利润为 100 000 元。销售单价、单位变动成本、销售量和固定成本分别增长 20%。

要求：计算各因素的敏感系数。

项目五

预测分析

学习目标

知识目标:

(1) 了解预测的含义及内容。

(2) 掌握预测的基本方法。

(3) 掌握预测的步骤。

(4) 掌握销售预测分析方法。

(5) 掌握成本预测分析方法。

(6) 掌握利润预测分析。

(7) 掌握资金需要量预测分析。

能力目标:

(1) 能够熟练运用信息处理技术(包括数据库与电子表格等)和统计技术的基础应用方法。

(2) 能够具备销售、成本、资金需要量、利润预测分析的初步能力。

(3) 能够明确预测的依据,运用一定的工具方法或技术配合团队完成问题诊断和预测工作。

(4) 能够理解财务部门和业务部门之间的合作伙伴关系;根据团队领导或其他相关部门的要求提供相关信息;分析合作者的需求。

课程思政:

(1) 通过学习预测分析,能够树立分析问题的意识,培养专业分析技能,发扬工匠精神。

(2) 通过学习预测分析,能够认同数据的重要性,培养专业分析职业素养,贯彻实事求是的精神。

(3) 通过学习预测分析,能够学会收集数据,增强量化意识,审时度势,爱岗敬业。

(4) 通过学习预测分析,能够树立大局意识。

项目知识结构

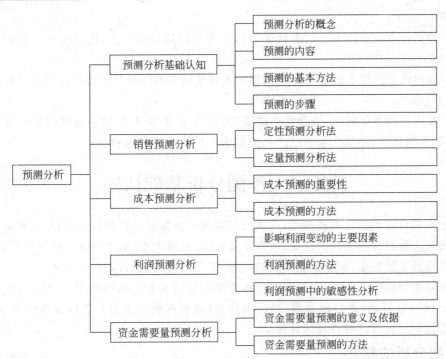

情景导入

提到数据分析,你的脑海里是否会浮现出一大段的数据、各种看不懂的代码,以及复杂难懂的计算方程?光是想一想,就觉得头疼,感觉很"高冷"的样子。

(1)大数据预测与分析:全球新冠肺炎疫情暴发以来,兰州大学成功开发出具有全部知识产权的"新冠肺炎疫情全球预测系统"。如对 2021 年 7 月 31 日河南省突发新冠肺炎疫情的预测结果表明,在当时二级响应措施下,河南省该轮疫情预计将于 8 月 16 日左右得到控制,累计确诊病例数预计 150~180 人;若采取三级响应措施,该轮疫情预计在 8 月 18 日左右得到控制,累计确诊病例数或将达到 267 人。预报数据与实际数据极为贴近。此前,该系统就已成功预测了北京、河北、黑龙江、广东等地的疫情走向,并在 2020 年 6 月发布了全球第二次疫情暴发的预警,还对美国、印度、马来西亚、日本、韩国等国的疫情进行了较为精确的预测。

医学杂志《柳叶刀》刊登了一份人口研究报告,该报告预测中国在 2100 年人口总数将减少到 7.3 亿,虽然该报告认为中国人口将持续减少,但是预测中国在 2050 年时 GDP 将超过美国。该研究报告中指出,经过大数据分析,到了 2100 年全球儿童人数将缩减 40%,而 80 岁以上的老年人将从如今全球的 1.4 亿人增长到 8.66 亿人。

(2)党史故事:中国共产党在应对复杂的"西安事变"中,从全民族利益出发,审时度势,正确判断复杂形势,确定了和平解决西安事变的方针,由于政策得当、措施得力、行动果断、方法适当,不仅成功化解了一触即发的内战危机,而且基本结束长达十年之久的内战,为全民族的团结抗战打开了通道,实现了"多赢"的结局。

其实生活中的各种现象,大到一个国家方针政策的制定、企业的发展趋势,小到一部电影的热度,都可以通过数据分析来解释,这就是理性世界的魅力。

思考:

(1)如何将市场中的未知状态转变为科学预测的期望值状态,使企业在一定程度上规避市场风险?

(2)如何将分析结果信息根据团队领导或其他相关部门的要求实时地向公司的管理层和各部门传递?

(3)在项目预测分析中,结合党史故事《西安事变 石破天惊》,学习遇到困难要正确地分析形势,审时度势,不能为了一己之私而损害中华民族的利益和尊严。

西安事变
石破天惊

任务一 预测分析基础认知

企业为制订正确的计划和决策,必须以对客观经济发展过程的科学分析、推断和预见为基础。随着大数据分析工具的发展,所有企业(无论规模大小)都必须重视数据分析,将数据分析结果传达给管理层,解决企业面临的问题,降低运营风险,有效开拓市场。

为规划企业的经济活动,首先要对一些重要的经济指标,如利润、销售、成本、资金等进行科学的预测分析,并把目标利润、目标销售量(或目标销售金额)、目标成本等确定下来。其次还要规划出完成这些目标的具体措施。

一、预测分析的概念

经济预测是人们对未来经济活动可能产生的经济效益及其发展趋势事先提出的一种科学预见。预测是以过去的历史资料和现在所能取得的信息为基础,运用人们所掌握的科学知识与管理人员多年来的实践经验,预计、推测事物发展的必然性与可能性的过程。用科学预测来代替主观臆测,可以减少瞎指挥、克服盲目性。

预测分析是在预测过程中根据过去和现在预计未来,以及根据已知推测未知所采用的各种科学的专门分析方法。

二、预测的内容

(一)销售预测

销售预测是在充分考虑未来各种影响因素的基础上,结合本企业的销售实绩,通过一定的分析方法提出切实可行的销售目标。精细销售管理从销售计划的制订与管理开始,销售目标是龙头,如果计划中的销售目标与实际差异巨大,将直接影响企业生产和库存。如果企业生产出来的产品不是市场需要的,将导致大量的库存积压;市场需要的产品缺货,将导致产能的浪费和市场机会的丧失,因此必须尽量准确地确定每个月的销售目标。

(二)成本预测

成本预测是指运用一定的科学方法,对未来的成本水平及其变化趋势做出科学的估计。通过成本预测,掌握未来的成本水平及其变动趋势,有助于减少决策的盲目性,使经营管理者易于选择最优方案,做出正确决策。

(三)利润预测

利润预测是对企业未来某一时期可实现的利润的预计和测算。它是按影响企业利润变动的各种因素预测企业将来所能达到的利润水平,或按实现目标利润的要求预测需要达到的销售量或销售额。

目标利润是指企业计划期内要求达到的利润水平。它既是企业生产经营的一项重要目标,又是确定企业计划期销售收入和目标成本的主要依据。正确的目标利润预测,可促使企业为实现目标利润而有效地进行生产经营活动,并根据目标利润对企业的经营效果进行考核。

(四)资金需要量预测

资金需要量预测是指在销售预测、利润预测和成本预测的基础上,根据企业未来发展目标并考虑影响资金的各项因素,运用专门方法推测出企业在未来一定时期内所需要的资金数额、来源渠道、运用方向及其效果的过程,又称资金预测。

三、预测的基本方法

经济规律的客观性及其可认识性是预测分析方法论的基础;系统的、准确的会计信息及其他有关资料是开展预测分析工作的必要条件。进行预测分析所采用的专门方法种类繁多,随分析对象和预测期限的不同而各有所异。但其基本方法大体上可归纳为定量分析法和定性分析法两大类。

(一)定量分析法

定量分析法也称"数量分析法"。它主要是应用现代数学方法(包括运筹学、概率论和微积分等)和各种现代化计算工具,对与预测对象有关的各种经济信息进行科学的加工处理,并建立预测分析的数学模型,充分揭示各有关变量之间的规律性联系,最终还要对计算结果给出结论。定量分析法按照具体做法不同又可分为以下两种类型。

1. 趋势预测分析法

趋势预测分析法即根据预测对象过去的、按时间顺序排列的一系列数据,应用一定的数学方法进行加工、计算,借以预测其未来发展趋势的分析方法,也称"时间序列分析法"或"外推分析法"。它的实质是遵循事物发展的"延续性原则",并采用数理统计的方法来预测事物发展的趋势。例如,算术平均法、移动加权平均法、指数平滑法、回归分析法、二次曲线法等都属于这种类型。

2. 因果预测分析法

因果预测分析法即根据预测对象与其他相关指标之间相互依存、相互制约的规律性联系来建立相应的因果数学模型进行预测分析的方法。它的实质是遵循事物发展的"相关性原则"来推测事物发展的趋势。例如,本量利分析法、投入产出分析法、经济计量法等都属于这种类型。

(二)定性分析法

定性分析法也称"非数量分析法"。它是一种直观性的预测方法,主要是依靠预测人员的丰富实践经验,以及主观的判断和分析能力(它们必须建立在预测者的智慧和广博的科学知识的基础上),在不用或少量应用计算的情况下,就能推断事物的性质和发展趋势的分析方法。当然这种方法在量的方面不易准确,一般是在企业缺乏完备、准确的历史资料的情况下,首先邀请熟悉该行业经济业务和市场情况的专家,根据他们过去所积累的经验进行分析判断,提出预测的初步意见,然后通过召开调查会或座谈会的方式对上述初步意见进行修正补充,并作为提出预测结论的依据。故这种方法也称"判断分析法"或"集合意见法"。

(三) 两类方法的关系

必须指出,在实践工作中,定量分析法与定性分析法并非相互排斥,而是相辅相成的。企业管理人员应根据具体情况将两种方法结合起来加以应用,能收到良好的效果。即使在具有完备历史资料的企业中,尽管我们可以运用定量分析法建立数学模型,进行数学推导,但该法对于计划期间的各种外部条件(如国家的方针政策、市场的供需、信贷的利率等)的变化情况均未加以考虑,这就必然会影响预测结果的准确性。为使预测结果能够更加接近客观实际,我们在采用数学方法推导(定量分析法)的同时,一定要与管理当局的经验判断(定性分析法)结合起来进行分析研究,才能得出较为准确的结论。

四、预测的步骤

(一) 确定预测目标

确定预测目标是做好经营预测的前提,是制订预测分析计划、确定信息资料来源、选择预测方法及组织预测人员的依据。

(二) 收集、整理和分析资料

在收集资料的过程中要尽量保证资料的完整、全面。在占有大量资料的基础上,对资料进行加工、整理、归集、鉴别、去伪存真、去粗取精,找出各因素之间的相互依存、相互制约的关系,从中发现事物发展的规律,作为预测的依据。

(三) 选择预测方法

对于那些资料齐全、可以建立数学模型的预测对象,应在定量预测方法中选择合适的方法;对于那些缺乏定量资料的预测对象,应当结合以往的经验选择最佳的定性预测方法。

(四) 处理数据

处理数据是指对收集到的数据进行加工整理,形成适合数据分析的样式。这是数据分析前必不可少的阶段。数据处理的基本目的是从大量的、杂乱无章的、难以理解的数据中抽取并推导出对解决问题有价值、有意义的数据。数据处理主要包括数据清洗、数据转化、数据提取、数据计算等方法。一般情况下,收集到的数据都需要进行一定的处理才能用于后续的数据分析工作,即使再"干净"的原始数据也需要进行一定的处理后才能使用。

(五) 分析数据

分析数据是指用适当的分析方法及工具,对处理过的数据进行分析,提取有价值的信息,形成有效结论的过程。由于数据分析多是通过软件来完成的,这就要求管理会计师不仅要掌握各种数据分析方法,还要熟悉数据分析软件的操作。数据挖掘其实是一种高级的数据分析方法,是从大量的数据中挖掘出有用的信息,以满足特定的需求。

(六) 展现数据

一般情况下,数据是通过表格和图形的方式来呈现的,这样更加有效和直观。常用的图形包括饼图、柱形图、条形图、折线图、散点图、雷达图等。

(七) 报告预测结论

数据分析报告是对整个数据分析过程的一个总结与呈现,通过报告,把数据分析的起因、过程、结果及建议完整地呈现出来,供决策者参考。一份好的数据分析报告,首先需要有一个好的分析框架,并且图文并茂、层次明晰,能够让阅读者一目了然。另外,数据分析报告需要有明确的结论,把最后的预测结论传递给有关管理部门。经营预测流程图如图 5-1 所示。

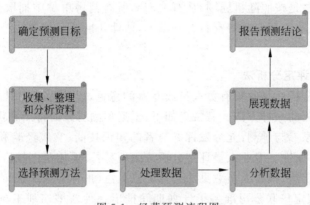

图 5-1 经营预测流程图

任务二 销售预测分析

销售预测是在对市场进行充分调查的基础上,根据有关产品的历史销售资料和市场需求及其他环境、条件的变化,对在未来一定期间内的销售数量趋势及预期结果进行测算。销售预测分析方法有定性预测分析法与定量预测分析法两大类。

一、定性预测分析法

定性预测分析法是依靠预测人员丰富的实践经验和知识,以及主观的分析判断能力,在考虑政治、经济形势、市场变化、经济政策、消费倾向等对经营产生的影响的前提下,对事物的性质和发展趋势进行预测和推测的分析方法。定性预测分析法主要包括统计调查分析法、专业人员评定分析法。

(一) 统计调查分析法

统计调查分析法是运用统计理论和方法,在广泛收集、整理和分析销售资料的基础上,对有关产品的未来销售变动趋势和结果进行计量、测算的一种方法。统计调查分析法分为全面调查法、重点调查法、典型调查法和随机抽样调查法。

1. 全面调查法

全面调查法是在对涉及同一产品的所有销售单位逐个进行调查并取得有关销售资料的基础上,估计与推断有关产品销售量在未来一定期间内的变动趋势的方法。全面调查法适用于对某些使用范围和用户有限的专用产品进行预测。

2. 重点调查法

重点调查法是在对有关产品的重点销售单位进行调查并取得有关销售资料的基础上,估计与推测有关产品销售量在未来一定期间内的变化趋势的方法。

3. 典型调查法

典型调查法是在有意识地选择具有代表性的销售单位进行调查并取得具体、详尽的销售资料的基础上,估计与推测有关产品销售量在未来一定期间内的总体变化趋势的方法。

4. 随机抽样调查法

随机抽样调查法是按照随机原则,从有关产品所有销售单位中抽取部分销售单位作为样本进行调查,并在取得相应销售资料的基础上,估计并推断有关产品销售量在未来一定期间内的变化趋势方法。

(二)专业人员评定分析法

专业人员评定分析法是收集有关人员或专家的意见,以此为基础对产品销售量的未来趋势及结果进行推测的一种方法。其特点如下:根据预测对象的特点和预测目的,有选择地邀请有关人员和专家参与预测;充分发挥参与者的知识技能、实践经验和综合分析能力;集思广益,尽量克服片面性。专业人员评定分析法简便易行,适用范围较广。专业人员评定分析法可分为经理评定法、销售人员意见法和专家意见法(也称德尔菲法)。

【案例5-1】　假定华联公司准备于计划期间推出一种新型切削工具,该工具过去没有销售记录。现聘请工具专家、销售部经理、外地经销商负责人等九人采用德尔菲法来预测计划期间该项新型切削工具的全年销售量。华联公司首先就工具的样品、特点和用途分别向专家们作详细介绍,并提供同类工具的有关价格和销售情况的信息。然后发出征求意见函,请九位专家分别提出个人的判断。经过三次反馈,预测结果如表5-1所示。

表 5-1　专家对销售数量的预测汇总表　　　　单位:件

专家编号	第一次判断销量			第二次判断销量			第三次判断销量		
	最高	最可能	最低	最高	最可能	最低	最高	最可能	最低
1	1 800	1 500	1 000	1 800	1 500	1 200	1 800	1 500	1 100
2	1 200	900	400	1 300	1 000	600	1 300	1 000	800
3	1 600	1 200	800	1 600	1 400	1 000	1 600	1 400	1 000
4	3 000	1 800	1 500	3 000	1 500	1 200	2 500	1 200	1 000
5	700	400	200	1 000	800	400	1 200	1 000	600
6	1 500	1 000	600	1 500	1 000	600	1 500	1 200	600
7	800	600	500	1 000	800	500	1 200	800	600
8	1 000	600	500	1 200	800	700	1 200	800	700
9	1 900	800	800	2 000	1 100	1 000	1 200	800	600
均值	1 500	1 000	700	1 600	1 100	800	1 500	1 100	800

要求:根据上述图表中的第三次判断资料,采用加权平均法(最高0.3、最可能0.5、最低0.2)做出计划期新型切削工具的预计销售量的预测。

解析:

$$预计销售量 = 1\,500 \times 0.3 + 1\,100 \times 0.5 + 800 \times 0.2 = 1\,160(件)$$

二、定量预测分析法

定量预测分析法是在充分收集历史销售资料的基础上,运用特定的数学方法对现有资料进行加工、改制或延伸,以估计和推测有关产品未来销售变化及发展趋势的一种分析方法。

(一)简单算术平均法

简单算术平均法是把若干历史时期的销售量或者销售额作为观测值,求出其算术平均数,并将该算术平均数作为下期销售的预测值的方法。

$$计划期销售预测数 = \frac{已知时间序列各期销售量(或销售金额)之和}{时间序列期数}$$

$$= \sum x / n$$

【**案例 5-2**】 某商场 2021 年 1—6 月销售服装的历史资料如表 5-2 所示。

表 5-2 某商场 1—6 月的销售资料　　　　　　　单位:件

月份	1 月	2 月	3 月	4 月	5 月	6 月
销售量	138	136	142	134	146	144

要求:预测 2021 年 7 月的销售量。

解析: 2021 年 7 月的预计销售量=(138+136+142+134+146+144)÷6=140(件)

这种方法的优点是计算简单,但它使各月的销售差异平均化,特别是没有考虑近期(如 4、5、6 三个月)的变动趋势,因此预测出的数量与实际数量相比有较大的误差,故这种方法适用于销售量比较稳定的产品。例如,没有季节性的食品、日常用品等。

(二)移动加权平均法

移动加权平均法是先根据过去若干时期的销售量(或销售金额)按其距计划期的远近分别进行加权(近期所加权数大些,远期所加权数小些);然后计算其加权平均数,并据以作为计划期的销售预测数。所谓"移动"是对计算平均数的时期不断往后推移,如预测 7 月的销售即以 4、5、6 三个月的历史资料为依据,预测 8 月的销售即以 5、6、7 三个月的历史资料为依据。由于接近计划期的实际销售情况对计划期的影响较大,故对近期销售量(或销售金额)所赋予的权数要大些,距计划期越远,所赋予权数就越小。移动加权平均法的计算公式为

$$计划期销售预测数 = \frac{各期销售量分别乘其权数之和}{各期权数之和} = \frac{\sum Wx}{\sum W}$$

式中,W 表示权数;x 表示销售量或销售额。

若令 $\sum W = 1$(如令 $W_1 = 0.2$;$W_2 = 0.3$;$W_3 = 0.5$),则上述公式可改写为

$$计划期销售预测数 = \sum Wx$$

但统计学家认为这一方法通常只能代表计划期前一期的实际销售水平,为反映近期的销售发展趋势,应在上述基础上再加上平均每月的变动趋势值 b,才能作为计划期的销售预测数,其计算公式如下:

$$计划期销售预测数 = \sum Wx + b = \frac{\sum Wx}{\sum W} + b$$

式中，$b = \dfrac{\text{本季度每月平均实际销售量} - \text{上季度每月平均实际销售量}}{3}$

【案例 5-3】 接案例 5-2，要求：按移动加权平均法预测 2021 年 7 月的销售量。

解析：

（1） $\quad$ 一季度每月平均实际销售量 $= \dfrac{138 + 136 + 142}{3} = 138.67$（件）

$\quad$ 二季度每月平均实际销售量 $= \dfrac{134 + 146 + 144}{3} = 141.33$ 件

$$b = \frac{141.33 - 138.67}{3} = 0.89\text{（件）}$$

（2）若令 $W_1 = 0.2$，$W_2 = 0.3$，$W_3 = 0.5$，$\sum W = 1$，则 7 月的预计销售量 $= \sum Wx + b =$ $(134 \times 0.2) + (146 \times 0.3) + (144 \times 0.5) + 0.89 = 143.49$（件）

提示： 或令 $W_1 = 1$，$W_2 = 2$，$W_3 = 3$，则 7 月的预计销售量 $= \dfrac{\sum Wx}{\sum W} + b =$ $\dfrac{134 \times 1 + 146 \times 2 + 144 \times 3}{1 + 2 + 3} + 0.89 = 143.89$（件）。

这一方法考虑到近期的销售发展趋势，同时又根据时期的远近分别加权，从而消除了各个月份销售差异的平均化，故其预测结果比较接近计划期的实际情况。

（三）指数平滑法

在预测计划期销售量（或销售金额）时，导入平滑系数（或称加权因子）进行计算。它的计算公式如下。

计划期销售预测数 $=$（平滑系数 $\times$ 上期实际销售量或销售金额）$+$（$1 -$ 平滑系数）$\times$

上期预测销售量或销售金额 $= aA + (1-a)F$

式中，a 表示平滑系数（一般取值在 $0.3 \sim 0.7$ 之间）；A 表示上期实际销售量（或销售金额），F 表示上期预测销售量（或销售金额）。

【案例 5-4】 接案例 5-2，某商场 2021 年 6 月的实际销售量为 144 件，原来预测 6 月的销售量为 148 件。平滑系数若采用 0.6，要求按指数平滑法预测 2021 年 7 月的销售量。

解析：

7 月的预计销售量 $= aA + (1-a)F = (0.6 \times 144) + (1-0.6) \times 148 = 145.6$（件）

从以上计算过程看出，指数平滑法与移动加权平均法实质上是近似的，其优点是可以排除在实际销售中所包含的偶然因素的影响。但确定平滑系数的值也还带着一定的主观成分。平滑系数越大，则近期实际数对预测结果的影响越大；反之，平滑系数越小，则近期实际数对预测结果的影响越小。因此，我们可以采用较小的平滑系数，使此法的平均数能反映观察值变动的长期趋势；也可以采用较大的平滑系数，使此法的平均数能反映观察值新近的变动趋势，以便进行近期的销售预测。

边学边练

边学边练答案及解析

情境案例一：某商场 2021 年下半年销售服装的销售额资料如表 5-3 所示。要求预测 2022 年 1 月的销售额。

表 5-3　某商场 7—12 月销售资料　　　　　　　　单位：万元

月份	7月	8月	9月	10月	11月	12月
销售额	14.8	14.6	15.2	14.4	15.6	15.4

要求：

（1）根据 10、11、12 月的观测值，其权数可取 0.2、0.3、0.5。按移动加权平均法预测 2022 年 1 月的销售额。

（2）假设该商场 12 月服装实际销售额为 15.4 万元，原来预测 12 月的销售额为 14.8 万元，平滑系数为 0.7。要求按指数平滑法预测 2022 年 1 月的销售额。

任务三　成本预测分析

一、成本预测的重要性

成本领先战略是企业重要战略之一。成本优化利于企业合理规划及控制企业生产成本，使企业产品成本达到最优，低于同行业其他产品的成本，从而取得超额利润，使企业在竞争中处于优势地位。

成本管理不能只是反映实际耗费和分析成本超降原因，更应着眼于未来，要求在事前进行成本预测，规划好计划期间应当耗费多少，并据以制定目标成本，然后在日常经济活动中对各个责任层次的成本指标严格加以控制，引导全体职工去实现这个目标。成本预测是利用数据的整理与分析功能，对成本信息进行细致分析，从而得出准确的成本决策信息。

二、成本预测的方法

成本预测的方法有两大类：定性预测法和定量预测法。定性预测法主要适用于缺乏完整的成本资料的企业对成本的预测；定量预测法主要适用于有完备的成本资料的企业对成本的预测。这里主要介绍定量预测法。

成本预测的定量预测法主要包括目标成本预测法和历史资料分析法。

（一）目标成本预测法

目标成本是为实现目标利润所应达到的成本水平或成本限额。目标成本预测法是在销售预测和利润预测的基础上，结合本量利分析预测目标成本的一种方法。可根据掌握的相关资料采用以下方法计算。

（1）根据目标利润制定目标成本。其计算公式如下：

目标成本＝预计销售收入－目标利润

（2）根据资金利润率制定目标成本。其计算公式如下：

目标成本＝预计销售收入－预计资金利润率×平均资金占用额

（3）根据销售利润率制定目标成本。其计算公式如下：

目标成本＝预计销售收入×（1－销售利润率）

（4）以同行业先进的成本水平作为目标成本。

目标成本的制定还可以采用本企业历史先进的成本水平或本企业上一年度的实际成本水平减去要求达到的成本降低幅度来确定，也可以按照国内外同类产品先进的成本水平来确定。

（二）历史资料分析法

历史资料分析法是根据有关的历史资料，将成本按照成本性态加以划分，运用数理统计的方法来推测、估计成本发展趋势的一种方法。

成本的发展趋势一般可以用直线模型来反映,即

$$y = a + bx$$

只要求出 a 和 b 的值,就可以利用该模型计算在任何产量(x)下的产品总成本(y)。怎样来确定 a 和 b 的值呢? 最常用的有高低点法、加权平均法与回归分析法。

1. 高低点法

高低点法是选用一定时期的历史资料中的最高业务量与最低业务量的总成本之差(Δy)与两者业务量之差(Δx)进行对比,先求出单位变动成本 b,然后求得固定成本总额 a 的方法。其计算公式如下:

$$b = \frac{\Delta y}{\Delta x} = \frac{y_{高} - y_{低}}{x_{高} - x_{低}}$$

再将 b 的值代入高点或低点业务量的成本方程式,即可求得 a。

$$a = y_{高} - bx_{高} \quad 或 \quad a = y_{低} - bx_{低}$$

求得 b 与 a 的值后,再代入计划期的总成本方程式即可预测出计划期的产品总成本和单位成本。

$$预测计划期产品总成本 \ y = a + bx$$

$$预测计划期产品单位成本 = \frac{y}{x}$$

高低点法是一种最简易的预测分析方法,在产品成本的变动趋势比较稳定的情况下,采用高低点法比较适宜。如果企业的各期成本变动幅度较大,采用高低点法则会造成较大的误差。

【案例 5-5】 假定昌盛公司只生产一种工具,从它最近一年的历史成本数据中获悉该公司产量最高的月份为 12 月,共生产 10 000 件,其总成本为 370 000 元;产量最低的月份为 4 月,共生产 6 000 件,其总成本为 250 000 元。若计划年度一月的产量为 20 000 件,预测其总成本与单位成本。

解析:上述有关资料汇总计算如表 5-4 所示。

表 5-4　昌盛公司甲产品产量成本资料汇总计算表

摘　要	高点(12 月)	低点(4 月)	差异(Δ)
业务量 x/件	10 000	6 000	$\Delta x = 4\,000$
总成本 y/元	370 000	250 000	$\Delta y = 120\,000$

$$b = \frac{\Delta y}{\Delta x} = \frac{y_{高} - y_{低}}{x_{高} - x_{低}} = \frac{120\,000}{4\,000} = 30(元)$$

代入高点:

$$a = y_{高} - bx_{高} = 370\,000 - (30 \times 10\,000) = 70\,000(元)$$

代入低点:

$$a = y_{低} - bx_{低} = 250\,000 - (30 \times 6\,000) = 70\,000(元)(结果相同)$$

预测计划年度一月产品的总成本 $= a + bx = 70\,000 + (30 \times 20\,000) = 670\,000(元)$

预测计划年度一月产品的单位成本 $= \dfrac{y}{x} = \dfrac{670\,000}{20\,000} = 33.50(元)$

2. 加权平均法

加权平均法是根据过去一定时期的固定成本总额及单位变动成本的历史资料,按其距

计划期的远近分别进行加权的方法。由于距计划期越近,对计划期的影响越大,故加权数就应大些;反之距离计划期越远,对计划期影响越小,加权数就应越小。它的计算公式如下:

$$预测计划期间总成本(y) = \frac{\sum aW}{\sum W} + \frac{\sum bW}{\sum W}x$$

加权平均法适用于企业的历史成本资料具有详细的固定成本总额与单位变动成本的数据,否则就只能采用高低点法,或后面即将介绍的回归分析法。

【案例 5-6】 圆通储运服务有限公司主要从事货物仓储、快件收派、物流运输等服务,为控制经营过程中的物资消耗,降低营业成本,实现目标利润,财务管理部按成本习性原理建立成本模型($y = a + bx$)预测目标成本,公司最近三年的成本资料如表 5-5 所示。

表 5-5　圆通储运服务有限公司成本资料　　　　　　　　单位:元

年　　份	固定成本总额(a)	单位变动成本(b)
2019 年	60 000	40
2020 年	65 000	36
2021 年	70 000	30

要求: 预测 2022 年储运服务 20 000 件的成本总额及单位产品成本。

解析: 根据上述资料按距计划期远近分别加权,假定 2019 年加权数为 1,2020 年加权数为 2,2021 年加权数为 3。

$$预计储运服务总成本(y) = \frac{\sum aW}{\sum W} + \frac{\sum bW}{\sum W}x$$

$$= \frac{(60\,000 \times 1) + (65\,000 \times 2) + (70\,000 \times 3)}{1 + 2 + 3} +$$

$$= \frac{(40 \times 1) + (36 \times 2) + (30 \times 3)}{1 + 2 + 3} \times 20\,000$$

$$= 740\,000(元)$$

$$预计单位储运服务成本 = \frac{y}{x} = \frac{740\,000}{20\,000} = 37(元)$$

3. 回归分析法

回归分析法是应用数学上的最小平方法的原理来确定能反映 $y = a + bx$ 直线方程中 x（自变量）与 y（因变量）之间误差平方和最小的一条直线的方法。这条直线称为回归线,其中 a 与 b 的值可按下列公式计算。

$$a = \frac{\sum y - b \sum x}{n}$$

$$b = \frac{n \sum xy - \sum x \sum y}{n \sum x^2 - (\sum x)^2}$$

如果企业历年的产品成本忽高忽低,变动幅度较大时,采用此法预测较为精确。

边学边练

情景案例二：假定昌盛公司只生产一种机床，其最近五年的产量和历史成本资料如表 5-6 所示，预计 2022 年的产量为 80 台，预测其总成本和单位成本。

表 5-6　昌盛公司机床的产量及成本资料

年　　份	产量/台	单位产品成本/元
2017 年	10	600
2018 年	40	300
2019 年	30	450
2020 年	20	550
2021 年	50	400

解析：根据上述资料编制回归分析计算表，如表 5-7 所示。

表 5-7　回归分析计算表

年　　份	产量(x)/台	单位产品成本/元	总成本(y)/元	xy	x^2
2017 年	10	600	6 000	60 000	100
2018 年	40	300	12 000	480 000	1 600
2019 年	30	450	13 500	405 000	900
2020 年	20	550	11 000	220 000	400
2021 年	50	400	20 000	1 000 000	2 500
$n=5$	$\sum x = 150$	—	$\sum y = 62\ 500$	$\sum xy = 2\ 165\ 000$	$\sum x^2 = 5\ 500$

将上表最后一行合计数字代入下述两公式，并进行计算。

$$b = \frac{n\sum xy - \sum x \sum y}{n\sum x^2 - (\sum x)^2}$$

$$= \frac{(5 \times 2\ 165\ 000) - (150 \times 62\ 500)}{(5 \times 5\ 500) - (150 \times 150)} = 290(元)$$

$$a = \frac{\sum y - b\sum x}{n}$$

$$= \frac{62\ 500 - (290 \times 150)}{5} = 3\ 800(元)$$

2021 年 80 台的预计总成本$(y) = a + bx = 3\ 800 + (290 \times 80) = 27\ 000(元)$

2021 年预计单位成本 $= \dfrac{y}{x} = \dfrac{27\ 000}{80} = 337.50(元)$

必须指出，上述成本预测分析的三种专门方法，虽然都是根据会计的历史资料进行数学

边学边练
答案及解析

推导而来,在一定程度上能反映成本变动的趋势,但它们对于企业的外部条件(如市场的供需、国家的方针政策、原材料的供应和运输、信贷利率等)的变化情况均未加考虑,这就必然影响预测分析的准确性。为使成本预测更加接近实际,我们在采用数学方法推导的同时,还必须与企业主管人员的经验预测结合起来,缜密地进行分析研究,才能做出较为准确的判断。

任务四　利润预测分析

利润预测

一、影响利润变动的主要因素

影响利润变动的主要因素如下。

(1)产品产销数量。产品产销数量是影响利润的重要因素,且两者变动方向相同。

(2)产品销售价格。在其他有关因素保持不变的情况下,单位产品销售价格提高,利润总额随之增多。

(3)单位产品变动成本。单位产品变动成本的增减变动必然引起企业一定期间内的成本总额发生相应变动,单位产品变动成本与利润的变动方向相反。

(4)固定成本总额。固定成本的增减变动必然引起企业一定期间成本总额发生相应变动。固定成本总额的变动与利润的变动方向相反。

(5)产品产销结构。在通常情况下,只要其他有关因素保持不变,当边际贡献率较高的产品的产销比重上升或边际贡献率较低的产品产销比重下降时,利润总额将随之增加。

(6)产品税率。产品税率影响产品销售税金,从而影响利润变动。一般在销售收入相同时,产品税率的高低直接影响产品销售税金的总额的多少,从而影响利润。产品税率的变动与利润变动的方向相反。

二、利润预测的方法

利润预测主要采用定量分析法,包括本量利预测法、比率预测法及经营杠杆分析法等。

(一)本量利预测法

本量利分析是管理会计规划企业经济活动的有效工具。它不但可以用于预测保本点,还能预测利润,规划最优的目标利润,并为实现目标利润提供各种有关生产、销售和价格的可行性方案服务。

1. 预测利润

根据本量利分析的基本公式进行利润预测。其计算公式如下。

目标利润＝预测销售量×单位产品售价－预测销售量×单位变动成本－固定成本总额

　　　　＝销售收入－变动成本－固定成本总额

　　　　＝(单价－单位变动成本)×销量－固定成本总额

　　　　＝贡献毛益总额－固定成本总额

　　　　＝(销售收入总额×贡献毛益率)－固定成本总额

　　　　＝(预计销售量－保本销售量)×单位贡献毛益

　　　　＝(预计销售额－保本销售额)×贡献毛益率

【案例 5-7】　昌盛公司生产的工具 2022 年销售量的预测值是 5 000 件,该产品的单价为 500 元,单位变动成本为 300 元,全年固定成本总额为 400 000 元。试用本量利预测法预测 2022 年度的目标利润。

解析：

2022 年度预测目标利润＝5 000×500−5 000×300−400 000＝600 000(元)

2. 预测目标销售量

根据已确定的目标利润,预测需要多大的经营活动水平(即销售量)(假定单价、固定成本总额、单位变动成本不变)。

由于目标利润与固定成本总额一样,必须由贡献毛益来补偿,因此,只需要将前面采用贡献毛益法预测保本点的公式略加改变即可。

$$目标销售量＝\frac{固定成本总额＋目标利润}{单位贡献毛益}$$

$$目标销售额＝\frac{固定成本总额＋目标利润}{贡献毛益率}$$

提示：以上目标利润没有考虑所得税因素的影响,但在现实经济生活中,所得税是企业必须缴纳的,是影响企业现金流量的一个重要因素。因而,企业在制订利润计划时,主要是考虑税后利润的情况。

$$税后利润＝税前利润×(1−所得税税率)$$

$$税前利润＝\frac{税后利润}{1−所得税税率}$$

$$实现目标利润的销售量＝\frac{\dfrac{税后目标利润}{1−所得税税率}＋固定成本}{单位贡献毛益}$$

$$实现目标利润的销售收入＝\frac{\dfrac{税后目标利润}{1−所得税税率}＋固定成本}{贡献毛益率}$$

3. 确定产品售价

根据目标利润,确定产品销售单价应为多少(这里必须假定固定成本总额、单位变动成本、销售量是常数)。

应用本量利分析的基本公式变形可得

$$销售单价＝\frac{目标利润＋固定成本总额＋(销售量×单位变动成本)}{销售量}$$

(二) 比率预测法

比率预测法是根据与利润相关的财务比率和计划期相关因素推算目标利润的方法。常用的财务比率有销售利润率、总资产利润率及成本利润率等。

1. 销售利润率

根据销售利润率预测利润,相关计算公式如下：

$$销售利润率＝\frac{营业利润}{销售收入总额}×100\%$$

$$目标利润＝预计销售收入总额×销售利润率$$

【案例 5-8】　昌盛公司 2021 年销售设备 900 台,每台售价 120 元,单位变动成本为 80 元,固定成本总额为 10 000 元。2022 年预计可销售该设备 1 000 台。根据 2021 年的销售利润率预测 2022 年的利润。

解析:

$$2021 年的利润 = 900 \times (120 - 80) - 10\ 000 = 26\ 000(元)$$

$$2021 年的销售利润率 = \frac{2\ 6000}{900 \times 120} \times 100\% = 24.07\%$$

$$2022 年预测目标利润 = 1\ 000 \times 120 \times 24.07\% = 28\ 884(元)$$

2. 总资产利润率

根据总资产利润率预测利润,其计算公式如下。

$$总资产利润率 = \frac{利润}{平均总资产} \times 100\%$$

$$目标利润 = 预计资产总额 \times 总资产利润率$$

【案例 5-9】 昌盛公司 2021 年销售设备 900 台,每台售价 120 元,单位变动成本为 80 元,固定成本总额为 10 000 元。2021 年公司总资产为 800 000 元,预计 2022 年总资产增加到 900 000 元。根据 2021 年的总资产利润率预测 2022 年的利润水平。

解析:

$$2021 年的利润 = 900 \times (120 - 80) - 10\ 000 = 26\ 000(元)$$

$$2021 年的总资产利润率 = \frac{26\ 000}{800\ 000} \times 100\% = 3.25\%$$

$$2022 年预测目标利润 = 900\ 000 \times 3.25\% = 29\ 250(元)$$

3. 成本利润率

根据成本利润率预测目标利润,相关计算公式如下。

$$成本利润率 = \frac{净利润}{销售成本 \times 100\%}$$

$$目标利润 = 预计销售成本 \times 成本利润率$$

(三)经营杠杆分析法

1. 经营杠杆的含义

经营杠杆是指由于固定成本的存在及其影响而导致的某种产品的利润变动率大于其产销量变动率的经济现象。

2. 经营杠杆系数的计算

经营杠杆系数又称经营杠杆率,是指在一定的产销量基础上,某种产品的利润变动率与其产销量变动率的比值。计算经营杠杆系数,可分别采用理论公式和简化公式。其计算公式如下:

$$经营杠杆系数(DOL) = \frac{利润变动率}{业务量变动率} = \frac{\Delta P/P}{\Delta x/x}$$

式中,ΔP 为计划期利润与基期利润的差额;P 为基期利润;Δx 为计划期业务量与基期业务量的差额;x 为基期业务量。

为便于实际工作的计算和预测分析,通常将上述公式进一步推导转化为

$$经营杠杆系数(DOL) = \frac{基期贡献毛益总额}{基期利润}$$

$$= \frac{基期贡献毛益总额}{基期贡献毛益总额 - 固定成本}$$

$$= \frac{Tcm}{P} = \frac{Tcm}{Tcm - F}$$

式中,Tcm 为贡献毛益总额;F 为固定成本。

【案例 5-10】　已知迅达公司连续 3 年的有关资料如表 5-8 所示。

表 5-8　迅达公司相关资料及计算

项　　目	第 1 年	第 2 年	第 3 年
单位边际贡献/万元	40	40	40
销售量/件	10 000	20 000	30 000
边际贡献总额/万元	400 000	800 000	1 200 000
固定成本/万元	300 000	300 000	300 000
利润/万元	100 000	500 000	900 000

要求:计算第 2 年和第 3 年的经营杠杆系数。

解析:直接根据 $DOL = \Delta P / P \div \Delta x / x$ 计算。

$$第 2 年利润变动率 = \frac{500\,000 - 100\,000}{100\,000 \times 100\%} = 400\%$$

$$第 2 年销售变动率 = \frac{20\,000 - 10\,000}{10\,000 \times 100\%} = 100\%$$

$$第 2 年 DOL = \frac{400\%}{100\%} = 4$$

同理得

$$第 3 年 DOL = \frac{80\%}{50\%} = 1.6$$

提示:用简化公式 $DOL = Tcm/P$ 计算,结果相同。

$$第 2 年 DOL = 400\,000 / 100\,000 = 4$$
$$第 3 年 DOL = 800\,000 / 500\,000 = 1.6$$

3. 经营杠杆分析法下的利润预测

$$目标利润 = 基期利润 \times (1 + 销量增长率 \times 经营杠杆系数)$$

【案例 5-11】　接案例 5-10,应用经营杠杆分析法来预测该公司第 2 年和第 3 年的目标利润。

$$第 2 年目标利润 = 100\,000 \times (1 + 100\% \times 4) = 500\,000(万元)$$
$$第 3 年目标利润 = 500\,000 \times (1 + 50\% \times 1.6) = 900\,000(万元)$$

三、利润预测中的敏感性分析

(一)利润敏感分析的含义

利润敏感分析通常假定在其他参数不变的情况下,分析某一个参数(如单价、销售量、单位变动成本、固定成本)发生特定变化时对利润的影响。

(二)各参数变动对目标利润变化的影响程度分析

1. 实现目标利润的途径

实现目标利润应采取的措施有增加销售数量、提高销售价格、降低固定成本总额、降低单位变动成本。

2.计算方法及步骤

计算方法是将利润作为已知数,而其他因素是待求的未知数,仍然是利用本量利方程式来计算。

(1)根据给定参数的预期值计算基准的目标利润。

(2)假设其他参数不变,计算某个参数变化后的目标利润。

(3)计算该参数的敏感系数。

$$敏感系数 = \frac{目标值变动百分比}{选定参数变动百分比}$$

经济意义:当影响变量(因素)变化百分之一时,利润变化百分之几。

提示:

(1)当"某因素的利润弹性值>1"时,称为富有弹性,说明该影响因素比较重要。此时,弹性值越大,则说明敏感性越高。

(2)当"1>某因素的利润弹性值>0"时,称为缺乏弹性,说明该影响因素的重要性较小,敏感性程度低。

【案例5-12】 凤凰自行车厂在计划期间原准备生产和销售车灯8 000个,假定销售单价为5元,单位变动成本为3元,固定成本总额为10 000元。在这种情况下,可获得利润多少?现在为使目标利润能在原基础上有所增加,各有关因素每变动1%对利润的影响程度如何?

解析:

(1)计划期间原预计利润=预测销售量×单位产品售价-预测销售量×

单位变动成本-固定成本总额

=(5×8 000)-[10 000+(3×8 000)]

=6 000(元)

(2)计划期间影响利润的各有关因素每变动1%对利润的影响程度如表5-9所示。

表5-9 有关因素每变动1%对利润的影响程度

影响利润变动的有关因素	变动程度	影响范围		变动后利润	影响程度	
		计划期间销售收入	计划期间销售成本		利润增加绝对额	利润增加百分率
1.销售单价	+1%	(5×1%)×8 000=+400(元)	0	6 400(元)	400(元)	6.67%
2.销售量	+1%	(8 000×1%)×5=+400(元)	(8 000×1%)×3=+240(元)	6 160元	160元	2.67%
3.单位变动成本	-1%	0	(3×1%)×8 000=-240(元)	6 240元	240元	4%
4.固定成本总额	-1%	0	10 000×1%=-100(元)	6 100元	100元	1.67%

从上表可以看出,在影响利润变动的各有关因素中,以销售单价的敏感性最大,单位变动成本次之,再次为销售量,固定成本总额的敏感性最小。具体掌握各有关因素对利润变动

的敏感程度,有助于我们在今后的企业经营管理工作中增强预见性,并采取相应的措施来增加收入,降低成本,以获取最佳的经济效益。

边学边练

边学边练
答案及解析

　　情景案例三:博雅公司是一家生物制药企业,研发出一种新产品。新产品将于 2022 年开始生产并销售。目前,公司正对该项目进行盈亏平衡分析,相关资料如下。

　　(1)新产品的专利摊销、固定资产折旧、人员工资、广告费等其他固定费用的年固定成本总额是 200 万元。

　　(2)新产品销售价格为每瓶 100 元,销量每年可达 10 万瓶;每瓶材料成本为 20 元,变动制造费用为 15 元,包装成本为 9 元。

　　(3)公司管理人员实行固定工资制,生产工人和销售人员实行基本工资加提成制。预计新增管理人员 2 人,每人每年固定工资 5 万元;新增生产工人 15 人,人均月基本工资 1 500 元,生产计件工资每瓶 1 元;新增销售人员 5 人,人均月基本工资 1 500 元,销售提成每瓶 5 元。

　　要求:
　　(1)计算新产品的单位变动成本。
　　(2)计算新产品的盈亏平衡点年销售量、安全边际率和目标利润。
　　(3)计算该项目的经营杠杆系数。
　　(4)分析各参数变动 10% 对目标利润变化的影响程度。

任务五　资金需要量预测分析

一、资金需要量预测的意义及依据

　　资金需要量预测是企业制订融资计划的基础,有助于改善企业的投资决策。究竟增加多少资金比较合适,需要弄清影响资金需要量的主要因素。一般来说,影响程度最大的是计划期间的预计销售金额。因此,良好的销售预测是资金需要量预测的主要依据。

二、资金需要量预测的方法

(一)资金习性预测法

　　资金习性预测法是根据资金习性预测未来资金需要量的一种方法。资金习性是指资金总额的变动与产销量变动之间的依存关系。按照资金总额与产销量之间的依存关系,可以把资金区分为不变资金、变动资金和半变动资金。不变资金是指在一定的产销量范围内,不受产销量变动的影响而保持固定不变的那部分资金;变动资金是指随产销量的变动而同比例变动的那部分资金;半变动资金是指虽然受产销量变化的影响,但不成同比例变动的资金。半变动资金可采用一定的方法划分为变动资金和不变资金两部分。因此,按照资金习性分析的原理,任何企业的资金总额最终均可以划分为不变资金和变动资金两部分,即

$$y = a + bx$$

式中,x 为销售收入;y 为资金占用量;a 为不变资金;b 为单位产销量所需的变动资金(单位变动资金);bx 为变动资金总额。其中,a 和 b 的数值可采用高低点法或回归分析法求得。高低点法或回归分析法在前述任务中已经详细讲述过,故在此不再赘述。

（二）因素分析法

因素分析法又称分析调整法,是以有关项目基期年度的平均资金需要量为基础,根据预测年度的生产经营任务和资金周转加速的要求进行分析调整,来预测资金需要量的一种方法。其计算公式如下。

$$资金需要量=(基期资金平均占用额-不合理资金占用额)\times(1+预测期销售变动率)\times$$
$$(1-预测期资金周转速度变动率)$$

因素分析法是假设销售增长与资金需用量同向变动,资金周转速度与资金需用量反向变动,计算简便,容易掌握,但预测结果不太精确。

【案例 5-13】　万达商场上年度资金平均占用额为 3 400 万元,经分析,其中不合理部分为 400 万元,预计本年度销售增长率为 6%,资金周转速度变动率为 2%。

要求:确定预测年度资金需要量。

解析:

预测年度资金需要量=(3 400-400)×(1+6%)×(1-2%)=3 116.4(万元)

（三）销售百分比法

销售百分比法是根据销售增长与资产、负债和留存收益增长之间的关系预测未来资金需要量的方法。

其基本原理是假设企业资产负债表的某些项目与销售收入之间存在稳定的百分比关系,利用会计恒等式资产=负债+所有者权益,按照计划期销售额的增长情况来对企业计划期的外部筹资额进行预测。

销售百分比法一般按以下几个步骤进行预测。

1.首先分析研究资产负债表各个项目与销售收入总额之间的依存关系

(1)资产类项目。经营性资产(也称为敏感资产)项目包括库存现金、应收账款、存货等项目,一般都会因销售额的增长而相应地增长。而固定资产是否是敏感资产,则需看基期的固定资产是否已被充分利用。如尚未被充分利用,通过进一步挖掘其利用潜力即可产销更多的产品;如基期对固定资产的利用已达饱和状态,增加销售就需要扩充固定设备,此时的固定资产属于敏感资产。至于长期投资、无形资产等非流动资产项目,一般不随销售额的增加而增加,属于非敏感资产。

(2)权益类项目。经营性负债(也称为敏感负债)项目包括应付票据、应付账款等项目(不包括短期借款、短期融资券、长期负债等筹资性负债),常会因销售的增长而自动增加;短期借款等筹资性负债需要专门融资,不随销售的增长而增加;长期负债及股东权益等项目属于非敏感项目。

2.计算基期各敏感项目销售百分比

$$敏感项目销售百分比=\frac{基期敏感资产(负债)}{基期销售额}\times100\%$$

3.确定需要增加的筹资数量

预计由于销售增长而需要的资金需求增长额,扣除利润留存后,即为所需要的外部筹资额。其计算公式一如下。

外部融资需求量=增加的资产-增加的经营负债-增加的留存收益

增加的资产＝增量收入×基期敏感资产占基期销售额的百分比＋非敏感资产的调整数

　　　　＝基期敏感资产×预计销售收入增长率＋非敏感资产的调整数

增加的经营负债＝增量收入×基期敏感负债占基期销售额的百分比

　　　　＝基期敏感负债×预计销售收入增长率

增加的留存收益＝预计销售收入×销售净利率×利润留存率

　　　　＝预计销售收入×销售净利率×（1－股利支付率）

其计算公式二如下。

外部融资需求量＝（基期敏感资产－基期敏感负债）×销售增长率－增加的留存收益

上述两个公式中若有可动用的金融资产，还应该扣除可动用的金融资产，若有非敏感资产的调整，应直接加上调整额。

提示

（1）资金需求增长额。

资金需求增长额＝增加的敏感性资产－增加的敏感性负债

式中，增加的敏感性资产＝$\dfrac{\text{基期敏感性资产}}{\text{基期销售额}}$×（预测期销售额－基期销售额）

增加的敏感性负债＝$\dfrac{\text{基期敏感性负债}}{\text{基期销售额}}$×（预测期销售额－基期销售额）

如果非敏感性资产增加（如添置生产设备），导致资金需求增长额增加，则

资金需求增长额＝增加的敏感性资产－增加的敏感性负债＋增加的非敏感性资产

（2）外部融资需求量。如果非敏感性资产增加（如添置生产设备），外部筹资需要量也会增加，则

外部融资需求量＝资金需求增长额－增加的留存收益

　　　　＝（增加的敏感性资产－增加的敏感性负债＋

　　　　增加的非敏感性资产）－增加的留存收益

边学边练
答案及解析

📖 边学边练

情景案例四：博雅公司是一家生物制药企业，其 2021 年 12 月 31 日的简要资产负债表如表 5-10 所示。假定博雅公司 2021 年销售额为 20 000 万元，销售净利率为 10％，利润留存率 50％。2022 年销售额预计增长 20％，销售净利率、利润留存率保持不变，公司有足够的生产能力，无须追加固定资产投资。

表 5-10　博雅公司资产负债表（2021 年 12 月 31 日）

资　产	金额/万元	与销售关系/％	负债与权益	金额/万元	与销售关系/％
现金	1 000	5	短期借款	5 000	N
应收账款	3 000	15	应付账款	2 000	10
存货	6 000	30	预提费用	1 000	5
固定资产	6 000	N	公司债券	2 000	N
			实收资本	4 000	N
			留存收益	2 000	N
合计	16 000	50	合计	16 000	15

要求：

(1) 预测企业 2022 年增加的资金需要量。

(2) 预测企业 2022 年外部融资需求量。

知识与能力训练

一、知识训练

(一) 单项选择题

1. 企业根据现有的经济条件和掌握的历史资料及客观事物的内在联系,对生产经营活动的未来发展趋势和状况进行的预计与测算的过程,就是管理会计的(　　)。

  A. 经营预测　　　　B. 经营决策　　　　C. 生产决策　　　　D. 生产预测

2. 下列各项中,属于因果预测分析法的是(　　)。

  A. 指标建立法　　　B. 趋势平均法　　　C. 移动平均法　　　D. 平滑指数法

3. 下列各项中,不属于定量分析法的是(　　)。

  A. 判断分析法　　　B. 算术平均法　　　C. 回归分析法　　　D. 平滑指数法

4. 通过函询方式,在互不通气的前提下向若干经济专家分别征求意见的方法是(　　)。

  A. 德尔菲法　　　　　　　　　　　B. 专家函询法

  C. 专家小组法　　　　　　　　　　D. 专家个人意见集合法

5. 下列各种销售预测方法中,属于没有考虑远近期销售业务量对未来销售状况会产生不同影响的方法是(　　)。

  A. 算术平均法　　　B. 移动平均法　　　C. 趋势平均法　　　D. 平滑指数法

6. 下列各项中,不能按照统一的方法直接确定各期权数值的方法是(　　)。

  A. 加权平均法　　　B. 移动平均法　　　C. 趋势平均法　　　D. 平滑指数法

7. 在采用平滑指数法进行近期销售预测时,应选择的指数是(　　)。

  A. 较大的平滑指数　　　　　　　　B. 固定的平滑指数

  C. 较小的平滑指数　　　　　　　　D. 任意数值的平滑指数

8. 下列各项中,其利润敏感度等于经营杠杆系数的百分之一的指标是(　　)。

  A. 销售量　　　　　B. 单价　　　　　　C. 单位变动成本　　D. 固定成本

9. 在利用平滑指数法对销量波动较大的产品进行预测时,应选择(　　)。

  A. 任意数值的平滑指数　　　　　　B. 固定的平滑指数

  C. 较小的平滑指数　　　　　　　　D. 较大的平滑指数

10. 某企业每月固定成本为 2 000 元,单价为 20 元,计划销售产品 500 件,欲实现目标利润 1 000 元,其单位变动成本应为(　　)。

  A. 14 元　　　　　　B. 12 元　　　　　　C. 13 元　　　　　　D. 15 元

11. 下列各项中,可用于预测追加资金需用量的方法是(　　)。

  A. 销售百分比法　　　　　　　　　B. 平均法

  C. 回归分析法　　　　　　　　　　D. 指数平滑法

（二）多项选择题

1. 下列各项中，属于预测分析内容的有（　　）。

A. 销售预测　　　　B. 利润预测　　　　C. 成本预测　　　　D. 资金预测

2. 下列各项中，属于影响销售量的外部因素的有（　　）。

A. 市场环境　　　　B. 竞争对手　　　　C. 生产条件　　　　D. 产品价格

3. 下列各项中，可用于销售预测的定量分析方法有（　　）。

A. 趋势外推分析法　　　　　　　　B. 因果预测分析法

C. 判断分析法　　　　　　　　　　D. 本量利分析法

4. 下列各项中，可用于成本预测的方法包括（　　）。

A. 加权平均法　　　　　　　　　　B. 回归直线分析法

C. 高低点法　　　　　　　　　　　D. 指数平滑法

（三）判断题

1. 定性分析法与定量分析法在实际应用中是相互排斥的。　　　　　　　　（　　）

2. 销量预测中的加权平均法与移动加权平均法没有任何共同之处。　　　（　　）

3. 趋势平均法对历史上各期资料同等对待，权数相同。　　　　　　　　　（　　）

4. 在产品寿命的不同周期阶段，销售量的发展趋势是不同的。　　　　　　（　　）

5. 因果预测法就是回归分析法。　　　　　　　　　　　　　　　　　　　（　　）

6. 对利润灵敏度指标进行排列时，单价的灵敏度指标总是最高。　　　　　（　　）

二、能力训练

1. 凤凰自行车厂管理人员根据市场情况分析，认为计划期间可销售车灯 8 000 个。假定该厂计划期间的车灯销售单价为 5 元，单位变动成本为 3 元，固定成本总额为 10 000 元。

要求：

（1）根据资料计算该厂在计划期间预计可实现多少利润。

（2）凤凰自行车厂管理当局确定在计划期间的目标利润为 9 000 元，则需要售出多少数量的车灯，或售出多少金额的车灯才能实现目标利润（假定单价、固定成本、单位变动成本仍不变）？

（3）若凤凰自行车厂根据市场预测资料，认为计划期间可销售车灯 10 000 个，车灯的固定成本总额为 10 000 元，单位变动成本为 3 元，目标利润仍为 9 000 元，则每个车灯的售价应为多少？

2. 锦江公司 2022 年上半年各月的实际销售收入如表 5-11 所示。该公司 6 月的销售金额原预测数为 27 800 元。

表 5-11　锦江公司 2022 年上半年实际销售收入

月份	1 月	2 月	3 月	4 月	5 月	6 月
实际销售额/元	24 000	23 600	28 000	25 400	26 000	27 000

要求：

（1）根据最后三个月的实际资料，按移动加权平均法预测 2022 年 7 月的销售额。

（2）根据 6 月的实际资料，按指数平滑法预测 2022 年 7 月的销售额（平滑系数采用 0.4）。

（3）根据 2022 年 1—6 月的实际资料，按回归分析法预测 2022 年 7 月的销售额。

3. 假定辉煌公司近五年的甲产品的产量与成本数据有如表 5-12 所示。

表 5-12　辉煌公司近五年的甲产品的产量与成本数据

年份	2017 年	2018 年	2019 年	2020 年	2021 年
产量/台	250	200	300	360	400
总成本/元	275 000	240 000	315 000	350 000	388 000
固定成本总额/元	86 000	88 000	90 000	89 000	92 000
单位变动成本/元	756	760	750	725	740

若计划年度（2022 年）的预计产量为 450 台。

要求：采用不同的专门方法预测 2022 年甲产品的总成本和单位成本。

（1）按高低点法。

（2）按移动加权平均法（根据 2019—2021 年资料）。

（3）按回归分析法。

项目六

经营决策分析

学习目标

知识目标：

(1) 理解决策分析和经营决策分析的概念，了解决策分析的类型。

(2) 理解并掌握经营决策分析的程序和所考虑的相关因素。

(3) 熟练掌握经营决策分析的基本方法。

(4) 掌握生产经营决策分析的方法。

(5) 掌握定价决策分析的方法。

(6) 熟悉定价策略的选择。

(7) 掌握存货决策分析的方法。

(8) 了解存货决策的意义。

能力目标：

(1) 具备能够运用经营决策分析常用的基本方法，对企业生产决策过程中所涉及的问题进行决策分析的能力。

(2) 能够熟练运用产品定价和存货决策分析的基本原理，解决企业中怎样科学定价和最佳存货决策等方面的实际问题的能力。

(3) 具备熟练运用信息处理技术(包括数据库与电子表格等)和统计技术的基础应用方法的能力。

(4) 培养学生具备良好的沟通能力和团队协作能力。

(5) 能够根据团队领导或其他相关部门的要求提供相关信息，分析合作者的需求。

课程思政：

(1) 通过学习经营决策分析，培养学生树立"爱岗、敬业"的社会主义价值观，树立"干一行，爱一行"的观念。

(2) 战略性决策关系到人的一生，通过学习党史故事《血战湘江　遵义转折》，让学生们意识到正确战略决策的重要性。

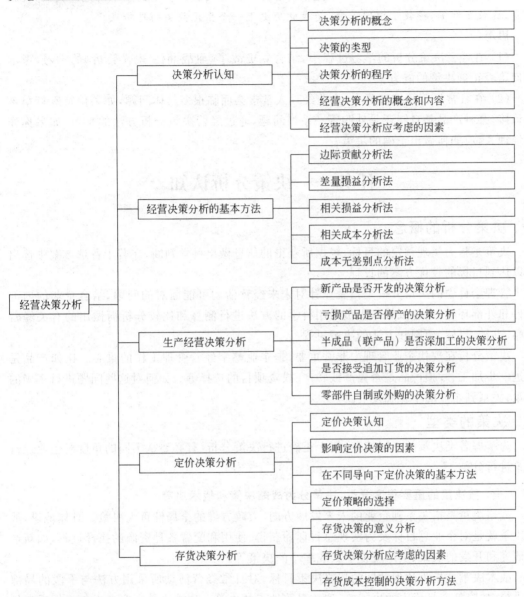

项目知识结构

经营决策分析
- 决策分析认知
  - 决策分析的概念
  - 决策的类型
  - 决策分析的程序
  - 经营决策分析的概念和内容
  - 经营决策分析应考虑的因素
- 经营决策分析的基本方法
  - 边际贡献分析法
  - 差量损益分析法
  - 相关损益分析法
  - 相关成本分析法
  - 成本无差别点分析法
- 生产经营决策分析
  - 新产品是否开发的决策分析
  - 亏损产品是否停产的决策分析
  - 半成品（联产品）是否深加工的决策分析
  - 是否接受追加订货的决策分析
  - 零部件自制或外购的决策分析
- 定价决策分析
  - 定价决策认知
  - 影响定价决策的因素
  - 在不同导向下定价决策的基本方法
  - 定价策略的选择
- 存货决策分析
  - 存货决策的意义分析
  - 存货决策分析应考虑的因素
  - 存货成本控制的决策分析方法

情景导入

（1）是否接受订货的决策：康达公司生产教育电子产品，年产量为 10 000 件，售价为 500 元/件，而企业的最大生产能力为 15 000 件，该产品的单位生产资料：直接材料为 100 元，直接人工为 160 元，变动制造费用为 60 元，固定制造费用为 80 元，共计 400 元。某月销售经理接到一个特殊订单，买方希望购买该产品 5 000 件，但出价仅为 350 元/件，这时大家讨论是否接受这个订单，销售经理认为卖一件会亏 50 元，卖 5 000 件会亏损 250 000 元，但财务经理提出反对意见，认为应该接受订货。这是为什么呢？

（2）党史故事：1935 年 1 月 15 日至 17 日，中共中央召开了遵义会议，这次会议是在红军第五次反"围剿"失败和长征初期严重受挫的情况下,为了纠正王明"左"倾领导在军事指挥上的错误,挽救红军和中国革命的危机而召开的。遵义会议在中国革命的危急关头,挽救了党,挽救了红军,挽救了中国革命,是我党历史上一个生死攸关的转折点。

血战湘江
遵义转折

思考:

(1)在经营决策分析的学习过程中,结合党史故事《血战湘江　遵义转折》的学习,考虑如何培养正确决策的能力。

(2)在日常经营管理过程中,企业经理人常常会面临很多具体问题,如某份特殊订单该不该接,某种产品是自制还是外购等一系列问题,通过经营决策分析方法的学习,如果你作为经理人,应如何做出正确的决策?

任务一　决策分析认知

一、决策分析的概念

决策是指为实现预定的目标,根据所获得的信息做出科学判断,在若干备选方案中选出可以达到目标的较优方案的过程。

管理会计中的决策分析是指企业针对未来经营活动可能面对的问题,结合企业的内部条件和外部环境,由各级管理人员采用科学的方法进行测算和比较分析而做出的有关经营战略、方针、目标、原则和方法的决策过程。

决策分析在现代企业管理中非常重要,是企业整个经营管理工作的重心。比如产品是否进一步加工、亏损产品是否停产或转产、投资项目的选择等。如何对这些问题进行正确的决策,关系到企业的生存和发展。

二、决策的类型

为掌握各类决策的不同特点,便于正确进行决策分析,有必要从不同的角度对企业经营决策进行分类。

(一)按决策的重要程度分类,决策分为战略决策和战术决策

战略决策是指关系到企业的未来发展方向、大政方针的全局性重大决策。具体地讲,战略决策就是对企业总目标及为实现总目标而获得、使用和配置各种资源的抉择过程,如新产品研究和开发的决策、生产规模扩大或缩小的决策等。

战术决策是指为达到预期的战略决策目标,对日常经营活动所采用方法与手段的局部性决策,如降低产品成本的决策等、调整采购地点的决策。这类决策主要考虑怎样使现有的人力、物力、财力资源得到最合理、最充分的利用。

(二)按决策的规划时间长短分类,决策分为长期决策和短期决策

长期决策是指对企业经济效益的影响时间在一年以上的决策,一般都涉及企业的发展方向及规模等重大问题,如厂房、设备的新建与更新,设计方案的选择与工艺改革等。这类决策一般需要投入大量资金,而且见效慢,因此,长期决策又称为长期投资决策。

短期决策是指对企业经济效益的影响时间在一年以内的决策。决策的主要目的是使企业的现有资源得到最充分的利用。短期决策的内容与企业日常生产经营活动密切相关,包括企业的销售决策、生产决策、成本决策、定价决策等内容。这类决策一般不涉及大量资金

的投入,而且见效快,因此,短期决策又称为日常经营决策。

(三)按决策条件的确定程度分类,决策分为确定型决策、风险型决策和不确定型决策

确定型决策是指影响决策的相关因素的未来状况是确定的,且一个方案只有一个确定的结果的一种决策类型。这类决策较为简单,只要进行比较分析即可。

风险型决策是指影响决策的相关因素的未来状况不能确切地肯定,但该因素可能存在几种结果,每一种结果出现的概率已知的一种决策类型。比如,决策者在做销售决策时可能对预测期的销售量不能完全确定,但知道预测期的销量可能为 200 件、300 件、400 件、500 件,其概率分别是 0.4、0.3、0.2、0.1。在这种情况下,决策者可通过计算销售量期望值来进行决策。

不确定型决策是指影响决策的相关因素的未来状况完全不能确定,或者虽然知道它们存在几种可能的结果,但不知道各种结果出现的概率的一种决策类型。如管理者在进行销售决策时,预测期的销售量可能为 200 件、300 件、400 件、500 件,但不知道每种销售量的概率是多少,这种决策就完全取决于决策者的经验和判断能力。

(四)按决策所涉及的备选方案数量特征分类,决策分为单一方案决策和多方案决策

1. 单一方案决策

单一方案决策是指只需要对一个备选方案做出选择的决策,也称接受与否决策。例如,亏损产品是否停产的决策,是否接受追加订货的决策等。

2. 多方案决策

如果在决策过程中决策者可以在两个或两个以上的备选方案中做出选择,那么这些相关方案则称为多方案,对这些方案所做的决策称为多方案决策。

(1) 互斥选择决策是指在一定的决策条件下,存在几个相互排斥的备选方案,通过对比分析,最终选择最优方案而排斥其他方案的决策。例如,零部件是自制还是外购的决策,联产品是否进一步加工的决策等。

(2) 最优组合决策是指在资源总量受到一定限制的情况下,如何将这些方案进行不同的搭配组合,使其综合经济效益达到最优的决策。例如,在几种约束条件下生产不同产品的最优组合决策。

除上述分类方法外,还有一些其他分类方法。如按决策问题是否重复出现,可将决策分为重复性决策和一次性决策;按决策者所处管理层次不同,可将决策分为高层决策、中层决策、基层决策;按决策的内容不同,可将决策分为生产决策、定价决策、存货决策和设备更新决策等。

三、决策分析的程序

(一)提出决策分析目标

决策首先要弄清解决什么问题,达到什么目标,然后针对企业经营存在的问题,确定进一步经营的目标,也就是确定企业未来努力的方向。

(二)设计各种备选方案

在明确决策分析目标的前提下,收集所需的资料和信息,通过对资料进行分析整理,提出各种可能实现决策目标的备选方案。在提出备选方案的过程中要集思广益,提出多种备选方案,以便进行比较,从中选出最佳方案。

（三）评价方案的可行性

该步骤是决策过程中的关键环节,采用合适的方法,对形成的各种备选方案采用定性和定量的方法进行可行性研究论证,从技术、经济等方面在先进性、合理性及可能性上对各方案进行评价。

（四）选择最优方案

确定与各个可行备选方案有关的成本与收益,把成本和收益分为相关与不相关两类,排除不相关的成本和收益,将各个可行备选方案的相关成本与相关收益筛选出来,进行汇总和比较,从而选出相关成本较低、相关收益较高的方案。

（五）决策方案的实施与跟踪反馈

决策方案的实施就是将决策传递给有关人员并得到他们行动的承诺。在实施过程中,要对决策的结果进行反馈、修正,以提高决策的合理性与科学性,更好地保证决策目标的实现。

四、经营决策分析的概念和内容

（一）经营决策分析的概念

经营决策分析是指决策结果仅影响或决定企业近期(一年或一个营业周期)的经营活动分析,侧重于资金、成本、利润等方面,确定如何充分利用企业现有的资源和经营环境,以取得尽可能大的经济效益而实施的决策。

（二）经营决策分析的内容

1. 生产决策

生产决策是指在短期内(通常为一个经营年度或一个经营周期内),在生产领域中,决策者围绕生产什么、怎样生产和生产多少等问题所进行的决策。如零件的取得方式决策、亏损产品是否停产决策等。

2. 存货决策

存货是企业在生产经营过程中持有储备的物资,包括材料、低值易耗品、在制品、半成品、产成品等。为满足企业对原材料的需要,企业应有一定的存货。但是,储存存货必然会发生储存成本。因此,存货决策的目的在于既要满足生产需要,又能在不同情况下通过合理的进货批量和进货时间,使存货的总成本降到最低。

3. 定价决策

定价决策是指在销售领域中,决策者围绕如何确定销售产品的价格问题所进行的决策。

五、经营决策分析应考虑的因素

（一）相关收入

相关收入是指与特定决策方案相联系的、能对决策产生重大影响的、在经营决策中必须予以充分考虑的收入。如果某项收入只属于某个经营决策方案,若这个方案存在,就会发生这项收入;若这个方案不存在,就不会发生这项收入,则这项收入就是相关收入。

相关收入的计算以特定决策方案的单价和相关销售量为依据。

（二）相关成本

相关成本是指与特定决策方案相联系、对决策产生重大影响的、在短期经营决策中必须予以充分考虑的成本。如果某项成本只属于某个经营决策方案，即如果某个方案存在，就会发生这项成本；若某个方案不存在，就不会发生这项成本，则这项成本就是相关成本。相关成本主要包括增量成本、边际成本、机会成本、重置成本、付现成本、专属成本。

1. 增量成本

在一定条件下，某一决策方案的增量成本就是该方案的相关变动成本，即等于该方案的单位变动成本与相关业务量的乘积。在短期经营决策的生产决策中，增量成本是较为常见的相关成本。

2. 边际成本

边际成本是指当业务量发生极小变化时所引起的成本变动额。在现实的经济活动中，业务量最小的变化只能小到一个单位。因此，边际成本的经济含义是指每增加或减少一个单位产品所引起的成本变动数领。其他因素不变时，每增加一个单位产品的生产，成本总额就会相应增加；反之，每减少一个单位产品的生产，成本总额就会减少。

3. 机会成本

机会成本是指由于执行最优方案而放弃的次优方案的潜在收益。我们知道每项资源通常有多种用途，但是有限的资源用于某一方面就不能同时用于另一方面。在决策过程中，在若干备选方案中，选择最优方案而放弃次优方案的潜在收益，就构成实施最优方案的机会成本。

4. 重置成本

重置成本是指假设以现在的价格重新购置或重新建造所持有的资产需支付的成本，又称现时成本或现时重置成本。

5. 付现成本

付现成本又称现金支付成本，是指某个项目计划实施时需要立即支付现金或需要在短期内支付现金的成本。在企业现金短缺、筹资又十分困难的情况下，对于那些急需实施的方案进行决策时，必须以付现成本而不是以总成本作为方案取舍的标准。

6. 专属成本

专属成本是指能够明确归属于特定决策方案的固定成本。它往往是为弥补生产能力不足的缺陷而增加的有关设备、装置、工具等长期资产。

任务二　经营决策分析的基本方法

经营决策分析的基本依据是经济效益的高低，反映经济效益的指标有边际贡献、利润和成本。如用边际贡献、利润指标评价各个方案，则应选择利润、边际贡献高的方案；如用成本指标评价各个方案，在各个方案收入相同的条件下，应选择成本低的方案。

经营决策分析常用的方法有边际贡献分析法、差量损益分析法、相关损益分析法、相关成本分析法和成本无差别点分析法。

一、边际贡献分析法

边际贡献分析法是在成本性态分析的基础上，通过比较各备选方案边际贡献额的大小来确定最优方案的分析方法。

边际贡献分析法在具体应用时，根据采用具体指标的不同又可以进一步细分为单位资

源边际贡献分析法和边际贡献总额分析法。

（一）单位资源边际贡献分析法

单位资源边际贡献分析法是指以有关方案的单位资源边际贡献指标作为决策评价指标的一种方法。

在企业生产仅受到某一项资源（如某种原材料、人工工时或机器台时）的约束时，可考虑采用该方法进行经营决策。其计算公式为

$$单位资源边际贡献 = \frac{单位边际贡献}{单位产品资源消耗定额}$$

单位资源边际贡献为正指标，该项指标最大的方案相对最优。这种方法较为简单，经常被应用于生产经营决策的互斥方案中，比如新产品开发的品种决策。

（二）边际贡献总额分析法

边际贡献总额分析法是指以有关方案的边际贡献总额指标作为决策评价指标的一种方法。短期经营决策一般在原有的生产能力范围内进行，固定成本通常是无关成本。在不存在专属成本的情况下，应比较不同备选方案的边际贡献总额。

二、差量损益分析法

差量损益分析法是在计算两个备选方案之间产生的差别收入与差别成本的基础上，计算差量损益，根据差量损益来选择决策方案的分析方法。该方法涉及差量收入、差量成本、差量损益三项指标。

差量收入是指两个备选方案之间的收入差异额；差量成本是指两个备选方案之间的成本差异额；差量损益是差量收入扣除差量成本后的余额。它仅适用于两个备选方案的比较，如果有多个备选方案可供选择，采用差量损益分析法时，只能分别两两进行比较、逐步筛选，选出最优方案。

三、相关损益分析法

相关损益分析法是指在经营决策时，以相关损益指标作为决策评价指标的一种决策分析方法。某方案的相关损益是指方案的相关收入与相关成本之差，该评价指标是一个正指标，在对多个备选方案的评价中，相关损益大的方案相对最优。

四、相关成本分析法

相关成本分析法是在各备选方案收入相同的前提下，只分析每个备选方案新增加的变动成本和固定成本，也就是计算每个方案的增量成本和专属成本，两项之和即为相关成本。在收入相同的前提下，相关成本最低的方案必然是利润最高的方案，因此，应选择相关成本最低的方案。

采用相关成本分析法，必须在各备选方案业务量确定的前提下进行，如果各备选方案的业务量不确定，则不适合采用相关成本分析法。

五、成本无差别点分析法

两个不同方案的成本相等的业务量就称为成本无差别点。

通常在高于或低于该业务量时，分别适用于两个方案中的不同方案，这种通过计算成本无差别点进行决策的方法就称为成本无差别点分析法。该方法一般适用于相关收入为零，

有关业务量未知，且两个方案的固定成本分别为 a_1 和 a_2，单位变动成本为 b_1 和 b_2 的方案决策。即

$$y_1 = a_1 + b_1 x, \quad y_2 = a_2 + b_2 x$$

令 $y_1 = y_2$，即

$$a_1 + b_1 x = a_2 + b_2 x$$

则成本无差别点的业务量

$$x_0 = \frac{a_2 - a_1}{b_1 - b_2}$$

如果预计未来的业务量在成本无差别点之下，应选择固定成本较低的方案；如果预计未来的业务量在成本无差别点之上，则应选择固定成本较高的方案。

任务三　生产经营决策分析

生产经营决策一般只涉及一年以内的有关经济活动，其内容主要有新产品是否开发的决策、亏损产品是否停产的决策、零部件自制还是外购的决策、是否接受或拒绝某一特殊订单的决策、半成品立即出售或继续加工的决策、联产品是否进一步继续加工的决策等。

一、新产品是否开发的决策分析

这里介绍的新产品是否开发的决策分析是指利用企业现有剩余生产能力来开发某种在市场上有销路的新产品，而且企业已经掌握可供选择的多个新品种方案的有关资料，按照是否涉及追加专属成本，分两种情况进行分析。

（一）不涉及追加专属成本的决策分析

在新产品开发的品种决策中，如果所有方案均不涉及追加专属成本，就可以用单位资源边际贡献分析法或者边际贡献总额分析法直接进行决策。

如果企业生产只受到一种资源（如人工工时、某种材料、机器台时等）的约束，并且已知备选方案中各种产品的单位边际贡献和单位产品资源消耗额，然后两者进行相除，得到单位资源边际贡献值，哪个方案的值大，就选择哪个方案。

【案例 6-1】天兴公司现有剩余生产能力 2 000 台时，具备开发一种新产品的生产经营能力，有关的经营能力成本（约束性固定成本）为 50 000 元，可以生产 A、B、C 三种新产品中的某一种类。已知 A、B、C 三种新产品的相关资料如表 6-1 所示，不需要追加专属成本。

表 6-1　A、B、C 三种新产品的相关资料

项　　目	A 产品	B 产品	C 产品
单价/元	100	60	35
单位变动成本/元	65	45	25
单位产品定额台时/小时	20	10	5
固定成本/元	2 200		

要求：对 A、B、C 三种新产品进行品种决策。

解析：根据已知条件，利用单位资源边际贡献分析法进行决策分析。计算结果如表 6-2 所示。

表 6-2　A、B、C 三种新产品的单位资源边际贡献

项　　目	A 产品	B 产品	C 产品
单位边际贡献/元	35	15	10
单位产品定额台时/小时	20	10	5
单位资源边际贡献/元	1.75	1.5	2

由表 6-2 的计算结果可以看出，C 产品的单位资源边际贡献最大，所以应选择生产 C 产品。

由此可见，在开发新产品的决策中，不能单纯地以单位边际贡献大小作为取舍优劣的标准。

（二）涉及追加专属成本的决策分析

如果开发新产品需要追加专属成本，在决策时应该以各产品的剩余边际贡献总额作为判断方案优劣的标准。

【案例 6-2】　天兴公司有一条闲置的生产线，按最初的投资额计算，每年应发生的折旧额为 28 000 元，现可用于生产甲、乙两种产品中的某一种，有关预测资料如表 6-3 所示。

表 6-3　甲、乙两个产品的相关资料

项　　目	甲产品	乙产品
可生产量/件	8 000	7 000
单价/元	18	32
单位变动成本/元	12	24
追加专属成本/元	10 000	20 000

要求：确定应该生产何种产品。

解析：具体计算结果如表 6-4 所示。

表 6-4　甲、乙两个产品的剩余边际贡献总额

项　　目	甲产品	乙产品
可生产量/件	8 000	7 000
单位边际贡献/元	6	8
边际贡献总额/元	48 000	56 000
剩余边际贡献总额/元	38 000	36 000

从表 6-4 的计算结果可知，生产乙产品的边际贡献总额虽然大于生产甲产品的边际贡献总额，但需要扣除专属成本，而生产甲产品的剩余边际贡献总额大于生产乙产品的剩余边际贡献总额，所以应选择生产甲产品。

边学边练

情景案例一：天兴公司尚有 20%的剩余生产能力可开发一种新产品，且不需要追加专属成本，现有 A、B 两个品种可供选择，且需要消耗甲材料，其中 A 品种的单价为 110 元，单位变动成本为 70 元，其消耗定额为 5 千克；B 品种的单价为 160 元，单位变动成本为 100元/件，其消耗定额为 6 千克/件。

边学边练
答案及解析

要求：做出开发哪个新品种的决策。

二、亏损产品是否停产的决策分析

如果按照财务会计核算的结果，亏损产品继续生产只能产生负效益，但按照管理会计成本性态分析的理论，对于亏损产品，不能简单地予以停产，而必须综合考虑企业各种产品的经营状况，以及生产能力的利用情况等相关因素，做出亏损产品停产还是继续生产的选择。

（一）剩余生产能力无法转移时，亏损产品是否停产的决策

剩余生产能力无法转移是指当亏损产品停产以后，闲置下来的生产能力无法被用于其他方面，既不能转产，也不能将有关设备对外出租，在这种情况下，只要亏损产品的边际贡献大于零，就不应该停产。这是因为停产亏损产品只能减少其变动成本，并不能减少其承担的固定成本，如果继续生产亏损产品，其提供的边际贡献就可以补偿一部分固定成本，而停产亏损产品不但不会减少亏损，还会加大亏损。

【案例 6-3】 天兴公司组织多品种产品的生产，2021 年 A 产品发生亏损 20 000 元，已知该产品的完全成本为 50 000 元，其变动成本率为 80%。假定 2022 年其他条件不变，剩余生产能力无法转移。

要求：作出 2022 年是否继续生产 A 产品的决策，并说明若停止生产 A 产品会造成什么后果。

解析：　　　　A 产品的收入＝50 000＋（－20 000）＝30 000（元）

A 产品的变动成本＝30 000×80%＝24 000（元）

A 产品的边际贡献＝30 000－24 000＝6 000（元）

因为 A 产品的收入大于其变动成本，即边际贡献大于零，所以不能停止生产 A 产品。如果停止生产 A 产品，会使企业多损失 6 000 元。

（二）剩余生产能力可以转移，亏损产品是否停产的决策

如果亏损产品停产以后，闲置下来的生产能力可以转移，如转产其他产品，或将设备对外出租，就需要考虑继续生产亏损产品的机会成本。如果亏损产品创造的边际贡献大于与生产能力转移有关的机会成本，就不应当停产，否则，企业将因此而多产生损失。反之，如果亏损产品创造的边际贡献小于与生产能力转移有关的机会成本，就应当停产。

【案例 6-4】 接案例 6-3 的资料，假定 2022 年其他条件均不变，但剩余生产能力可以转移，若将闲置设备对外出租，1 年可获得租金收入 8 000 元。

要求：做出 2022 年是否继续生产 A 产品的决策，并说明理由。

解析：由于继续生产 A 产品的边际贡献总额为 6 000 元，小于其机会成本 8 000 元。因此，应停止生产 A 产品，这样可以使企业多获得 2 000 元利润。

边学边练
答案及解析

边学边练

　　情景案例二：天兴公司生产甲和乙两种产品，其中有一种产品为亏损产品，其中甲产品的销售收入为 25 000 元，变动成本为 15 000 元；乙产品的销售收入为 15 000 元，变动成本为 12 000 元，固定成本总额为 10 000 元（按销售收入百分比分配）。

　　要求：做出是否停止生产亏损产品的决策。

三、半成品（联产品）是否深加工的决策分析

　　在工业企业中，有些产品经过若干加工程序成为半成品后，既可直接出售，又可进一步加工成最终产成品后出售。最终产品的售价要高于半成品，但继续加工则要追加一定的变动成本和固定成本。对这类问题一般可采用差量损益分析法或相关损益分析法进行决策分析。但应注意：一是半成品在进一步加工前所发生的全部成本，无论是变动成本还是固定成本，在决策分析时都属非相关成本，无须加以考虑；二是决策的关键是看半成品进一步加工增加的收入是否超过进一步加工中追加的成本。若增加收入大于追加成本，则以进一步加工为优；若增加收入小于追加成本，则应当立即出售，不应再加工。

　　【案例 6-5】　天兴公司每年生产甲半成品 6 000 件，甲半成品的单位变动成本为 6 元，固定成本为 15 000 元，销售单价为 11 元。如果把甲半成品进一步深加工为产成品，销售单价可提高到 18 元，但需追加单位变动成本 3 元，追加固定成本 15 000 元；如果不进一步加工甲半成品，可将追加固定成本的资金进行债券投资，每年可获投资收益 3 000 元。要求做出甲半成品直接出售或深加工的决策分析。

　　解析：采用差量损益分析法进行决策，具体计算结果如表 6-5 所示。

表 6-5　差量损益分析表

单位：元

项　　目	深加工为产成品	直接出售半成品	差异额
相关收入	6 000×18＝108 000	6 000×11＝66 000	42 000
相关成本	36 000	0	36 000
其中：增量成本	6 000×3＝18 000	0	
专属成本	15 000	0	
机会成本	3 000	0	
差量损益			6 000

　　通过计算分析可知，深加工甲产成品与直接出售甲半成品的差量损益为 6 000 元，即深加工比直接出售多获得利润 6 000 元，所以选择深加工后出售。

边学边练
答案及解析

边学边练

　　情景案例三：某企业对同一种原材料进行加工，可生产出甲、乙两种产品，年产量分别是 2 500 千克、1 500 千克。其中乙产品可直接出售，单位售价为 80 元，企业已具备将 80% 的乙产品深加工为丙产品的能力，且无法转移，每加工 1 千克乙产品需额外追加增量成本 8 元，乙和丙产品的投入产出比例为 1：0.8，丙产品的单位价格为 100 元。

　　要求：请将分析数据填入表 6-6 中，并做出乙产品是否深加工为丙产品的决策。

表 6-6 差量损益分析表 单位：元

项 目	深加工丙产成品	直接出售半成品	差 异 额
相关收入			
相关成本			
其中：增量成本			
差量损益			

四、是否接受追加订货的决策分析

在经营过程中，企业接到客户提出的价格较低的临时性订货称为追加订货。当企业存在暂时闲置的生产能力时，是否要接受客户提出的以低于售价甚至低于该产品平均单位成本的价格的订货呢？需要分情况进行决策。

（一）简单条件决策

假设接受订货不影响企业正常的生产任务，也不需要增加专属固定成本，而且剩余生产能力无法转移，在这种情况下，只要追加订货的价格大于该产品的单位变动成本，企业就可以接受订货。

（二）复杂条件决策

当剩余生产能力不足以完成追加的订货量时，需要考虑不同的情况，可采用差量损益分析法或者相关损益分析法进行决策。

（1）如果接受追加订货，需要将正常订货的一部分挪作追加订货，且剩余生产能力无法转移，这样会影响正常任务，产生影响正常任务而减少的正常收入所带来的机会成本。因此，如果追加订货的相关收入大于追加订货的变动成本和机会成本之和时，可以接受追加订货。

（2）如果接受追加订货，需要增加专属成本，且剩余生产能力无法转移，那么只要追加订货的边际贡献总额能够弥补增加的专属固定成本，企业就可以考虑接受。

（3）如果接受追加订货，需要增加专属成本，且剩余生产能力可以转移，比如对外出租等，这就表明如果接受追加订货，既需要增加专属成本，又会产生剩余生产能力用转移获取收益的机会成本。如果接受追加订货带来的相关收入大于追加订货的变动成本、专属成本和机会成本之和时，企业可以接受追加订货。

【案例 6-6】 维达公司生产 A 产品，最大年产量为 10 000 件，2021 年年产量为 8 000件，产品售价为 100 元/件，单位变动成本为 70 元。现有一客户打算以每件 85 元的价格追加订货。

要求：请就以下不相关情况进行是否应该接受该项订货的决策。

（1）剩余生产能力无法转移，追加订货 3 000 件产品。

（2）同（1），但因特殊要求，企业需要追加 6 000 元专属成本。

（3）追加订货 3 000 件产品，因特殊要求，企业需要追加 4 000 元专属成本，但剩余生产能力可用于对外出租，可获租金收入 10 000 元。

解析：

（1）追加订货 3 000 件中可以利用企业的剩余生产能力生产 2 000 件，再挪用正常订货

1 000 件,用差量损益分析法进行决策,如表 6-7 所示。

表 6-7 差量损益分析表　　　　　单位:元

项　目	接受追加订货	拒绝追加订货	差异额
相关收入	3 000×85＝255 000	0	255 000
相关成本	240 000	0	240 000
其中:增量成本	2 000×70＝140 000	0	
机会成本	1 000×100＝100 000	0	
差量损益			15 000

计算结果表明,接受追加订货比拒绝追加订货可多获利 15 000 元,因此应接受追加订货。

(2) 用差量损益分析法进行决策,如表 6-8 所示。

表 6-8 差量损益分析表　　　　　单位:元

项　目	接受追加订货	拒绝追加订货	差异额
相关收入	3 000×85＝255 000	0	255 000
相关成本	246 000	0	246 000
其中:增量成本	2 000×70＝140 000	0	
专属成本	6 000	0	
机会成本	1 000×100＝100 000	0	
差量损益			9 000

计算结果表明,接受追加订货比拒绝追加订货可多获利 9 000 元,因此应接受追加订货。

(3) 用差量损益分析法进行决策,如表 6-9 所示。

表 6-9 差量损益分析表　　　　　单位:元

项　目	接受追加订货	拒绝追加订货	差异额
相关收入	3 000×85＝255 000	0	255 000
相关成本	256 000	0	256 000
其中:增量成本	2 000×70＝140 000	0	
专属成本	6 000	0	
机会成本 1	1 000×100＝100 000	0	
机会成本 2	10 000	0	
差量损益			−1 000

计算结果表明,拒绝追加订货比接受追加订货多获利 1 000 元,因此应接拒绝追加订货。

边学边练

情景案例四：某企业只生产一种产品，全年最大生产能力为 1 500 件，年初已按每件 100 元的价格接受正常任务 1 200 件，该产品的直接材料为 25 元，直接人工为 15 元，变动制造费用为 5 元，固定制造费用为 25 元，现有一客户要求以 70 元/件的价格追加订货 300 件。

边学边练
答案及解析

要求：

（1）请将分析数据填入表 6-10 中。

表 6-10 差量损益分析表 单位：元

项　　　目	接受追加订货	拒绝	差异额
相关收入			
相关成本			
其中：增量成本			
机会成本			
差量损益			

（2）假设剩余生产能力无法转移时，为企业做出是否接受追加订货的决策。

（3）假设剩余生产能力可对外出租，可获租金收入为 6 000 元，为企业做出是否接受追加订货的决策。

五、零部件自制或外购的决策分析

企业生产所需要的零部件，既可以用本企业的设备进行加工制造，也可以从市场上购进。有时企业的生产能力有剩余，为充分利用生产能力，可以将自制零部件，或者将剩余设备出租，所需零件可以外购等。

零部件自制与外购均未涉及相关收入发生，因此，根据零部件需要量是否确定，分别采用相关成本分析法或成本无差别点分析法进行决策，现分别就不同情况进行介绍。

（一）在零部件需要量确定情况下的决策

如果企业对零部件的需要量是确定的，可以采用相关成本分析法进行决策。

【案例 6-7】 假如华飞冰箱公司每年需要零部件 15 000 件，如果向外购买，市场批发价每件为 80 元。该厂现有剩余生产能力，可以自制同等质量的零部件，经部门核算，每件零部件的自制成本为 100 元，其中直接材料为 60 元，直接人工为 15 元，变动制造费用为 10 元，固定制造费用为 15 元。

要求：进行该企业零部件应自制还是外购的决策分析。

解析：由于该厂有剩余的生产能力可以利用，它原来的固定成本不会因自制而增加，也不会因外购而减少，所以，零部件的自制成本内不应包括固定制造费用，可用相关成本分析法进行计算，如表 6-11 所示。

表 6-11 相关成本分析表 单位：元

项　　目	自　　制	外　　购
相关成本	1 275 000	1 200 000
其中：增量成本	(60+15+10)×15 000=1 275 000	80×15 000=1 200 000

通过计算分析可知,外购方案的成本比自制方案的成本节约 75 000 元,所以应选择外购方案。

(二)在零部件需要量不确定情况下的决策

在有些情况下,企业对未来决策时不能确定零部件的需要量,无法确定自制和外购的相关成本,从而无法采用相关成本分析法进行决策,这时应该考虑采用成本无差别分析点法进行决策。

【案例 6-8】 假如华飞冰箱公司近期要生产新产品需要某零件,如果自制该零件需要追加固定成本 200 000 元,单位变动成本为 16 元,从市场上购买的单价为 20 元。

解析:设自制成本为 Y_1,外购成本为 Y_2,零件的需求数量为 X 件,则

$$Y_1 = 200\,000 + 16x$$
$$Y_2 = 20x$$

当 $Y_1 = Y_2$ 时,$200\,000 + 16 = 20x$。

计算可得:$x = 50\,000$(件)。

结果表示零件需要量为 50 000 件时,自制成本和外购成本相等,即为成本无差别点。

决策结论:当该零件的需要量为 0～50 000 件时,应选择外购;当该零件的需要量等于 50 000 件,自制或外购均可以;当该零件的需要量超过 50 000 件时,应选择自制。

任务四　定价决策分析

一、定价决策认知

产品定价决策是指企业为实现最佳经济效益,在短期内确定产品价格水平的决策。在以销定产的市场环境下,产品价格的高低会影响该产品的产销量,进而影响企业的经营规模。所以,产品的售价是否合理将直接影响企业的长期获利能力。

产品定价需要考虑的因素有以下几个。

(一)长远目标和短期目标相结合

企业在定价时不要为眼前暂时的利益而舍弃长远的利益。例如,在确定特殊订货价格时,千万不要因为特殊订货所带来的暂时收益而损害正常的销售渠道,否则得不偿失。对于大部分企业来说,销售市场的占有率比实现目标利润更重要。

(二)局部利益与整体利益相结合

企业在产品定价时应尽力使各产品的利润达到最大,但是通常会受资源、生产能力、市场环境等方面的影响,有时需要以牺牲局部利益来实现企业的整体利益的最大化。

(三)一致性和灵活性相结合

企业通常建立正常定价制度来维持与客户之间稳定的销售关系,但实际上,在面对一些特殊情况时,也允许产品销售价格有一定的浮动空间,以便更大地提升企业的经济效益。

二、影响定价决策的因素

(一)产品的成本

成本是定价的主要依据之一。企业生产并销售产品,确定产品价格的目标是必须要弥补产品的生产成本和销售成本,并为投资者提供足够的利润,因此企业产品的价格要高于产

品的成本。

（二）产品的质量

市场经济实行"优质优价,低质低价",因此,企业在定价时需要考虑产品的质量因素,针对不同的质量确定不同的价格。

（三）供求关系市场

产品价格的波动受市场上该产品的供求关系影响。一般来说,当产品供不应求时,产品的价格提高;当产品供大于求时,产品的价格回落,这是价值规律的客观反映。因此,确定产品价格时,需要考虑并尽量反映当时的供求关系。

（四）竞争对手的情况

在产品的定价决策中,企业需要充分了解竞争对手的定价策略,针对不同的策略,采用不同的定价方法。

（五）产品的生命周期

产品的生命周期一般包括投入期、成长期、成熟期和衰退期四个阶段。产品处于生命周期的不同阶段,定价组合策略也应有所不同。企业应了解产品的生命周期,并可以根据产品在不同阶段的需求变化规律,采取与之相适应的定价组合策略,从而确定合适的产品价格。

三、在不同导向下定价决策的基本方法

（一）以成本为导向的定价决策方法

这种方法以成本为出发点,再附加一定比例的预期利润,预定该种产品的销售价格。定价所依据的成本既可以由完全成本法提供,也可以由变动成本法提供;既可以是总成本,也可以是单位成本,或者是边际成本,具体包括以下几种定价方法。

1. 完全成本定价法

在完全成本法下,单位产品成本是指单位生产成本,包括直接材料、直接人工和制造费用,在此成本基础上,加上一定比例的成本毛利率作为产品销售价格的一种定价方法就是完全成本定价法。其销售价格计算公式为

$$销售价格 = 单位生产成本 \times (1 + 成本毛利率)$$

$$成本毛利率 = \frac{利润 + 非生产成本}{生产成本}$$

【案例 6-9】　美的公司计划生产新型 A 产品,经估算,生产 A 产品 2 000 件的成本资料如表 6-12 所示,该企业要求在 A 产品单位生产成本的基础上加成 50%。

表 6-12　A 产品成本构成表　　　　　　　　单位:元

项　　目	金额(2 000 件)
直接材料	800 000
直接人工	200 000
变动制造费用	100 000
固定制造费用	360 000
变动销售及管理费用	100 000

续表

项　　目	金额(2 000件)
固定销售及管理费用	160 000
合计	1 720 000

要求：采用完全成本定价法确定 A 产品的销售价格。

解析：

$$A 产品的单位生产成本 = \frac{800\ 000 + 200\ 000 + 100\ 000 + 360\ 000}{2\ 000} = 730(元)$$

$$A 产品的目标销售价格 = 730 \times (1 + 50\%) = 1\ 095(元)$$

2. 变动成本定价法

在变动成本法下，单位产品成本是指单位变动生产成本，包括直接材料、直接人工和变动制造费用，在此成本基础上，加上一定比例的成本贡献率作为产品销售价格的一种定价方法就是变动成本定价法。其单位价格计算公式：

$$销售价格 = 单位变动生产成本 \times (1 + 成本贡献率)$$

$$成本贡献率 = \frac{利润 + 固定成本}{变动成本}$$

【案例 6-10】 接案例 6-9 资料，若 A 产品在单位变动生产成本的基础上加成 80%。要求：采用变动成本定价法确定 A 产品的销售价格。

解析：

$$A 产品的单位变动生产成本 = \frac{800\ 000 + 200\ 000 + 100\ 000}{2\ 000} = 550(元)$$

$$A 产品的目标销售价格 = 550 \times (1 + 80\%) = 990(元)$$

3. 总成本定价法

当企业只生产一种产品时，就可以采用以总成本为基础的定价方法，计算公式如下：

$$销售价格 = \frac{目标利润 + 总成本}{预计销售量}$$

不论采用完全成本法，还是变动成本法，公式中的总成本都可以按相应产品的生产成本与期间成本之和来确定。目标利润可以事先确定下来，只要根据销售量的历史资料进行预测，就可以计算出销售价格，因此，该方法较为简单。

4. 边际成本定价法

边际成本定价法是根据产品的边际收入和边际成本之间的特定数量关系来确定产品销售价格的一种方法。边际收入与边际成本之间存在重要的关系，根据微分极值原理，当边际收入等于边际成本时，即边际利润为零，此时的利润达到最大值，此时，产品销售价格就是最优售价。

（二）以特殊需求为导向的定价决策方法

1. 保本定价法

保本定价法又称盈亏平衡定价法。这种方法根据盈亏平衡点原理进行定价，以保本为目的，在已知的成本指标和预计销售量的基础上，根据本量利基本表达式计算所得的保本价

格,计算公式如下:

$$保本价格 = 单位变动成本 + \frac{固定成本}{预计销售量}$$

2. 保利定价法

保利定价法是指在已知的目标利润、预计销售量和相关成本指标的基础上,根据本量利基本表达式计算所得的保利价格的一种方法,计算公式如下:

$$保利价格 = 单位变动成本 + \frac{固定成本 + 目标利润}{预计销售量}$$

3. 合同定价法

合同定价法适用于没有市场价格可参考的非标准产品,只能以成本为基础,经过买卖双方协商后通过签订合同的形式确定商品的价格的情况。

四、定价策略的选择

(一)新产品定价策略

新产品定价策略通常有"撇油法"定价策略和"渗透法"定价策略。

1. "撇油法"定价策略

"撇油法"定价策略又称先高后低策略。"撇油法"是指在新产品试销初期,尚未形成竞争,先定出较高的价格,以后随着销售量的不断提高和竞争者的不断加入,再把产品价格逐渐降低。这种策略能保证试销初期获得大量的利润,并使新产品的生产成本得到较快补偿。但是,试销初期的大量利润会吸引更多的竞争对手,高价难以持久。因此,这是一种短期的定价策略,比较适合于初期没有竞争对手、能较大地满足市场需求、需求弹性小且不易模仿的新产品。

2. "渗透法"定价策略

"渗透法"定价策略又称先低后高策略。"渗透法"是指在新产品试销初期先定出较低的价格,为新产品争取顾客,赢得竞争优势后再逐步提高价格。运用这种策略在新产品试销初期获利不多,但它能有效地排除其他竞争对手,有利于企业建立长期领先地位。因此,这是一种着眼于获得长期利益的定价策略,比较适合于初期竞争对手较多、需求弹性大且较易模仿的新产品。

(二)需求心理定价策略

需求心理定价策略是根据消费者的需求心理制定产品价格的定价策略。常见的需求心理定价策略有以下几种。

1. 尾数定价法

尾数定价法是指在产品价格的末位数为非整数,大部分采用9或者8等数字,这种方法多用于中低档商品的定价。

2. 促销定价法

促销定价法是指根据消费者喜欢价格便宜的心理,将某一种或几种商品以等于甚至低于成本的价格出售,其目的是以这种价格在吸引消费者购买降价商品的同时,购买其他价格正常的商品。

3. 对比定价法

对比定价法是指对于等待出售需降价处理的商品,将降价前后的价格同时列出,以便消

费者通过对比积极购买。

4. 成套产品定价法

成套产品定价法是指企业以低于单个产品出售的价格，将互相关联的产品配套出售，以吸引顾客购买成套商品，从而扩大销售、增加利润的定价策略。

任务五　存货决策分析

一、存货决策的意义分析

企业进行存货管理不仅可以保证企业生产经营活动的正常进行，而且可以降低企业的存货成本，提高企业经营效率，对企业的盈利能力和长期可持续发展能力具有重要的意义。企业如果存货水平过高，必然增加许多费用，比如储存费用和资金占用的利息支出；如果存货水平过低又会影响生产，导致停工损失而减少利润。因此，进行存货决策就是采用合理的方法，选择成本最低、效率最高的存货持有量方案，既不会由于库存太多而占用太多的资金，也不会因存货太少而导致缺货、脱销或者停工待料。

二、存货决策分析应考虑的因素

在存货决策分析中所考虑的因素主要是各项存货成本，包括采购成本、订货成本、储存成本和缺货成本。

（一）采购成本

采购成本又称购置成本，是指货物本身的价值。采购成本的总额包括存货的买价和运杂费。一般来说，一定时期内的采购总量是既定的，企业无论分几批次采购，存货的采购成本通常是保持相对稳定的。因此，存货的采购成本在采购批量的决策中一般属于无关成本，但当供应厂商给予一定数量折扣的优惠条件，鼓励大批量采购时，采购成本就成了与决策相关的成本。

（二）订货成本

订货成本是指企业为订购货物而发生的费用，包括采购人员的工资和采购部门取得订单的成本，如办公费、折旧费、差旅费、电话费、检验费、入库搬运费等。订货成本可以分为两部分：一部分是与订货次数有关的变动订货成本，属于决策相关成本，如差旅费、邮资、电话费等；另一部分是与订货次数无关的固定订货成本，属于决策无关成本，如办公费、折旧费等。

（三）储存成本

储存成本是指企业在仓库中因持有存货而发生的费用。储存成本根据是否随着储存数额的变化而变化，可分为变动性储存成本和固定性储存成本。

1. 变动性储存成本

变动性储存成本是指与存货储存数额成正比例变动关系的成本，为决策相关成本，如存货资金的应计利息或机会成本、存货的保险费用、存货残损等，其在数量上等于单位存货变动储存成本与平均存货量的乘积。

2. 固定性储存成本

固定性储存成本与存货储存数额没有直接关系，为决策无关成本，如仓库折旧、仓库职工的固定工资等。

（四）缺货成本

缺货成本是指由于材料供应不足给企业造成的损失，包括由于材料供应中断造成的停工损失、产成品库存缺货造成的拖欠发货损失及商誉损失等。如果生产企业以紧急替代材料解决库存材料供应中断之急，缺货成本便表现为替代材料紧急额外购入成本，通常其金额大于正常采购的开支。

缺货成本是否为决策相关成本，以企业是否允许出现存货短缺而定。若企业允许发生缺货情况，则缺货成本与存货数量反向相关，属于决策相关成本。若企业不允许发生缺货情况，此时缺货成本为零，属于决策无关成本。

三、存货成本控制的决策分析方法

（一）存货成本定性控制的方法

存货成本定性控制的方法包括 ABC 控制系统和适时制库存控制系统（JIT）。

1. ABC 控制系统

ABC 控制系统就是把企业种类繁多的存货依据其重要程度、价值大小或资金占用等标准分为 A、B、C 三大类，如表 6-13 所示。

表 6-13 A、B、C 三大类存货的品种数量比、价值比和管理方法

类 别	性 质	品种数量比	价 值 比	管 理 方 法
A	高价值	10%～15%	50%～70%	重点控制，严格管理
B	中等价值	20%～25%	15%～20%	重视程度依次降低，采取一般管理
C	低价值	60%～70%	10%～35%	按总额一般管理

ABC 控制系统的具体步骤如下。

第一，将各类存货按照平均库存量和单位成本计算占用资金额。

第二，按资金占用额的高低对各类存货由高向低排列。

第三，以金额标准为主、品种数量为辅进行分类。

第四，编制存货 ABC 分类表，进行 ABC 分类控制。其中 A 类存货品种数量少，企业按照每一个品种进行重点管理；B 类存货金额相对较小，品种数量远多于 A 类存货，企业通常没有能力对每一品种加以控制，因此可以通过划分类别的方式对每一类存货进行控制；C 类存货虽然品种数量繁多，但是其所占金额很小，对企业的生产经营没有太大的影响，因此，这类存货可以按总额一般管理。

2. 适时制库存控制系统（JIT）

适时制库存控制系统又称零库存管理或者看板管理系统，是指制造企业事先和供应商或客户协调好，只有当制造企业在生产过程中需要原料或零件时，供应商才会将原料或零件送来，每当产品生产出来就被客户拉走。这样，制造企业的存货持有水平就会大大降低，企业的物资供产销形成连锁的同步运动过程。适时制库存控制系统需要稳定而标准的生产程序及有诚信的供应商，否则，任何一个环节出现差错都将会导致整个生产线的停止。

适时制库存控制系统追求的目标是无废品、零存货、产品多样化、不断降低成本及以最少的投入获取最大的经济效益。

（二）存货成本定量控制的方法——经济订货批量法

存货成本定量控制的主要任务：一是计算使存货成本达到最低时的经济订货量，即以最小的订货成本与储存成本避免缺货损失，寻找最经济批量；二是确定经济订货点。

由于存货的每次订购数量直接影响存货总成本，因此，为使存货耗费的总成本在满足销售（或生产）正常需要的前提下达到最低水平，关键就在于如何确定存货的每次订购数量。

使存货总成本最低的每次订货数量称为经济订货批量。影响经济订货批量的基本因素是订货成本和储存成本。在一般情况下采购的批量越小，采购次数就越多，订货成本就越高，而储存成本就会相应降低；反之，采购的批量越大，采购次数越少，订货成本就越低，而储存成本也会相应升高。

假设：D 为全年度材料需用量；Q 为每次订货量；K 为每次订货成本；K_c 为单位存货的全年平均储存成本；T_c 为存货的全年总成本；Q^* 为经济订货批量。则全年存货总成本为

$$T_C = \frac{D}{Q} \times K + \frac{Q}{2} \times K_c$$

对上式进行求导，并令其导数为零，可得

$$Q^* = \sqrt{\frac{2DK}{K_c}}$$

$$最佳订货次数 = \frac{D}{Q^*}$$

知识与能力训练

一、知识训练

（一）单项选择题

1. 经营决策不包括（　　）。

　A. 产品生产决策　　B. 成本决策　　C. 定价决策　　D. 存货决策

2. 在短期决策分析中，属于相关成本的是（　　）。

　A. 增量成本　　B. 历史成本　　C. 沉没成本　　D. 约束性固定成本

3. 在管理会计中，单一方案决策又称为（　　）。

　A. 互斥方案决策　　　　　　B. 多方案决策

　C. 接受或拒绝方案决策　　　D. 最优组合方案决策

4. 某企业接受一批特定订货，购买一台专用设备，价值 1 万元，在此特定订货决策中，专用设备价值属于（　　）。

　A. 沉没成本　　B. 重置成本　　C. 专属成本　　D. 增量成本

5. 在相关范围内，边际成本实际上就是（　　）。

　A. 单位固定成本　　　　　　B. 固定成本总额

　C. 单位变动成本　　　　　　D. 变动成本总额

6. 当新产品开发的品种决策方案中涉及追加专属成本时,可考虑使用(　　)法进行决策。

  A. 差别损益分析
  B. 相关成本分析
  C. 单位资源边际贡献分析
  D. 剩余边际贡献总额分析

7. 亏损产品在(　　)情况下,应停止生产。

  A. 单价小于该产品单位变动成本
  B. 单价大于该产品单位变动成本
  C. 单位边际贡献大于零
  D. 边际贡献总额大于零

8. 设某企业需要零件 A,其外购单价为 12 元,若自行生产,单位变动成本为 8 元,且需要为此每年追加 6 000 元的固定成本,通过计算可知,当该零件的年需要量为(　　)件时,两种方案等效。

  A. 2 500
  B. 3 000
  C. 2 000
  D. 1 500

9. A 企业生产某种半成品 2 000 件,既可以立即出售,也可以深加工后再出售。如果立即出售,售价为 18 元/件,若深加工后再出售,售价为 24 元/件,但需要加工费共 1 000 元,则深加工的相关成本为(　　)元。

  A. 2 500
  B. 3 600
  C. 2 000
  D. 1 000

10. 甲企业计划生产新型产品,经过估算,生产每件产品的直接材料费为 9 元,直接人工费为 12 元,变动制造费用为 4 元,固定制造费用为 6 元。假定该产品在单位变动生产成本的基础上加成 60%,以变动成本为定价基础确定该产品的销售单价格为(　　)元。

  A. 40
  B. 62
  C. 42
  D. 49.6

(二)多项选择题

1. 下列各项中,属于经营决策的内容是(　　)。

  A. 亏损产品是否停产的决策
  B. 新产品开发决策
  C. 设备更新改造决策
  D. 零部件取得方式的决策
  E. 半成品是否深加工的决策

2. 下列各项中,属于生产经营决策的相关成本的是(　　)。

  A. 增量成本
  B. 机会成本
  C. 专属成本
  D. 边际成本
  E. 重置成本

3. 在半成品进一步深加工决策中,深加工方案的相关成本的构成项目有(　　)。

  A. 原有生产能力的维持成本
  B. 继续深加工的变动成本
  C. 深加工生产能力的对外出租收入
  D. 新增专属固定成本
  E. 半成品本身的成本

4. 在是否低价追加订货的决策中,如果发生了追加订货冲击原有正常任务,而不追加专属成本,相关成本需要考虑(　　)。

  A. 增量成本
  B. 机会成本
  C. 专属成本
  D. 边际成本
  E. 重置成本

5. 存货决策中需要考虑的相关成本包括(　　)。

  A. 固定性订货成本
  B. 变动性订货成本
  C. 采购成本
  D. 固定性储存成本
  E. 变动性储存成本

（三）判断题

1. 简单地说，决策分析就是决策人拍板做出决定的瞬间行为。 （　　）

2. 机会成本是指由选中的最优方案负担的，按所放弃的其他方案最低收益计算的那部分资源损失。 （　　）

3. 在接受追加订货不影响企业正常的生产任务，也不需要增加专属固定成本的情况下，只要追加订货的价格大于该产品的单位变动成本，企业就可以接受订货。 （　　）

4. 相关收入通常是指与特定决策方案相联系的、能对决策产生重大影响的、在经营决策中必须予以充分考虑的收入。 （　　）

5. 如果亏损产品停产以后可以转产其他产品，亏损产品创造的边际贡献小于与生产能力转移有关的机会成本，就应当停产。 （　　）

二、能力训练

1. 某企业每年生产 1 000 件 A 半成品，其单位变动生产成本为 18 元，直接出售的价格为 22 元/件，企业目前具备将 80% 的 A 半成品深加工为 B 产成品的能力，每深加工一件 A 半成品需要追加 6 元变动性加工成本，B 产成品的售价为 32 元/件，假定 A 与 B 的投入产出比为 1：0.9，请考虑以下不相关的情况，为企业做出是否深加工 A 半成品的决策。

要求：

（1）深加工能力无法转移。

（2）深加工能力可以用于承揽零星加工业务，预计可获得毛利 3 000 元。

（3）同（1），如果追加专属成本 6 000 元，可使深加工能力达到 100%。

2. 某企业需要的零部件可以自制，也可以外购。如果自制，预计需要追加专属成本 12 000 元，单位变动成本为 5 元。

要求：

（1）如果每年需要零部件 3 000 件，外购价格为 8 元/件，为企业做出自制或外购的决策。

（2）如果外购 5 000 件以下，单价为 8 元/件；达到 5 000 件及以上，单价为 6 元/件。用成本无差别点分析法为企业做出自制或外购的决策。

项目投资决策

学习目标

知识目标：

（1）了解项目投资决策的概念和特征。

（2）掌握项目投资决策相关的重要因素（货币时间价值、现金流量等）。

（3）掌握长期投资决策的基本方法，并能够熟练运用这些方法分析项目投资方案的可行性。

能力目标：

（1）能够运用现金流量和货币时间价值对项目方案进行计算的能力。

（2）能够运用静态和动态评价指标分析各种项目投资方案的可行性的能力。

（3）具备熟练运用信息处理技术（包括数据库与电子表格等）和统计技术的基础应用方法的能力。

（4）能够倾听他人的意见，认可不同观点，具备良好的沟通能力和团队协作能力。

（5）能够根据团队领导或其他相关部门的要求提供相关信息，分析投资者的需求。

课程思政：

（1）通过对项目投资的学习，树立货币时间价值观念，在长期投资决策过程中，培养学生的团队协作能力和分析能力，引导培养学生理性投资的意识。

（2）通过项目投资决策方法的学习，培养学生树立责任心、自律、诚实可信、开拓创新精神。

项目知识结构

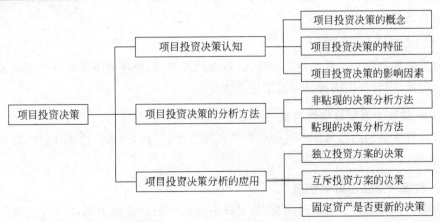

情景导入

（1）"蛇吞象"般的成功收购：吉利集团是我国一家自主品牌的轿车生产企业，发展初期不仅要面对合资品牌和进口轿车的挤压，还要面对国产品牌的竞争。在这种形势下，企业采用了多品牌战略投入，先后推出豪情、美日、自由舰、熊猫等品牌。2010年3月，吉利集团以18亿美元的价格收购了沃尔沃公司100％的股权及相关资产，这项重大投资大幅提升了吉利的整体形象，最终形成能够参与国内外竞争的高端民族品牌。吉利集团"蛇吞象"般成功收购沃尔沃的巨大的"广告效应"，是任何一个其他形式的广告"所无法比拟的"，让全世界对吉利刮目相看。

（2）党史故事：解放战争被称为第三次国内革命战争，是中国共产党领导中国人民解放军推翻国民党统治、解放全中国而进行的战争。解放战争期间，中国共产党与国民党进行了众多决战，其中最著名、最重要的战略决战是辽沈战役、淮海战役和平津战役。三大战役波澜壮阔，惊天动地，为世人所瞩目，三大战役完成了解放军对国民党军的战略决战，人民解放战争取得了决定性的胜利。

思考：

（1）企业在进行项目投资决策时，需要考虑哪些影响因素？

（2）在项目决策分析中，结合学习党史故事《运筹帷幄　战略决战》，考虑如何培养长远战略眼光的意识。

运筹帷幄
战略决战

任务一　项目投资决策认知

一、项目投资决策的概念

项目投资按投资的对象不同，可以分为实物投资和金融投资。这里我们所讲的项目投资决策是指对实物投资的决策。

项目投资通常是指需要投入大量资金，受益期间持续一年以上，能在较长时间内影响企业经营获利能力的投资。这类投资的数额大，投资回收期长，如用于厂房的新建、扩建、设备更新、新产品的研制等方面的投资。

项目投资决策是指用科学的方法对各种项目投资方案进行分析、评价，最终选择最佳项目投资方案的过程。

二、项目投资决策的特征

项目投资涉及资金或资本的大量投入，投资回收期长，使这类决策具有较强的复杂性和风险性。因此，项目投资决策具有以下几个特征。

（一）一般是企业的战略性决策

项目投资决策的内容通常涉及企业的新产品开发、发展方向等，这些项目需要动用大量资金，对企业的发展具有战略性意义。

（二）需要考虑货币时间价值

由于项目投资决策涉及的时间长，货币在不同的时间其价值不同，因此，企业在进行项目投资决策时,必须考虑货币的时间价值,以便较为准确地计算投资收益,做出正确的投资决策。

（三）决策者通常是企业的高层管理人员

项目投资决策涉及的资金多、风险大,对企业的未来发展具有重大影响,因此,这种决策通常由企业高层管理人员甚至由董事会来行使最终决策权。

三、项目投资决策的影响因素

（一）现金流量

现金流量

现金流量是指项目投资中所涉及的未来一定期间内现金流入量和现金流出量的总称。

1. 现金流入量

现金流入量是指投资项目在一定期间内收到的现金,通常用正（＋）表示,包括营业收入、流动资金的回收额、固定资产残值收入和其他现金收入。

2. 现金流出量

现金流出量是指投资项目在一定期间内支出的现金,通常用负（－）表示,包括以下几项。

（1）建设投资。建设投资是指在建设期内按一定生产经营规模和建设需要进行的固定资产、无形资产和开办费等各项投资的总和,包括基建投资和更改投资,这是建设期内发生的主要流出量。

$$固定资产原值＝固定资产投资＋建设期资本化借款利息$$

（2）垫支的流动资金。垫支的流动资金是指项目投产前后分次或一次投放于流动资产项目的投资增加额。

流动资金的垫支额与建设投资统称原始总投资,再加上资本化利息便构成项目投资总额,但资本化利息并不属于现金流出的范畴。

（3）经营成本。经营成本又称付现的营运成本。它是生产阶段中最主要的现金流出项目。某年经营成本等于当年的总成本费用（含期间费用）扣除该年折旧额、无形资产摊销额等项目后的差额。

此外,在全投资假设下,经营成本中还应扣除财务费用中的利息支出。

（4）支付的各项税款。支付的各项税款是指项目投产后依法缴纳的、单独列示的各项税款,包括增值税、消费税、所得税等。如果一般纳税人企业已将增值税的销项税额列入其他现金流入项目,那么,可将进项税额和应交增值税税额合并列入本项。

3. 现金净流量

现金净流量又称净现金流量,是指在项目计算期内由每年现金流入量与同年现金流出量之间的差额所开成的序列指标,是项目投资决策评价指标计算的重要依据,记作 NCF_t,其计算公式为

$$某年净现金流量 NCF_t＝第 t 年现金流入量－第 t 年现金流出量$$

一般来说,一个项目可以分为三个阶段,即建设期、经营期和终结点,每个阶段的现金净流量计算如下。

（1）建设期的现金净流量。如果原始投资均在建设期内投入,则建设期净现金流量可按以下简化公式计算。

建设期内某年净现金流量(NCF$_t$)＝－第 t 年发生的投资额

（2）经营期的现金净流量。经营期内现金净流量可按以下简化公式计算。

经营期内某年现金净流量(NCF$_t$)＝第 t 年净利润＋第 t 年折旧额＋第 t 年摊销额＋
第 t 年未支付的利息费用

（3）终结点的现金净流量。终结点的现金净流量是指经营期内回收额不为零时的现金净流量。其计算公式如下。

终结点的现金净流量(NCF$_t$)＝第 t 年营业现金净流量＋固定资产残值净收入＋
第 t 年回收额

【案例 7-1】 已知某投资项目需要原始投资 130 万元,其中固定资产投资 100 万元,开办费投资 10 万元,流动资金投资 20 万元。建设期为 1 年,建设期与购建固定资产有关的资本化利息为 10 万元。固定资产投资和开办费投资于建设起点投入,流动资金于完工时(第 1 年年末)投入。该项目寿命周期为 10 年,固定资产按直线法折旧,期满净残值为 10 万元;开办费自投产年份起分 5 年摊销完毕。预计投产后第 1 年获 5 万元利润,以后每年递增 3 万元利润;从经营期第 1 年起连续 4 年每年归还借款利息 11 万元;流动资金于终结点一次回收。

要求:计算该投资项目各年净现金流量。

解析:该项目计算期为 11 年,固定资产原值为 110 万元。

提取的固定资产折旧＝(110－10)÷10＝10(万元)(共 10 年)

开办费年摊销额＝10÷5＝2(万元)(前 5 年)

（1）建设期净现金流量。

$$NCF_0＝－(100＋8)＝－108(万元)$$

$$NCF_1＝－20(万元)$$

（2）经营期净现金流量。

$$NCF_2＝5＋10＋2＋11＝28(万元)$$

$$NCF_3＝8＋10＋2＋11＝31(万元)$$

$$NCF_4＝11＋10＋2＋11＝34(万元)$$

$$NCF_5＝14＋10＋2＋11＝37(万元)$$

$$NCF_6＝17＋10＋2＝29(万元)$$

$$NCF_7＝20＋10＝30(万元)$$

$$NCF_8＝23＋10＝33(万元)$$

$$NCF_9＝26＋10＝36(万元)$$

$$NCF_{10}＝29＋10＝39(万元)$$

$$NCF_{11}＝32＋10＋10＋20＝72(万元)$$

资金时间价值

（二）资金时间价值

资金时间价值又称货币时间价值,是指作为资金使用的货币在使用过程中经历一定时间的投资和再投资所增加的价值,即一定量的资金在不同时点上具有不同的价值量。从经济学的角度来看,同一数量的货币在不同时期的价值也是不同的,现在的 1 元钱和将来的

1元钱的经济价值是不等的。

资金时间价值的一般表现形式,从相对量来看就是在不考虑风险和通货膨胀条件下社会平均的资本利润率,在一定条件下可视同于存款利息率;从绝对量来看就是使用货币资本的机会成本,即利息。例如,将现在的1元存入银行,假设银行存款利率为5%,1年后可得到1.05元,表明现在的100元钱和1年后的105元钱是等值的。

1. 复利终值与现值

按利息部分是否计息,资金时间价值的计算可分为单利和复利两种。单利是指当期利息都以固定本金作为计算基础;复利是指不仅对固定本金计算利息,还对利息计算利息的一种计息制度,即"利滚利"。

在项目投资决策考虑资金的时间价值因素时,一般按复利计算有关指标。

(1) 复利终值的计算。复利终值是指现在一定量的货币按照复利计算至未来某一时点的本利和。其计算公式为

$$F = P \times (1+i)^n$$

式中,F 为复利终值;P 为本金;i 为利率;n 为计算期数($n=1,2,3,\cdots$);$(1+i)^n$ 是复利终值系数,简称终值系数,记作$(F/p,i,n)$,可通过查复利终值系数表求得数值。因此,上述公式也可写成:

$$F = P \times (F/p,i,n)$$

【案例7-2】 某人现在将10 000元现金存入银行,银行存款年利率为6%,按复利计算,则这笔款项5年后的终值为多少?

解析: 由题意可知,现值 $P=10\ 000$,年利率 $i=6\%$,计息期 $n=5$,则5年后终值为

$$F = P \times (1+i)^n = 10\ 000 \times (1+6\%)^5 = 13\ 382(元)$$

或通过查复利终值系数表,可知$(F/p,i,n)=1.338\ 2$,则

$$F = P \times (F/p,i,n) = 10\ 000 \times (F/P,6\%,5) = 10\ 000 \times 1.338\ 2 = 13\ 882(元)$$

(2) 复利现值的计算。复利现值是指未来一定量的货币按照复利折算的现在价值。复利现值的计算实质上就是已知本利和求本金的过程,也称折现,是复利终值的逆运算,此时利率也可称为折现率。其计算公式如下:

$$P = F \times (1+i)^{-n}$$

式中,$(1+i)^{-n}$ 是复利现值系数,简称现值系数,记作$(P/F,i,n)$,可通过查复利现值系数表求得数值。因此,上述公式也可写成:

$$P = F \times (P/F,i,n)$$

【案例7-3】 若华康公司5年后可获得500万元投资回报,预期投资报酬率为8%,则这项投资回报现在的价值为多少?

解析: 由题意可知,终值 $F=500$,年利息率(或折现率)$i=8\%$,计息期 $n=5$,则复利现值为

$$P = F \times (1+i)^{-n} = 500 \times (1+8\%)^{-5} = 340.3(万元)$$

或通过查复利现值系数表,可知$(P/F,i,n)=0.680\ 6$,则

$$P = F \times (P/F,i,n) = 500 \times (F/P,8\%,5) = 500 \times 0.680\ 6 = 340.3(万元)$$

2. 年金终值与现值

(1) 年金的概念与分类。年金是指在一定时期内,间隔相同时间连续发生等额的系列收付款项,也称等额系列款项,如工资、折旧、保险费、租金、利息等表现为年金的形式。

年金一般同时具备三个条件：一是等时性，即每次收支的时间间隔相等；二是等额性，即每次收付的数额必须相等；三是连续性，即在一定时期内每隔一段时间必须发生一次收或支业务，形成系列，不能中断。

年金按收付方式的不同，可分为以下四种。

① 普通年金又称后付年金，在每期期末发生的年金，用 A 表示。

② 即付年金是在每期期初发生的年金。

③ 递延年金是发生在每一期期末以后的某一时间的年金。

④ 永续年金是无限期继续发生的年金。

（2）普通年金终值与现值的计算。

① 普通年金终值。普通年金终值是指普通年金最后一次收付时的本利和，记作 F，其计算过程如图 7-1 所示。

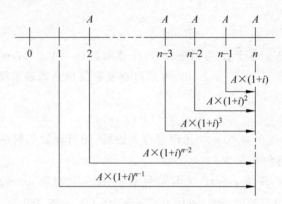

图 7-1　普通年金终值的计算过程

根据复利终值的计算方法，普通年金终值的计算如下：

$$F = A + A(1+i) + A(1+i)^2 + \cdots + A(1+i)^{n-2} + A(1+i)^{n-1}$$

可以看出，上述公式是以 $1+i$ 为公比的等比数列之和，则

$$F = A \times \frac{(1+i)^n - 1}{i}$$

式中，$\dfrac{(1+i)^n - 1}{i}$ 叫作"年金终值系数"，记作 $(F/A, i, n)$，可通过查年金终值系数表求得数值。因此，上述公式也可写成：

$$F = A \times (F/A, i, n)$$

【案例 7-4】　假设华康公司决定从今年开始每年年末都存入银行 500 万元，用于 5 年后的基建项目投资，假设银行存款年利率为 8％，按复利计算，则该公司 5 年后可用于基建项目投资的资金有多少？

解析：由题意可知，$A = 500$，$i = 8\%$，$n = 5$，由年金终值系数表可知 $(F/A, 8\%, 5) = 5.866\ 6$，则

$$F = A \times (F/A, i, n) = 500 \times 5.866\ 6 = 2\ 933.3（万元）$$

② 普通年金现值。普通年金现值是指为在每期期末取得相等金额的款项，现在需要投入的金额。它是等额系列收付款项现值的简化形式，记作 P，则其计算过程如图 7-2 所示。

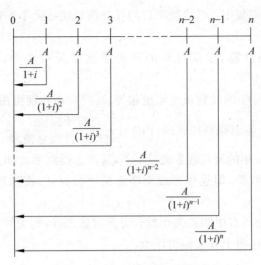

图 7-2　普通年金现值的计算过程

根据复利现值的计算方法,普通年金现值的计算如下:

$$P=\frac{A}{1+i}+\frac{A}{(1+i)^{2}}+\cdots+\frac{A}{(1+i)^{n-2}}+\frac{A}{(1+i)^{n-1}}+\frac{A}{(1+i)^{n}}$$

可以看出,上述公式是以 $\frac{1}{1+i}$ 为公比的等比数列之和,则

$$P=A\times\frac{1-(1+i)^{-n}}{i}$$

式中, $\dfrac{1-(1+i)^{-n}}{i}$ 叫作"年金现值系数",记作 $(P/A,i,n)$,可通过查年金现值系数表求得数值。因此,上述公式也可写成:

$$P=A\times(P/A,i,n)$$

【案例 7-5】　华康公司打算在未来 5 年内每年年末从银行取出 20 万元作为对有突出贡献员工的奖励,则在年利率为 8% 的情况下,按复利计算,则公司应现在存入银行多少资金?

　　解析：根据题意可知, $A=20,i=8\%,n=5$,由年金现值表可知 $(P/A,8\%,5)=3.9927$,则

$$P=A\times(P/A,i,n)=20\times3.9927=79.854(万元)$$

任务二　项目投资决策的分析方法

　　项目投资决策的分析方法有很多,按是否考虑货币的时间价值可分为非贴现的决策分析方法和贴现的决策分析方法。非贴现的决策分析方法是不考虑货币的时间价值对投资项目形成的现金流量进行计算的方法,包括静态投资回收期法、投资利润率法等。贴现的决策分析方法是对投资项目形成的现金流量考虑货币时间价值因素而进行计算的方法,包括净现值法、净现值率法、现值指数法和内含报酬率法等。

一、非贴现的决策分析方法

（一）静态投资回收期法

投资回收期是指投资项目收回原始总投资所需要的时间。该指标一般以年作为计量单

位。投资回收决策的规则规定：可接受项目的投资回收期必须小于管理层规定的最大投资回收期限。

静态投资回收期的计算，根据每年的现金净流量是否相等，有以下两种具体计算方法。

（1）如果某一项目每年的经营现金流量相等，则投资回收期可用以下公式计算。

$$静态投资回收期（PP）=\frac{初始投资}{每年经营现金流量}$$

（2）如果某一项目每年的经营现金流量不等，其静态投资回收期要根据每年年末累计净现金流量来计算投资回收期，即逐年对现金净流量进行累计，直到达到原始总投资那一年为止。

【案例 7-6】 华康公司有甲和乙两个投资方案可供选择，相关资料如表 7-1 所示。试采用静态投资回收期法对这两个方案做出评价。

表 7-1　甲、乙两个投资方案相关资料　　　　　　　　　　单位：元

年份	甲　方　案		乙　方　案	
	净收益	净现金流量	净收益	净现金流量
0		−15 000		−12 000
1	1 800	6 800	−1 800	2 200
2	1 800	6 800	4 000	8 000
3	1 800	6 800	2 000	6 000
合计	5 400	5 400	4 200	4 200

解析： 甲方案和乙方案的静态投资回收期计算如下。

甲方案：　静态投资回收期＝15 000÷6 800＝2.21（年）

乙方案：　静态投资回收期＝2＋（12 000−2 200−8 000）÷6 000＝2.3（年）

通过计算可知，甲方案静态投资回收期较短，所以应该选择甲方案进行投资。

静态投资回收期法能够直观地反映原始投资的返本限期，优点是便于理解，计算较为简便，应用比较广泛；缺点是该方法没有考虑资金的时间价值，也没有考虑投资收回后的收益情况。

（二）投资利润率法

投资利润率又称投资报酬率，是指生产经营期内正常年度利润或年均利润占投资总额的百分比。其计算公式为

$$投资利润率=\frac{年利润（或年平均利润）}{投资总额}\times100\%$$

【案例 7-7】 接案例 7-6 的资料，用投资利润率法对甲和乙两个方案做出评价。

解析： 甲和乙两个方案的投资平均利润率计算如下。

甲方案：　投资平均利润率＝$\dfrac{1\ 800}{15\ 000}\times100\%=12\%$

乙方案：　投资平均利润率＝$\dfrac{(−1\ 800+4\ 000+2\ 000)/3}{15\ 000}\times100\%=9.33\%$

通过计算结果可知,甲方案的投资利润率最大,所以应选择甲方案。

投资利润率法可以直接利用净现金流量信息,优点是公式计算简单,便于理解;缺点是没有考虑货币时间价值因素,不能正确反映长期投资方式不同对项目的影响。

二、贴现的决策分析方法

(一)净现值法

净现值法是指在项目投资决策中,以投资项目的净现值(记作 NPV)大小作为评价投资方案是否可行的一种方法,即以投资方案中未来现金净流量现值与原始投资额现值相减是否大于零断定方案是否可行。如果某投资方案的净现值大于或等于零,就说明该方案可行;反之,如果某投资方案的净现值小于零,就说明该方案不可行。

【案例 7-8】　接案例 7-6 资料,假设行业基准收益率为 10%,试采用净现值法对甲和乙两个方案做出评价。

解析:

$$甲方案:NPV_{甲} = 6\,800 \times (P/A, 10\%, 3) - 15\,000 = 6\,800 \times 2.486\,9 - 15\,000$$
$$= 1\,910.92(元)$$

$$乙方案:NPV_{乙} = 2\,200 \times (P/F, 10\%, 1) + 8\,000 \times (P/F, 10\%, 2) +$$
$$6\,000 \times (P/F, 10\%, 3) - 12\,000$$
$$= 2\,200 \times 0.909\,1 + 8\,000 \times 0.826\,4 + 6\,000 \times 0.751\,3 - 12\,000$$
$$= 1\,119.02(元)$$

思考:甲方案的净现值较大,能否据此确定甲方案为最优方案?

净现值是一个动态的绝对值指标,优点在于既考虑了资金的时间价值,又运用了项目计算期的全部净现金流量;缺点就是无法从动态的角度直接反映投资项目的实际收益率水平,而且对于投资额或项目计算期不相等的多方案比较决策,它却不能进行评价。

提示:由于甲和乙两个方案的投资额不同,故不能确定哪个方案可以进行投资。

边学边练

情景案例一:华康企业准备投资一个 5 万元的项目,项目期限为 5 年,期望的投资报酬率为 10%,每年可获得现金流量 12 000 元。

要求:计算净现值指标判断该项目的可行性。

边学边练
答案及解析

(二)净现值率法

净现值率法是指在项目投资决策中,以项目的净现值率指标作为评价投资方案是否可行的一种决策方法。其中净现值率的计算公式为

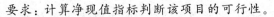

$$净现值率(NPVR) = \frac{净现值}{原始投资的现值合计}$$

在这种方法下,如果某投资方案的净现值率大于或等于零,就说明该方案可行;反之,如果某投资方案的净现值率小于零,就说明该方案不可行。

【案例 7-9】　接案例 7-6 资料,试采用净现值率法对甲和乙两个方案做出评价。

解析:

$$甲方案:\quad 净现值率\ NPVR_{甲} = \frac{1\,910.92}{15\,000} = 0.13$$

乙方案： 净现值率 $\text{NPVR}_Z = \dfrac{1\,119.02}{12\,000} = 0.09$

在两个方案中，甲方案的净现值率较大，公司可以选择甲方案进行投资。

净现值率可用于投资额不同的多个方案之间的比较，净现值率最高的投资方案应优先考虑。

边学边练
答案及解析

边学边练

情景案例二：华康公司预购入一台设备，价值为 30 000 元，可用 5 年，第 1～5 年现金净流量分别为 8 000 元、9 000 元、12 000 元、14 000 元、16 000 元，贴现率为 10%。

要求：计算该投资项目的净现值率。

（三）现值指数法

现值指数又称获利指数，是指项目投产后按一定贴现率计算的经营期内各年现金净流量的现值合计与原始投资现值合计的比率，记作 PI，其计算公式为

$$\text{现值指数(PI)} = \frac{\text{经营期内各年现金净流量现值合计}}{\text{原始投资的现值合计}} = 1 + \text{净现值率}$$

若现值指数大于 1，说明该投资项目的未来报酬总现值大于初始投资额，该投资方案可行；若现值指数小于 1，则该投资方案不可行；若现值指数等于 1，说明该投资项目不盈不亏。对于多个互斥方案，应选择现值指数最大的投资方案。

【案例 7-10】 接案例 7-6 资料，试采用现值指数法对甲和乙两个方案做出评价。

解析：

甲方案： 现值指数 $\text{PI}_甲 = 1 + 0.13 = 1.13$

乙方案： 现值指数 $\text{PI}_Z = 1 + 0.09 = 1.09$

在两个方案中，甲方案的现值指数较大，公司可以选择甲方案进行投资。

边学边练
答案及解析

边学边练

情景案例三：华康公司现在有一投资项目，计划原始投资额为 30 000 元，未来现金净流量现值为 32 000 元。

要求：计算该项目的现值指数。

现值指数的优点是既考虑了资金时间价值，又考虑了全过程的净现金流量，体现了流动性与收益性的统一，而且考虑了风险，风险大则采用高折现率，风险小则采用低折现率，便于不同项目投资额方案的比较；缺点是现值指数计算较为麻烦，而且净现金流量难预测，折现率高低难掌握，无法从动态角度直接反映投资项目的实际收益水平。

（四）内含报酬率法

内含报酬率是指对于某一项目投资方案，能够使未来现金流入量等于未来现金流出量现值的贴现率，即使投资方案净现值为零的贴现率，记作 IRR，其计算公式为

$$\sum_{i=0}^{n} \frac{\text{NCF}_t}{(1+\text{IRR})^t} = 0$$

式中，NCF_t 为第 t 年的现金净流量。

内含报酬率法是指在项目投资决策过程中，以项目的内含报酬率作为评价指标来评价

投资方案是否可行的一种决策方法。其计算方法有两种：一种是根据年金现值公式计算内含报酬率；另一种是采用逐次测试方法计算内含报酬率。内含报酬率法的具体计算过程如下。

（1）利用公式计算有关年金现值系数的数值，计算公式为

$$\left(\frac{P}{A}, \mathrm{IRR}, n\right) = \frac{1}{\mathrm{NCF}}$$

式中，I 为原始投资，NCF 为各期净现金流量的平均数。

（2）根据计算出来的年金现值系数，查 n 年的年金现值系数表。

（3）若在 n 年的年金现值系数表中恰好能够找到一个等于上式计算出来的年金现值系数，则该系数所对应的折现率即为所求的内含报酬率 IRR。

（4）若在 n 年的年金现值系数表上找不到上式计算出来的年金现值系数，则可利用年金现值系数表上该数值的两个临界值，找出与之相对应的两个折现率，用内插法计算近似的内含报酬率。

采用这种方法，如果某投资方案的内含报酬率大于或等于行业基准收益率或设定贴现率，则说明该方案可行；如果某投资方案的内含报酬率小于行业基准收益率或设定贴现率，则说明该方案不可行。

【案例 7-11】 接案例 7-6 资料，假设行业基准收益率为 12%，试采用内含报酬率法对甲和乙两个方案做出评价。

解析：

甲方案：

第一步，计算年金现值系数。

$$\left(\frac{P}{A}, \mathrm{IRR}, 3\right) = \frac{15\,000}{6\,800} = 2.205\,9$$

第二步，根据 $n=3$，年金现值系数 $=2.205\,9$，通过查年金现值系数表，可知与 $2.205\,9$ 相邻的两个系数为 $2.209\,6$、$2.174\,3$，与之相对应的两个折现率为 17%、18%。

第三步，采用内插法，计算 IRR。

$$\mathrm{IRR} = 17\% + \frac{2.209\,6 - 2.205\,9}{2.209\,6 - 2.174\,3} \times (18\% - 17\%) = 17.10\%$$

乙方案：

第一步，计算年金现值系数。

$$\left(\frac{P}{A}, \mathrm{IRR}, 3\right) = \frac{12\,000}{(2\,200 + 8\,000 + 6\,000) \div 3} = 2.222\,2$$

第二步，根据 $n=3$，年金现值系数 $=2.222\,2$，通过查年金现值系数表，可知与 $2.222\,2$ 相邻的两个系数为 $2.245\,9$、$2.209\,6$，与之相对应的两个折现率为 16%、17%。

第三步，采用内插法，计算 IRR。

$$\mathrm{IRR} = 16\% + \frac{2.245\,9 - 2.222\,2}{2.245\,9 - 2.209\,6} \times (17\% - 16\%) = 16.65\%$$

通过以上计算可知，甲和乙两个方案的内含报酬率都大于行业基准收益率，所以两个方案都可行。

内含报酬率是一个动态相对量正指标，优点是能够从动态的角度直接反映投资项目的实际收益水平，不受行业基准收益率高低的影响；缺点是该指标的计算过程比较麻烦，当经

营期大量追加投资时,又可能导致多个 IRR 出现,缺乏实际意义。在多个互斥方案比较决策中,该指标只能作辅助指标。

边学边练

边学边练
答案及解析

情景案例四: 华康公司有一个投资方案,需要原始投资 120 000 元,使用年限为 4 年,每年的现金净流量分别为 30 000 元、35 000 元、55 000 元、35 000 元,该方案的最低投资报酬率为 10%。

要求:计算该方案的内含报酬率。

任务三 项目投资决策分析的应用

项目投资决策实际上是进行投资方案的对比与选优,是经济评价的关键一步。关键就是选择适当的投资决策方法,将投资决策评价指标作为决策的标准,得到最佳的投资决策方案。

一、独立投资方案的决策

在项目投资决策中,独立方案是指一组互相分离、各不相关、互不排斥的方案或单一方案。在独立方案中,选择某一方案并不排斥选择另一方案。

独立投资方案的决策属于筛分决策,评价各方案本身是否可行,即方案本身是否达到某种要求的可行性标准。

(一)独立方案财务可行性评价指标

(1)主要评价指标:主要包括净现值、净现值率、现值指数、内含报酬率。

(2)次要评价指标:主要包括静态投资回收期。

(3)辅助评价指标:主要包括投资收益率。

(二)对独立方案进行财务可行性评价时需要注意的问题

(1)当次要评价指标或辅助评价指标的评价结论与主要评价指标评价结论发生矛盾时,应当以主要评价指标的结论为准。

(2)利用贴现的决策分析方法(净现值法、净现值率法、现值指数法和内含报酬率法)对同一个投资项目进行评价和决策,会得出完全相同的结论。

(3)独立投资方案之间比较时,决策要解决的问题是如何确定各种可行方案的投资顺序,即各独立方案之间的优先次序,效率高的项目原则上应尽量往前排。

二、互斥投资方案的决策

(一)互斥投资方案的决策概念

互斥方案是互相排斥、不能并存的方案,即如果采纳其中的某一方案,就会自动排斥这组方案的其他方案。例如,某企业拟购置设备,既可以自行生产制造,也可以向国内其他厂家订购,设备的购置方案即为互斥方案,因为在这两个方案中只能选择其中一个方案。

多个互斥方案的比较决策是指在每一个入选方案中具备财务可行性的前提下,利用长期投资方案评价指标,从各个备选方案中最终选出一个最优方案。因此,决策的实质在于选择最优方案,属于选择决策,从选定经济效益最大的要求出发,互斥决策以方案的获利数额作为评价标准。

(二)互斥投资方案的决策方法

年金净流量法是互斥方案最恰当的决策方法,分以下两种情况进行决策。

(1)当项目寿命期相等时,不论方案的原始投资额现值大小如何,能够获得更大的获利数额即净现值的为最优方案。

(2)当项目寿命期不相等时,将两个项目转化成本同样的投资期限才具有可比性,可以找出各项目寿命期的最小公倍数,作为共同的有效寿命,但最终结果与年金净流量法的决策结果是一致的。

【案例7-12】 现有 A、B 两台设备的购置方案,所要求的最低的投资报酬率为 10%,A 设备投资额为 10 000 元,可用 2 年,无残值,每年产生 8 000 元现金净流量。B 设备投资额为 20 000 元,可用 3 年,无残值,每年产生 10 000 元现金净流量。试对 A 和 B 两台设备的购置方案做出评价,哪个为优?

解析: 由于 A 和 B 设备的项目寿命期不等,求出它们的最小公倍数是 6 年。A 设备购置方案在第 2 年年末和第 4 年年末分别需要重置 10 000 元,这样,第 1 年到第 6 年每年产生 8 000 元现金净流量;B 设备购置方案需要在第 3 年年末重置 20 000 元,这样,第 1 年到第 6 年每年产生 10 000 元现金净流量。

A 设备购置方案:

$$\text{净现值 NPV}_A = 8\ 000 \times (P/A, 10\%, 6) - 10\ 000 \times (P/F, 10\%, 4) -$$
$$10\ 000 \times (P/A, 10\%, 2) - 10\ 000$$
$$= 8\ 000 \times 4.355\ 3 - 10\ 000 \times 0.683\ 0 - 10\ 000 \times 0.826\ 4 - 10\ 000$$
$$= 9\ 748.40(元)$$

此时,年金净流量 $= \dfrac{9\ 748.40}{4.355\ 3} = 2\ 238.28(元)$。

B 设备购置方案:

$$\text{净现值 NPV}_B = 10\ 000 \times (P/A, 10\%, 6) - 20\ 000 \times (P/F, 10\%, 3) - 20\ 000$$
$$= 10\ 000 \times 4.355\ 3 - 20\ 000 \times 0.751\ 3 - 20\ 000 = 8\ 527.00(元)$$

此时,年金净流量 $= \dfrac{8\ 527.00}{4.355\ 3} = 1\ 957.84(元)$。

由于 A 设备购置方案的净现值和年金净流量均大于 B 设备购置方案,因此,A 设备购置方案优于 B 设备购置方案。

三、固定资产是否更新的决策

固定资产更新是对技术上或经济上不宜继续使用的旧资产,用新的资产更换或用先进的技术对原有设备进行局部改造。

固定资产更新决策属于互斥投资方案的决策类型,在进行固定资产更新的决策分析时,区分旧设备尚可使用年限与取代它的新设备可使用寿命期相同或不同的两种情况分析:如果新旧设备使用寿命期相同,选择现金流出总现值小的方案,采用差量净现值法来测算更新旧设备对企业是否有利;如果新设备使用寿命期不同,选择年金成本小的方案,即通过比较新旧设备的年平均成本来判断是否更新旧设备。

【案例 7-13】 华康公司拟购入一台新设备替代旧设备,新旧设备的相关资料如表 7-2 所示。假设公司固定资产采用直线法计提折旧,资本成本率为 10%,企业所得税税率为 25%。试分析该企业是否应该更新旧设备。

表 7-2　新旧设备的资料

项　目	旧　设　备	新　设　备
原价/元	84 000	76 500
期满残值/元	4 000	4 500
税法使用年限/年	8	6
已使用年限/年	3	0
尚可使用年限/年	6	6
垫支营运资金/元	10 000	11 000
大修理支出/元	18 000(第 2 年年末)	9 000(第 4 年年末)
变现价值/元	40 000	76 500
每年折旧费/元	10 000	12 000
每年营运成本/元	12 000	7 000
最终报废残值/元	5 500	6 000

解析:由于新设备的使用年限与旧设备剩余使用年限均为 6 年,可通过净现值法进行决策。

保留旧设备方案的计算如表 7-3 所示。

表 7-3　保留旧设备的方案

项　目	现金流量	年　份	现值系数	现　值
每年营运成本/元	12 000×(1−25%)=−9 000	1~6	4.355 3	−39 197.7
每年折旧抵税/元	10 000×25%=2 500	1~5	3.790 8	9 477.00
大修理费/元	18 000×(1−25%)=−1 3500	2	0.826 4	−11 156.40
残值变价收入/元	5 500	6	0.564 5	3 104.75
残值净收益纳税/元	(5 500−4 000)×25%=−375	6	0.564 5	−211.69
营运资金收回/元	10 000	6	0.564 5	5 645.00
目前变价收入/元	−40 000	0	1	−40 000.00
变现净损失减税/元	(40 000−54 000)×25%=−3 500	0	1	−3 500.00
垫支营运资金/元	−10 000	0	1	−10 000.00
净现值/元	—	—	—	−85 839.04

购买新设备方案的计算如表 7-4 所示。

表 7-4　购买新设备的方案

项　目	现金流量	年　份	现值系数	现　值
设备投资/元	−76 500	0	1	−76 500.00
垫支营运资金/元	−1 1000	0	1	−11 000.00

续表

项　目	现金流量	年　份	现值系数	现　值
每年的营运成本/元	7 000×(1－25%)＝－5 250	1～6	4.355 3	－22 865.33
每年的折旧抵税/元	12 000×25%＝3 000	1～6	4.355 3	13 065.90
大修理费/元	9 000×(1－25%)＝－6 750	4	0.683 0	－4 610.25
残值变价收入/元	6 000	6	0.564 5	3 387.00
残值净收益纳税/元	(6 000－4 500)×25%＝－375	6	0.564 5	－211.69
营运资金收回/元	11 000	6	0.564 5	6 209.50
净现值/元	—	—	—	－92 524.86

通过比较保留旧设备方案和购买新设备方案的净现值,可看出保留旧设备方案净流出较小,因此,选择保留旧设备方案。

【案例 7-14】 华康公司拟购买一台新设备代替旧设备,新旧设备的相关资料如表 7-5 所示。假设新旧设备的生产能力相同,固定资产采用直线法计提折旧,企业的所得税税率为 25%,要求的投资报酬率为 16%。试分析该企业是否应该更新旧设备。

表 7-5　新旧设备的资料

项　目	新　设　备	旧　设　备
原价/万元	4 000	6 000
期满残值/万元	0	0
变现价值/万元	4 000	3 000
已使用年限/年	0	6
尚可使用年限/年	5	4
年营运成本/万元	2 900	3 900
年维修成本/万元	600	1 100

解析：由于本例资料不含销售收入数据,所以应比较两个方案的成本总现值,但又因新旧设备的剩余使用年限不同,所以必须把成本总现值转变为年平均成本,并选择年平均成本较低者作为最优方案。

保留旧设备方案：

年折旧额＝6 000÷10＝600(万元)

账面价值＝6 000－600×6＝2 400(万元)

变现净收入＝3 000－(3 000－2 400)×25%＝2 850(万元)

成本总现值＝2 850＋[(3 900＋1 100)×(1－25%)－600×25%]×(P/A,16%,4)

　　　　　＝2 850＋3 600×2.798 2＝12 923.52(万元)

年平均成本＝旧设备成本总现值÷(P/A,16%,4)＝12 923.52÷2.798 2＝4 618.51(万元)

购买新设备方案：

$$年折旧额 = \frac{4\ 000}{5} = 800(万元)$$

成本总现值 $= 4\ 000 + [(2\ 900 + 600) \times (1 - 25\%) - 800 \times 25\%] \times (P/A, 16\%, 5)$

$\qquad\qquad = 4\ 000 + 2\ 424 \times 3.274\ 3 = 11\ 936.90(万元)$

年平均成本 = 新设备成本的总现值 $\div (P/A, 15\%, 5) = 11\ 936.90 \div 3.274\ 3 = 3\ 645.64(万元)$

通过以上计算,新设备的年平均成本小于旧设备的年平均成本,因此该企业应该购买新设备。

知识与能力训练

一、知识训练

(一)单项选择题

1. 资金的时间价值一般可以用没有风险和没有通货膨胀下的( )来代替。

    A. 企业债券利率　　B. 政府债券利率　　C. 银行利率　　　　D. 国债利率

2. 下列各项中,既属于非折现指标又属于逆指标的是( )。

    A. 投资利润率　　　B. 静态投资回收期　C. 内含报酬率　　D. 净现值

3. 下列项目中,属于现金流入的是( )。

    A. 建设期的原始投资　　　　　　　B. 垫付的流动资金

    C. 回收的流动资金　　　　　　　　D. 付现的营运成本

4. 某企业拟在第 10 年年末获得 1 000 万元,假定年复利利率为 8%,则现在应存入银行( )万元。

    A. 463.20　　　　　B. 671.01　　　　　C. 508.30　　　　　D. 422.40

5. 某企业连续 9 年于每年年末存款 15 000 元,假定年复利利率为 8%,则在第 9 年年末可一次性取出的本利和为( )元。

    A. 135 000　　　　B. 187 314　　　　C. 136 200　　　　D. 137 398.8

6. 某企业投入一台生产设备,价款为 50 万元,预计投产后第一年年末净流量为 8 万元,以后每年现金净流量均为 10 万元,则投资回收期是( )年。

    A. 4　　　　　　　　B. 5　　　　　　　　C. 5.2　　　　　　　D. 5.5

7. 某投资项目的原始投资额为 100 万元,使用寿命为 10 年,已知该项目第 10 年的经营现金流量为 30 万元,期满处置固定资产残值收入及回收流动资金共 9 万元,则该投资项目第 10 年的净现金流量为( )万元。

    A. 9　　　　　　　　B. 30　　　　　　　C. 39　　　　　　　D. 49

8. 能使某投资方案的净现值等于零的折现率叫( )。

    A. 净现值率　　　　B. 资金成本率　　　C. 平均报酬率　　　D. 内含报酬率

9. 某投资方案贴现率为 16%,净现值为 8.37;贴现率为 18%,净现值为 -6,则该方案的内含报酬率为( )。

    A. 14.84%　　　　　B. 16.84%　　　　　C. 17.16%　　　　　D. 18.32%

10. 某投资项目的净现金流量的现值为 20 万元,原投资额现值为 200 万元,则该项目的现值指数为(　　)。

    A. 10%　　　　　　　B. 100%　　　　　　C. 1.1　　　　　　D. 20

（二）多项选择题

1. 项目投资的特点有(　　)。

    A. 投资数额大　　　　　　　　　　　B. 投资回收期长

    C. 决策时考虑货币时间价值　　　　　D. 经常发生

    E. 投资风险大

2. 现金流出的内容有(　　)。

    A. 折旧费　　　　　　　　　　　　　B. 固定资产报废时的残值

    C. 流动资产的投资　　　　　　　　　D. 各种税款

    E. 付现的营运成本

3. 在长期投资决策分析中,考虑货币时间价值的分析方法有(　　)。

    A. 静态投资回收期法　　　　　　　　B. 内含报酬率法

    C. 净现值法　　　　　　　　　　　　D. 投资利润率法

    E. 现值指数法

4. 在下列长期投资决策评价指标中,数值越大越好的指标是(　　)。

    A. 内含报酬率　　　　　　　　　　　B. 净现值

    C. 投资利润率　　　　　　　　　　　D. 投资回收期

    E. 现值指数

5. 独立方案财务可行性评价的主要指标有(　　)。

    A. 内含报酬率　　　　　　　　　　　B. 净现值

    C. 投资利润率　　　　　　　　　　　D. 投资回收期

    E. 现值指数

（三）判断题

1. 在没有通货膨胀的情况下,公司债券的利率可视同为资金时间价值。　　　　(　　)

2. 普通年金是指从第一期起,在一定时期内每期期初等额发生的系列收付款项。

    (　　)

3. 在年金终值和计息期一定的条件下,折现率越小,则年金现值越大。　　　　(　　)

4. 多个互斥方案比较,一般应选择获利数额大的方案。　　　　　　　　　　(　　)

5. 评价投资项目的财务可行性时,如果静态投资回收期或投资报酬率的评价结论与净现值率指标的评价结论发生矛盾,应当以前者的结论为准。　　　　　　　　(　　)

二、能力训练

1. 华康公司向银行借款 50 000 元投资于 6 年的某个项目,银行借款利率为 6%,按复利计算。要求：计算每年至少要收回多少资金才值得投资。

2. 华康公司为改善产品质量,决定向新宇公司购买专利技术,双方在合同上说明,华康公司分十年支付技术转让费给新宇公司,前五年每年年末支付 25 000 元,后五年每年年末支付 20 000 元,假定银行利率为 6%,按复利计算。

要求：计算该专利技术的现值是多少。

3.华康公司购买机器设备的价款为 12 万元,可为公司每年增加净利 3 万元,该设备可使用 6 年,无残值,采用直线法计提折旧。该公司的折现率为 8%。

要求:

(1)用非折现法计算该投资方案静态投资回收期和投资利润率,并对此做出评价。

(2)用折现法计算该投资方案的净现值、现值指数、内含报酬率,并对此做出评价。

预 算 管 理

项目知识结构

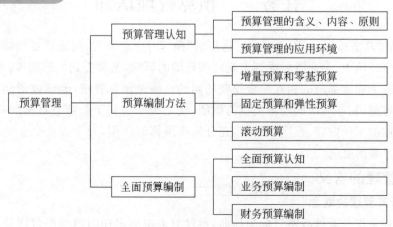

情景导入

（1）对于许多第一次走出家门、独立生活的大学生而言,合理地规划生活中的各项开支是他们面临的现实问题。没有合理地安排开支,可能就会面临生活的窘境。"凡事预则立,不预则废",大学生应明晰人生责任与使命,及早提升人生成长规划的目标追求,包括职业规划、情感规划、健康规划、经济规划等;正确思考影响职业的主客观条件和正确地认识自我,认真分析专业特长、兴趣爱好、个性特征、优势和能力,根据社会需要,将个人理想和追求同国家的需要结合起来,合理定位,确定自己最佳职业奋斗目标,并为实现这一目标不断锤炼意志力、坚忍力、自制力,构建自己的价值体系而付出努力。对于企业来说也是如此,没有提前将企业的资源进行合理地规划,可能就会出现入不敷出、经营难以为继的困境。而预算管理工具为企业优化资源配置提供了工具支撑。通过建立预算管理体系,企业可以提前规划销售、采购、生产、投资等活动,从而确保企业经营目标的实现。

（2）党史故事:《八大盛会　确立中心》,党的八大是中国共产党取得全国执政地位后召开的第一次全国代表大会,大会正式召开之前,党曾在多方面为大会的顺利召开做了准备。

党的八大从大局出发,做出了党和国家的工作重点必须转移到社会主义建设上来的重大战略决策,并且大会在总结中国第一个五年计划实施经验的基础上,继续坚持既反保守又反冒进,即在综合平衡中稳步前进的经济建设方针。

党的八大制定的党的路线是正确的,提出的许多新的方针和设想是富于创造精神的,对中国自身建设社会主义道路的探索取得了初步成果。

思考:

（1）企业在预算管理中,需要统筹规划企业与外部、内部各部门之间的矛盾,是从大局出发来制定预算目标吗?

（2）企业在预算执行中,遵守预算管理制度很重要,那还需要创造精神吗?

（3）企业财务人员在预算管理中如何发挥作用?

（4）会计人员如何在实践工作中不断学习,提升自身素养?

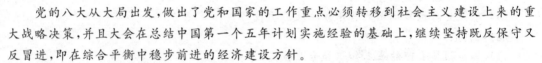

任务一　预算管理认知

全面预算
概述

古人云:"凡事预则立,不预则废。"这里的"预",对企业来说,应该就是预算。在日趋激烈的市场竞争环境中,企业既要受到宏观经济环境的影响,又要受到内部销售、生产、采购环节的协调和各个职能部门的相互配合程度的制约。通过预算管理,能够做到全面地综合协调企业内部各部门、各层次的经济关系与职能,使之统一服从于企业总目标的要求。因此,掌握预算编制的工作内容、程序和方法,充分发挥预算的作用,对于提高企业的战略管理水平有着十分重要的意义。

一、预算管理的含义

（一）预算管理的概念

预算管理是指企业以战略目标为导向,通过对未来一定期间内的经营活动和相应的财务结果进行全面预测和筹划,科学、合理地配置企业各项财务和非财务资源,并对执行过程进行监督和分析,对执行结果进行评价和反馈,指导经营活动的改善和调整,进而推动实现企业战略目标的管理活动。

预算管理首先是与企业的战略目标保持一致,能够对企业的各种资源和经营活动做出详细的计划和安排。此外,预算管理是数量化的可执行的详细的计划,能够对未来的活动做出细致、周密的安排,是未来经营活动的依据。

(二)预算管理的作用

预算管理在企业规划、决策、控制和评价活动中发挥重要的作用。预算管理在企业经营活动中发挥的作用主要体现在以下三个方面。

(1)预算管理活动能够使企业经营达到预期目标。预算管理活动通过规划、控制和引导经济活动,控制实际活动过程,随时发现问题,采取有效的措施,纠正偏差,引导企业经济活动有序进行,从而实现预期目标。

(2)预算管理能够平衡各方面的利益关系。预算管理活动能够协调平衡各方面的关系,促使各部门管理人员清楚地了解本部门在全局中的地位和作用,做好部门之间的协调工作,使部门之间协调一致,最大限度地实现企业整体目标。

(3)预算管理活动是业绩考核的重要依据。预算管理作为管理会计的重要应用工具和方法,使各项活动的实际执行有章可循,将部门工作、业绩考核与预算目标和规划结合起来,成为业绩考核的重要依据。

二、预算管理的内容

预算管理的内容主要包括业务预算、专门决策预算和财务预算。

业务预算(也称经营预算)是指与企业日常业务直接相关的一系列预算,包括销售预算、生产预算、采购预算、费用预算、人力资源预算等。

专门决策预算是指企业重大的或不经常发生的、需要根据特定决策编制的预算,包括投融资决策预算等。

财务预算是指与企业资金收支、财务状况或经营成果等有关的预算,包括资金预算、预计资产负债表、预计利润表等。财务预算作为全面预算体系的最后环节,从价值方面总括地反应企业业务预算与专门决策预算的结果。

企业完整的预算体系由业务预算、专门决策预算和财务预算组成,也称为全面预算体系。预算体系结构如图8-1所示。

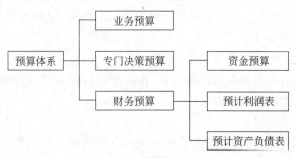

图8-1　预算体系结构

三、预算管理的原则

企业进行预算管理,一般应遵循以下原则。

(一)战略导向原则

预算管理应围绕企业的战略目标和业务计划有序开展,引导各预算责任主体聚焦战略、专注执行、达成绩效。

(二)过程控制原则

预算管理应通过及时监控、分析等把握预算目标的实现进度并实施有效评价,对企业经营决策提供有效支撑。

(三)融合性原则

预算管理应以业务为先导、以财务为协同,将预算管理嵌入企业经营管理活动的各个领域、层次、环节。

(四)平衡管理原则

预算管理应平衡长期目标与短期目标、整体利益与局部利益、收入与支出、结果与动因等关系,促进企业可持续发展。

(五)权变性原则

预算管理应坚持刚性与柔性相结合,既强调预算对经营管理的刚性约束,又可根据内外环境的重大变化调整预算,并针对例外事项进行特殊处理。

四、预算管理的应用环境

企业实施预算管理的基础环境包括战略目标、业务计划、组织架构、内部管理制度、信息系统等。企业按照战略目标,确立预算管理的方向、重点和目标,将战略目标和业务计划具体化、数量化作为预算目标,促进战略目标落地。为确保预算目标的全面完成,企业应设置专门的组织结构,组织、监督、执行预算管理工作,保证预算管理环节的有效衔接和高效运行。

(一)预算管理决策机构

企业可设置预算管理委员会等专门机构组织、监督预算管理工作。预算管理委员会是一个专门委员会,是预算管理决策机构,是组织领导公司全面预算管理的最高权力机构。

预算管理委员会一般由企业的董事长或总经理担任主任委员,吸纳企业内各相关部门的负责人为成员,组织有关人员对目标进行预测,审查、研究、协调各种预算事项。

该机构的主要职责如下。

(1)制定和审批公司预算管理制度、政策。

(2)根据企业战略规划和年度经营目标,拟定预算目标,组织预算编审工作。

(3)组织下达经批准的预算方案。

(4)审议预算调整方案。

(5)协调预算编制、预算调整及预算执行中的有关问题。

(6)审议实施预算方案的考核和激励措施。

(7)其他预算管理事宜。

预算管理的机构设置、职责权限和工作程序应与企业的组织架构和管理体制互相协调，保障预算管理各环节职能衔接、流程顺畅。

（二）预算管理日常工作机构

预算管理办公室是预算管理委员会的日常工作机构，在预算管理委员会的领导下工作，并向预算管理委员会报告工作。预算管理办公室具体负责预算的编制、报告、执行和日常监控、调整、考核等。预算管理办公室既可以单独设立，也可以采用与财务部门"一班人马、两块牌子"的办法设立，工作人员除财务部门人员外，还应有计划、人力资源生产、销售、研发等业务部门人员参加。

预算管理日常工作机构的主要职责如下。

（1）拟定企业各项全面预算管理制度，并负责检查落实预算管理制度的执行。

（2）拟定年度预算总目标分解方案及有关预算编制程序。方法的草案应报预算管理委员会审定。

（3）组织和指导各级预算单位开展预算编制工作。

（4）预审各预算单位的预算初稿，进行综合平衡，并提出修改意见和建议。

（5）汇总编制企业全面预算草案，提交预算管理委员会审查。

（6）跟踪、监控企业预算执行情况。

（7）定期汇总、分析各预算单位预算执行情况，并向预算管理委员会提交预算执行分析报告，为预算管理委员会进一步采取行动拟订建议方案。

（8）接受各预算单位的预算调整申请，根据企业预算管理制度进行审查，集中制订年度预算调整方案，报请预算管理委员会审议。

（9）协调解决预算编制和执行中的有关问题。

（10）提出预算考核和奖惩方案，报请预算管理委员会审议。

（11）组织开展对企业二级预算执行单位［企业内部各职能部门、所属分（子）企业等］预算执行情况的考核，提出考核结果和奖惩建议，报请预算管理委员会审议。

（12）预算管理委员会授权的其他工作。

（三）预算执行机构

预算执行机构是指在预算目标实现过程中承担预算执行责任，并享有相应权力和利益的企业内部各个预算责任主体。预算执行机构遵循分级分层、权责利相结合、责任可控、目标一致的原则设置，包括企业内部各职能部门、所属分公司、子公司等。

预算执行机构的主要职责一般如下。

（1）提供编制预算的各项基础资料。

（2）负责本单位全面预算的编制和上报工作。

（3）将本单位预算指标层层分解，落实至各部门、各环节和各岗位。

（4）严格执行经批准的预算，监督检查本单位的预算执行情况。

（5）及时分析、报告本单位的预算执行情况，解决预算执行中的问题。

（6）根据内外部环境变化及企业预算管理制度，提出预算调整申请。

（7）组织实施本单位内部的预算考核和奖惩工作。

（8）配合预算管理部门做好企业总预算的综合平衡、执行监控、考核奖惩等工作。

（9）执行预算管理部门下达的其他预算管理任务。

企业应建立健全预算管理制度、会计核算制度、定额标准制度、内部控制制度、内部审计制度、绩效考核和激励制度等内部管理制度，夯实预算管理的制度基础。

任务二　预算编制方法

企业可根据其战略目标、业务特点和管理需要，结合不同工具方法的特征及适用范围，选择恰当的工具方法综合运用。

企业应用预算管理工具方法，按照预算编制、预算控制、预算调整、预算考核等程序进行，一般包括增量预算、零基预算、固定预算、弹性预算、滚动预算等。

一、增量预算和零基预算

按照预算编制基础不同，可将预算分为增量预算和零基预算。

（一）增量预算

增量预算是指以历史期实际经济活动及其预算为基础，结合预算期经济活动及相关影响因素的变动情况，通过调整历史期经济活动项目及金额形成预算的编制方法。

增量预算编制方法认为企业现有的业务活动都是合理的、必需的，在预算期内予以保持，不需要进行调整；企业现有的各项业务开支水平是合理的，现有的费用支出得到有效利用，在预算期内应予以保持；以现有业务活动和各项活动的开支水平确定预算期各项活动的预算数额。

【案例 8-1】　智慧科教有限公司生产 A 厂编制 2022 年职工薪酬预算，按照固定工资加增长比例计算，具体如表 8-1 所示。

表 8-1　2022 年职工薪酬预算表　　　　单位：元

项　目	数量	2021 年薪酬实际数	2022 年薪酬预算数	说　明
车间主任	1	60 000	84 000	薪酬上涨 40%
生产线长	3	162 000	210 600	薪酬上涨 30%
线板组装员	10	540 000	756 000	薪酬上涨 40%
电路焊接员	8	384 000	537 600	薪酬上涨 40%
质量检员	2	72 000	86 400	薪酬上涨 20%
合计	24	1 218 000	1 674 600	薪酬上涨 37.49%

增量预算编制方法的优点：预算编制工作量较少，能够避免各项生产经营业务和日常各级各部门的各项管理工作产生剧烈的波动；预算是稳定的，在一个稳定的基础上循序渐进地变化；系统相对容易操作和理解，易实现协调。

增量预算编制方法的缺点：对原有项目不做调整，使原来不合理的费用支出继续存在，容易造成资源浪费；增量预算认为原有支出水平在预算期内只增不减，不利于调动各部门降低成本费用的动力和积极性。

（二）零基预算

零基预算是相对增量预算的一种预算编制方法，是指企业不以历史期经济活动及其预算为基础,以零为起点,从实际需要出发分析预算期经济活动的合理性,经综合平衡,形成预算的预算编制方法。

零基预算是一种科学的现代预算编制方法,以零为基础和起点,不考虑过去的预算项目和收支水平,不受以往预算项目的影响,一切从实际需要出发,逐项审议预算年度内各项费用的内容及其开支标准,分析每项预算是否支出的必要性和支出数额的多少,结合财力状况,在成本效益分析的基础上重新排出各项管理活动的优先次序,并据此决定资金和其他资源的分配。

零基预算适用于企业各项预算的编制,特别是不经常发生的预算项目或预算编制基础变化较大的预算项目。

零基预算编制费用预算的基本步骤如下。

(1) 划分预算单位,明确预算编制标准。企业应收集和分析单位、行业等内外部门信息,结合管理需要形成企业各预算项目的编制标准,并在预算管理过程中根据实际情况不断分析评价、修订完善预算编制标准。

(2) 制订业务计划。企业依据战略目标、预期利润和内外部环境变化等,分析预算期费用项目,在分析预算期各项经济活动合理性的基础上制订详细、具体的业务计划,作为预算编制的基础。

(3) 编制预算草案。预算编制部门以业务计划为基础,根据预算编制标准,对每个项目进行成本效益分析,按是否有必要将项目划分为不可避免费用项目和可避免费用项目,按照轻重缓急将项目划分为不可延缓费用项目和可延缓费用项目,确定预算项目费用开支的合理程度和先后顺序,编制部门预算。

(4) 审定预算方案。预算管理责任部门在审核相关业务计划合理性的基础上,逐项评价各预算项目的目标、作用、标准和金额等,按战略相关性、资源限额和效益性等进行综合分析与平衡,分配资金,汇总形成企业预算草案,上报企业预算管理委员会等专门机构审议后报董事会等机构审批。

【案例 8-2】　智慧科教有限公司 2022 年度可使用预算资金为 1 700 000 元,采用零基预算方法编制 2022 年度销售费用和管理费用预算。

解析:经过相关部门领导和员工讨论,根据各部门情况和面对的外部环境,公司 2022年度销售费用和管理费用预算如表 8-2 所示。

表 8-2　2022 年度费用预算表　　　　　　　　　　　　　　　　　单位:元

序　号	项　　目	金　　额
1	广告宣传费	500 000
2	业务招待费	350 000
3	办公费	240 000
4	职工福利费	400 000
5	保险费	100 000
6	劳动保护费	300 000
合　计		1 890 000

根据企业的情况,对上述 6 项费用支出进行分析,职工福利费、保险费和劳动保护费是必要的固定支出,是不可避免项目,必须全额保证;广告宣传费、业务招待费和办公费是酌量性固定成本,按照成本效益分析进行排序,分配资金。

广告宣传费、业务招待费和办公费 2021 年度成本效益分析如表 8-3 所示。

表 8-3　相关费用成本效益分析表　　　　　　　　　　　单位:元

项　　　目	成本金额	收益金额	成本效益比
广告宣传费	1	5	1∶5
业务招待费	1	3	1∶3
办公费	1	2	1∶2

广告宣传费成本效益比为 1∶5,业务招待费成本效益比为 1∶3,办公费成本效益比为 1∶2,根据成本效益分析,广告宣传费优先于业务招待费予以安排,业务招待费优先于办公费予以安排。

企业预算年度内职工福利费、劳动保护费和保险费处于优先顺序,必须全额保证,金额为 800 000(400 000+100 000+300 000)元。广告宣传费、业务招待费和办公费可安排的资金为 900 000(1 700 000-800 000)元。

根据成本效益比,对剩余资金进行分配。

广告宣传费可分配预算资金=900 000×5÷(5+3+2)=450 000(元)

业务招待费可分配预算资金=900 000×3÷(5+3+2)=270 000(元)

办公费可分配预算资金=900 000×2÷(5+3+2)=180 000(元)

智慧科教有限公司 2022 年销售费用和管理费用预算如表 8-4 所示。

表 8-4　智慧科教有限公司 2022 年费用预算表　　　　　　　单位:元

序　　号	项　　　目	金　　额
1	广告宣传费	450 000
2	业务招待费	270 000
3	办公费	180 000
4	职工福利费	400 000
5	保险费	100 000
6	劳动保护费	300 000
合　　计		1 700 000

在智慧科教有限公司预算表编制过程中,职工充分发挥主人翁的地位,积极献言献策,参与企业费用预算表编制。

零基预算的主要优点:以零为起点编制预算,不受历史期经济活动中的不合理因素影响,能够灵活应对内外环境的变化,预算编制更贴近预算期企业经济活动需要;有助于增加预算编制的透明度,调动各部门人员的积极性和创造性,有利于进行预算控制。

零基预算的主要缺点:逐项分析预算项目,预算编制工作量较大、成本较高;预算编制的准确性受企业管理水平和相关数据影响;由于不使用以前的预算,公司可能会忽视从以前年份中学习到的经验教训。

二、固定预算和弹性预算

按照预算与业务量之间的关系,可将预算分为固定预算和弹性预算。

(一)固定预算

固定预算又称静态预算,是指以预算期内正常的、最可能实现的某一业务量(企业产量、销售量、作业量)水平为固定基础,不考虑可能发生的变动的预算编制方法。

固定预算是最传统的、最基本的预算编制方法,被广泛应用于经营业务和产品产销量比较稳定的企业、能准确预测产品需求及产品成本的企业、社会非营利性组织。

固定预算的优点是简便易行,直观明了。固定预算的缺点主要体现在两方面:第一是适应性差,仅适用于预算业务量与实际业务量变化不大的预算项目;第二是可比性差,当实际业务量偏离预算编制所依据的业务量时,采用固定预算编制的预算就失去了其编制的基础,有关预算指标的实际数与预算数也会因业务量基础不同而失去可比性。

【案例 8-3】 伟翔矿业有限公司 2021 年销售有色金属矿 50 000 吨,单价 4 000 元。2022 年预算销售有色金属矿 80 000 吨,单价不变。根据经验,销售款项当年可收到 60%,剩余款项在下年度收到。

根据固定预算计算 2022 年销售款项收入金额。

解析:2021 年度实现销售收入为 200 000 000(50 000×4 000)元,当年可收到款项为 120 000 000(200 000 000×60%)元,剩余款项 80 000 000 元在 2022 年度收到。

2022 年实现销售收入 320 000 000(80 000×4 000)元。该企业预算年度收到款项为 272 000 000(320 000 000×60%+80 000 000)元。

(二)弹性预算

弹性预算又称动态预算,是相对于固定预算的一种编制方法,是指企业建立在成本性态的基础上,依据业务量与预算项目之间的数量依存关系,确定不同业务量及其相应预算项目所消耗资源的预算编制方法。在弹性预算中,预算项目可以随着业务量的变化而变化,具有一定的弹性。

业务量一般是指企业销售量、产量、作业量等与预算项目相关的弹性变量。业务量要选用一个最能代表生产经营活动水平的业务量计量单位。例如,以手工操作为主的车间,应选用人工工时;以机器操作为主的车间,应选用机器工时;制造单一产品的生产部门,可以选用实物数量等。此外,业务量必须在相关范围内,为正常生产经营活动水平的 70%～110%,或以历史最高业务量和最低业务量为上下限。

弹性预算适用于企业各项预算的编制,特别是市场、产能等存在较大不确定性,且其预算项目与业务量之间存在明显的数量依存关系的预算项目。在实务中,弹性预算主要用于编制成本费用预算和利润预算。

企业应用弹性预算工具方法,按照以下程序进行。

(1)确定弹性预算适用项目,识别相关的业务量并预测业务量在预算期内可能存在的不同水平和弹性幅度。

(2)分析预算项目与业务量之间的数量依存关系,确定弹性定额。

（3）构建弹性预算模型，形成预算方案。

（4）审定预算方案。

企业通常采用公式法或列表法构建具体的弹性预算模型。

在公式法下，弹性预算的基本公式为

$$预算总额＝固定基数＋\sum（与业务量相关的弹性定额×预计业务量）$$

列表法是指企业通过列表的方式，在业务量范围内依据已划分出的若干个不同等级，分别计算并列示该预算项目与业务量相关的不同可能预算方案的方法。

下面以成本费用预算编制为例，详细讲解弹性预算编制。

成本弹性预算编制建立在成本性态分析的基础上，把成本划分为固定成本和变动成本。其计算公式为

$$成本的弹性预算总额＝固定成本总额＋\sum（变动成本弹性定额×预计业务量）$$

编制成本费用弹性预算的步骤如下。

（1）选择和确定各种经营活动的计量单位消耗量、人工工时、机器工时等。

（2）预测和确定可能达到的各种经营活动业务量。

（3）计算各种业务量水平下的预测数据，形成弹性预算。

【案例 8-4】 接案例 8-1 资料，智慧科教有限公司生产车间油料费用与机器工时密切相关，2021 年固定油料费用为 500 000 元，单位工时变动油料费用为 100 元。2022 年预算年度内，固定油料费用和单位油料费用保持不变，预计机器总工时为 30 000 小时。

要求：计算 2022 年度油料费用预算总额。

解析：

预算期油料费用总额＝固定费用总额＋单位工时变动费用×机器总工时

2021 年固定油料费用为 500 000 元，单位工时变动油料费用为 100 元，2022 年预计机器总工时为 30 000 小时。

2022 年油料费用总额＝500 000＋100×30 000＝3 500 000（元）

弹性预算的主要优点：考虑预算期可能的不同业务量水平，能够适应不同经营活动情况的变化；扩大预算的范围，更好地发挥预算的控制作用，更贴近企业经营管理的实际情况。

弹性预算的主要缺点：一是编制工作量大；二是市场及其变动趋势预测的准确性、预算项目与业务量之间依存关系的判断水平等会对弹性预算的合理性造成较大影响。

三、滚动预算

滚动预算是指企业根据上一期预算执行情况和新的预测结果，按既定的预算编制周期和滚动频率，对原有的预算方案进行调整和补充，逐期滚动，持续推进的预算编制方法。

滚动频率是指调整和补充预算的时间间隔，一般可以为月度、季度、年度等。预算编制周期是指每次预算编制所涵盖的时间跨度，由中期滚动预算和短期滚动预算组成。中期滚动预算的预算编制周期通常为 3 年或 5 年，以年度作为预算滚动频率。短期滚动预算通常以 1 年为预算编制周期，以月度、季度作为预算滚动频率。滚动预算示意图如图 8-2 所示。

企业应研究外部环境变化，分析行业特征、战略规划和业务性质对前瞻性的要求，结合企业自身的管理基础和信息化水平，并在此基础上确定预算编制的周期和预算滚动的频率。

【案例 8-5】 慧能化工发展有限公司 2022 年销售聚乙烯，年初存货为 500 吨，预计年末

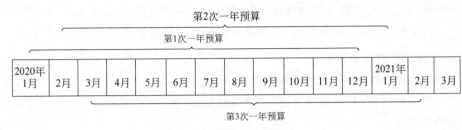

图 8-2 滚动预算示意图

留存 700 吨,其他各期期末存货按下期销售量 10％确定。根据资料,用滚动预算编制法编制 2022 年度生产预算。

2022 年预计销售量如表 8-5 所示。

表 8-5 2022 年慧能化工发展有限公司销售预算 单位:吨

项 目	第一季度	第二季度	第三季度	第四季度	合 计
预计销售量	2 000	3 000	4 000	5 000	14 000

解析:根据资料编制 2022 年度生产预算,如表 8-6 所示。

表 8-6 2022 年慧能化工发展有限公司生产预算 单位:吨

项 目	第一季度	第二季度	第三季度	第四季度	合 计
预计销售量	2 000	3 000	4 000	5 000	14 000
加:预计期末存货量	300	400	500	700	1 900
减:预计期初存货量	500	300	400	500	1 700
预计生产量	1 800	3 100	4 100	5 200	14 200

在慧能化工发展有限公司编制生产预算过程中,我们发现企业坚持发展的观念来编制预算、组织生产,把握长期和短期的关系,可实现良性发展。

企业通过持续滚动预算编制、逐期滚动管理,能保持预算的完整性、继续性,可以实现动态反映市场,建立跨期综合平衡,强化预算的决策与控制职能。同时,预算滚动的频率越高,对预算沟通的要求越高,预算编制的工作量越大;过高的滚动频率容易增加管理层的不稳定感,导致预算执行者无所适从。

任务三 全面预算编制

一、全面预算认知

(一) 全面预算的含义

全面预算是企业在一定时期内各项业务活动和财务表现等方面的总体预测,是以企业发展战略为导向,在对未来经营环境预测的基础上,确定预算期内经营管理目标,以价值形式反映企业生产经营活动和财务活动的计划安排。

全面预算通过企业内外部环境的分析,在预测与决策的基础上,调配相应的资源,对企业未来一定时期的经营和财务等做具体计划,包括企业经营、投资、财务等一切经济活动,以及产、供、销各个环节,形成由业务预算、财务预算和专门决策预算等组成的预算体系。

(二) 全面预算的编制流程

企业通常按照分级编制、逐级汇总的方式,采用自上而下、自下而上、上下结合、多维度相协调的流程编制预算,具体包括下达目标、编制上报、审查平衡、审议批准、下达执行。

1. 下达目标

企业董事会或经理办公会根据企业发展略和对预算期经济形势的预测,提出预算年度的经营目标,包括生产目标、销售目标、成本费用目标、利润目标和现利润目标,并确定预算编制的政策,层层分解目标,由预算管理委员会下达至各预算执行单位。

2. 编制上报

各预算责任单位按照企业预算管理委员会下达的预算目标,结合业务特点和预算的执行政策,提出单位的详细预算方案,上报企业财务管理部门。

3. 审查平衡

企业财务管理部门对各预算责任单位上报的财务预算方案进行审查、汇总,提出综合平衡的建议,对发现的问题提出初步调整意见,并反馈给预算责任单位进行调整平衡。

4. 审议批准

企业财务管理部门在有关预算责任单位调整的基础上,编制企业预算方案,报企业预算管理委员会讨论。对于不符合企业发展战略或者预算目标的事项做进一步修订、调整。在讨论、调整的基础上,企业财务管理部门正式编制企业年度预算草案,交董事会或经理办公会审议批准。

5. 下达执行

企业财务管理部门对董事会或经理办公会审议批准的年度总预算,一般在次年 3 月底前下达至各预算责任单位执行。

全面预算的编制是一项综合的、系统的工程。在编制过程中,企业要充分考虑整体与部分的关系,预算的编制要做到兼顾部门利益,部门利益服从企业整体利益,实现整体利益和部门利益的有机统一。

二、业务预算编制

业务预算又称经营预算,是与企业日常业务直接有关的,为产、供、销及经营活动所编制的预算,主要包括如下七项。

(一) 销售预算

销售预算是在销售预测的基础上,对预算期内的销售活动进行科学合理的规划和测算而编制的预算。销售预算是整个预算的起点,是其他预算编制的基础。销售预算的准确程度对整个预算的科学合理性起到至关重要的影响。

销售预算主要是对产品销售价格、销售数量和销售收入进行预测。其中,销售价格由产品的价格决策确定,销售数量由市场预测或者销售合同确定,销售收入由销售价格和销售数量的乘积计算确定。在实际应用中,销售预测通常分产品品种、时间、区域和销售人员来编制。

【案例 8-6】 长城公司生产并销售 A 产品,其销售单价预计为 300 元/件,根据销售合同和市场预测的 2022 年产品销量为 14 000 件。该公司销售采用赊销与现销两种方式,每季度现销 70%,赊销款于下一季度全部收回。2021 年应收账款余额 50 000 元,将于下一年度的第一季度全额收回现金,增值税税率为 17%。

该公司 2022 年年初有 A 产品存货 200 件,预计期末存货为 550 件,其他各期期末存货按下期预计销售量的 10% 来确定。

该公司生产的 A 产品仅耗用一种 B 材料,2021 年年初和年末材料存量分别为 790 千克和 1 560 千克,其余各期期末材料按下期生产需要量的 10% 来确定,单位产品消耗 B 材料定额为 12 千克,材料预计单价为 8 元,预计各季度采购材料的货款当期支付 60%,剩下的 40% 在下一季度付清,2021 年期末应付账款余额 100 000 元在 2022 年第一季度支付,增值税税率为 17%。

该公司直接人工的工种只有一种,2021 年生产的 A 产品单件工时为 4 小时,每小时人工成本 8 元。

假定该公司编制 2022 年制造费用预算时,变动制造费用标准分配率分别为材料费 1.5 元/小时,人工费 1.5 元/小时,水电费 1 元/小时,修理费 1.5 元/小时,其他费用 0.5 元/小时,车间管理人员工资、修理费、水电费、保险费、设备租金等固定制造费用与产量无关,按上年实际开支数在各季进行平摊,上年全年金额分别为 107 000 元、32 000 元、34 000 元、24 000 元、100 000 元,提取的折旧为 87 000 元,各季度的各项制造费用除折旧费用外,均用现金于当季付款。

假定 A 产品的年初单位成本 148 元,产成品计价方法采用先进先出法。

假定该公司编制 2022 年销售及管理费用预算时,变动销售及管理费用标准分配率分别为销售佣金为 1.5 元/小时、销售运杂费 1.5 元/小时,其他 7 元/小时。管理人员工资、办公费、广告宣传费、其他等固定销售管理费用分别预计为 60 000 元、16 000 元、200 000 元、24 000 元,提取的折旧为 30 000 元,固定性费用在各季平摊,折旧外的其他各项费用均于现金当季付款。

该公司预计年初现金余额 80 000 元,若公司资金不足,可以向银行贷款,借款利率为 4%,年初借入,年末偿还,此外,公司在 2022 年年初准备投资 240 000 元购置机器设备,四季度平摊支付,每季度预交所得税为 20 000 元,预算在第三季度发放股利 200 000 元。

要求:根据上述资料编制长城公司 2022 年销售预算。

解析:长城公司 2022 年销售预算如表 8-7 所示。

表 8-7　长城公司 2022 年销售预算

项　　目	第一季度	第二季度	第三季度	第四季度	合　　计
预计销售量/件	2 000	3 000	4 000	5 000	14 000
销售价格/(元/件)	300	300	300	300	300
预计销售收入/元	600 000	900 000	1 200 000	1 500 000	4 200 000
年初应收账款/元	50 000				50 000
第一季度销售现金收入/元	360 000	240 000			600 000

续表

项　目	第一季度	第二季度	第三季度	第四季度	合　计
第二季度销售现金收入/元		540 000	360 000		900 000
第三季度销售现金收入/元			720 000	480 000	1 200 000
第四季度销售现金收入/元				900 000	900 000
销售现金收入合计/元	410 000	780 000	1 080 000	1 380 000	3 650 000

（二）生产预算

生产预算是在销售预算的基础上，根据预计销售量和预计期初、期末库存产品数量，确定预算期产品生产量。预计生产量计算公式如下：

预计生产量＝预计销售量＋预计期末产品存货－预计期初产品存货

在上述公式中，我们发现期末产品存货和期初产品存货是生产必需的。企业生产经营过程中储备一定的存货，存货过多，易形成积压，影响资本周转；存货过少，影响正常销售活动。此外，预计销售量可以从销售预算中获得相应数据，预计期末产品存货一般按照下期销售量的百分比获得，预计期初产品存货为上期期末产品存货。

生产预算主要由生产部门负责编制，是业务预算中唯一只使用实物量作为预算指标，不涉及价值指标的预算。

【案例 8-7】　接案例 8-6 资料，要求：编制 2022 年生产预算。

解析：长城公司 2022 年生产预算如表 8-8 所示。

表 8-8　长城公司 2022 年生产预算　　　　单位：件

项　目	第一季度	第二季度	第三季度	第四季度	合　计
预计销售量	2 000	3 000	4 000	5 000	14 000
加：预计期末存货量	300	400	500	550	550
减：预计期初存货量	200	300	400	500	200
预计生产量	2 100	3 100	4 100	5 050	14 350

边学边练
答案及解析

边学边练

情景案例一：上扬机械有限公司预计第一季度和第二季度产品销量分别为 140 万套和 200 万套，第一季度期初产品存货量为 14 万套，预计期末存货量为下季度预计销量的 10%。请计算第一季度的预计生产量。

（三）直接材料采购预算

直接材料采购预算是以生产预算为基础，根据预计生产量、单位产品的材料消耗定额和预计材料采购价格等信息编制的预算。

预计直接材料采购量＝预计生产需要量＋预计期末材料存货－预计期初材料存货

预计生产需要量＝预计生产量×单位产品材料耗用量

预计直接材料采购金额＝预计直接材料采购量×直接材料采购单价

直接材料采购预算在编制时,要充分考虑期初材料存货和期末材料存货的水平,保证采购量与消耗量、库存量保持一定比例。这样做的目的是既能避免材料备货不足,影响正常生产需要,又能避免材料积压,造成闲置浪费。

【案例 8-8】　接案例 8-6 资料,要求:编制 2022 年直接材料采购预算。

解析:长城公司 2022 年直接材料采购预算如表 8-9 所示。

表 8-9　长城公司 2022 年直接材料采购预算

项　　目	第一季度	第二季度	第三季度	第四季度	合　计
预计生产量/件	2 100	3 100	4 100	5 050	14 350
单位产品材料耗用量/(千克/件)	12	12	12	12	12
生产需要量/千克	25 200	37 200	49 200	60 600	172 200
加:预计期末材料存量/千克	3 720	4 920	6 060	1 560	1 560
减:预计期初材料存量/千克	790	3 720	4 920	6 060	790
预计采购量/千克	28 130	38 400	50 340	56 100	172 970
单价/(元/千克)	8	8	8	8	8
预计材料采购成本/元	225 040	307 200	402 720	448 800	1 383 760
年初应付账款余额/元	100 000				100 000
第一季度采购现金支出/元	135 024	90 016			225 040
第二季度采购现金支出/元		184 320	122 880		307 200
第三季度采购现金支出/元			241 632	161 088	402 720
第四季度采购现金支出/元				269 280	269 280
现金支出合计/元	235 024	274 336	364 512	430 368	1 304 240

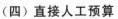

边学边练

情景案例二:飞达企业 2021 年第一季度产品生产量预算为 1 500 件,单位产品材料用量为 5 千克,期初材料库存量 1 000 千克,第一季度根据第二季度生产耗用材料的 10% 安排季末存量,预计第二季度生产耗用 7 800 千克材料。材料采购价格预计为 12 元/千克。

请计算该企业第一季度材料采购的金额。

边学边练
答案及解析

(四)直接人工预算

直接人工预算是为直接从事产品生产的工人的人工耗费编制的预算,用于规划预算期各类工种的人工工时的消耗水平和人工成本。

直接人工预算是以生产预算为基础编制的,主要内容为单位产品工时、人工总工时、每小时人工成本和直接人工总成本等。其计算公式为

$$预计直接人工总成本＝每小时人工成本(单位工时工资率)×直接人工总工时$$

$$预计直接人工总工时＝预计生产量×单位产品人工工时$$

【案例 8-9】 接案例 8-6 资料,要求:编制 2022 年直接人工预算。

解析: 长城公司 2022 年直接人工预算如表 8-10 所示。

表 8-10 长城公司 2022 年直接人工预算

项 目	第一季度	第二季度	第三季度	第四季度	合 计
预计生产量/件	2 100	3 100	4 100	5 050	14 350
单位产品工时/(小时/件)	4	4	4	4	4
人工总工时/小时	8 400	12 400	16 400	20 200	57 400
每小时人工成本/元	8	8	8	8	8
人工总成本/元	67 200	99 200	131 200	161 600	459 200

(五)制造费用预算

制造费用是除直接材料预算和直接人工预算以外的其他生产成本预算。在成本性态分析的基础上,制造费用可以分为固定制造费用和变动制造费用两部分。固定制造费用在上年度计算基础上根据预期变动加以修正进行预计;变动制造费用根据预计生产量或者直接人工工时乘以单位产品预定分配率进行预计。

在制造费用预算编制中,除折旧费用外,其他项目都需要支付现金。因此,每季度制造费用数额扣除折旧数额后,即得出现金支出的制造费用。其计算公式如下。

$$预计变动制造费用＝预计生产量或预计直接人工工时×变动制造费用预计分配率$$

$$预计现金支出的制造费用＝预计变动制造费用＋预计固定制造费用－折旧费和摊销费$$

【案例 8-10】 接案例 8-6 资料,要求:编制 2022 年制造费用预算。

解析: 长城公司 2022 年制造费用预算如表 8-11 所示。

表 8-11 长城公司 2022 年制造费用预算

项 目	第一季度	第二季度	第三季度	第四季度	合 计
预计人工总工时/小时	8 400	12 400	16 400	20 200	57 400
变动性制造费用:					
间接材料/元	12 600	18 600	24 600	30 300	86 100
间接人工/元	12 600	18 600	24 600	30 300	86 100
水电费/元	8 400	12 400	16 400	20 200	57 400
修理费/元	12 600	18 600	24 600	30 300	86 100
其他/元	4 200	6 200	8 200	10 100	28 700
小计/元	50 400	74 400	98 400	121 200	344 400
固定性制造费用:					
管理人员工资/元	26 750	26 750	26 750	26 750	107 000
折旧/元	21 750	21 750	21 750	21 750	87 000
修理费/元	8 000	8 000	8 000	8 000	32 000

续表

项目	第一季度	第二季度	第三季度	第四季度	合计
水电费/元	8 500	8 500	8 500	8 500	34 000
保险费/元	6 000	6 000	6 000	6 000	24 000
设备租金/元	25 000	25 000	25 000	25 000	100 000
小计/元	96 000	96 000	96 000	96 000	384 000
制造费用合计/元	146 400	170 400	194 400	217 200	728 400
减：折旧/元	21 750	21 750	21 750	21 750	87 000
现金支出费用/元	124 650	148 650	172 650	195 450	64 1400

（六）产品成本预算

产品成本预算是在销售预算、生产预算、直接材料采购预算、直接人工预算和制造费用预算汇总基础上编制的预算，是规划一定预算期内每种产品的单位产品成本和产品总成本编制的预算。

【案例 8-11】 接案例 8-6～案例 8-10 资料，要求：编制 2022 年产品成本预算。

解析：长城公司 2022 年产品成本预算如表 8-12 所示。

表 8-12　长城公司 2022 年产品成本预算

项目	甲产品全年生产量 14 350 件			
	销售单价/(元/件)	单耗/元	单位成本/元	总成本/元
直接材料	8	12	96	1 377 600
直接人工	8	4	32	459 200
变动制造费用	6	4	24	344 400
合计			152	2 181 200
产成品存货	数量/件	单位成本/元	总成本/元	
年初存货	200	148	29 600	
年末存货	550	152	83 600	
本年销售	14 000		2 127 200	

（七）销售及管理费用预算

销售及管理费用预算是为组织产品销售活动和日常经营管理活动发生的费用支出而编制的一种业务预算。为量变与编制现金预算，在销售费用和管理费用预算中还包括相应的现金支出预算。

销售费用预算由销售部门负责编制，销售费用是为实现销售所需支付的费用，以销售预算为基础，综合分析销售收入、销售费用和利润之间的相互关系，力求实现销售费用被最有效地利用。

预计变动销售费用＝单位产品变动销售费用×预计销售量

管理费用是企业日常生产经营中一般行政管理事务所必需的费用，管理费用项目比较复杂，大多属于固定成本，各季度开支比较均衡。为简化编制流程，管理费用预计支出可以平均列支。

【案例8-12】 接案例8-6资料,要求:编制2022年销售及管理费用预算。

解析:长城公司2022年销售及管理费用预算如表8-13所示。

表8-13 长城公司2022年销售及管理费用预算

项 目	变动销售费用率/%	第一季度/元	第二季度/元	第三季度/元	第四季度/元	合 计/元
预计销售收入		200 000	300 000	400 000	500 000	1 400 000
变动销售及管理费用						
销售佣金	1.5	3 000	4 500	6 000	7 500	21 000
销售运杂费	1.5	3 000	4 500	6 000	7 500	21 000
其他	7	14 000	21 000	28 000	35 000	98 000
小计	10	20 000	30 000	40 000	50 000	140 000
固定销售及管理费用						
管理人员工资		15 000	15 000	15 000	15 000	60 000
折旧		7 500	7 500	7 500	7 500	30 000
办公费		4 000	4 000	4 000	4 000	16 000
广告宣传费		50 000	50 000	50 000	50 000	200 000
其他		6 000	6 000	6 000	6 000	24 000
小计		82 500	82 500	82 500	82 500	330 000
销售费用合计		102 500	112 500	122 500	132 500	470 000
减:折旧		6 000	6 000	6 000	6 000	24 000
现金支出费用		96 500	106 500	116 500	126 500	446 000

三、财务预算编制

(一)现金预算

现金预算是以业务预算为基础,反映预算期内现金收支、余缺、筹集和运用的预算。企业应科学地预算资金,合理地调度资金,既能规避现金短缺而面临的财务风险,也能避免因现金冗余而造成的闲置浪费。

现金预算是在业务预算的基础上汇总编制的,由现金收入、现金支出、现金余缺、资金筹集和应用四个部分组成。现金收入部分包括期初现金余额和预算期现金收入,现金收入主要来源于销售收入。现金支出部分包括预算的各项现金支出,其中直接材料、直接人工、制造费用、销售及管理费用的数据分别来自业务预算。

【案例8-13】 接案例8-6~案例8-12资料,要求:编制2022年现金预算。

解析:长城公司2022年现金预算如表8-14所示。

表8-14 长城公司2022年现金预算   单位:元

项 目	第一季度	第二季度	第三季度	第四季度	合 计
期初现金余额	80 000	86 626	157 940	173 078	80 000
加:销售现金收入	410 000	780 000	1 080 000	1 380 000	3 650 000
可供使用现金	490 000	866 626	1 237 940	1 553 078	4 147 644

续表

项　　目	第一季度	第二季度	第三季度	第四季度	合　计
减：现金支出					
直接材料	235 024	274 336	364 512	430 368	1 304 240
直接人工	67 200	99 200	131 200	161 600	459 200
制造费用	124 650	148 650	172 650	195 450	641 400
销售及管理费用	96 500	106 500	116 500	126 500	446 000
预交所得税	20 000	20 000	20 000	20 000	80 000
购买国库券					
发放股利			200 000		
购买设备	60 000	60 000	60 000	60 000	240 000
支出合计	603 374	708 686	1 064 862	993 918	3 370 840
现金收支差额	−113 374	157 940	173 078	559 160	776 804
向银行贷款	200 000				200 000
归还银行借款				200 000	200 000
借款利率(年利 4%)				8 000	8 000
期末现金余额	86 626	157 940	173 078	351 160	351 160

（二）预算利润表

预算利润表是企业以货币形式综合反映预算期内企业经营成果的一种财务预算。预算利润表是在销售预算、产品成本预算、销售费用及管理费用预算和现金预算的基础上编制而成的预算。

【案例 8-14】 接案例 8-6～案例 8-13 资料，要求：编制 2022 年预计利润预算。

解析： 长城公司 2022 年预计利润预算如表 8-15 所示。

表 8-15　长城公司 2022 年预计利润预算　　　　　　　单位：元

项　　目	第一季度	第二季度	第三季度	第四季度	合　计
销售收入	600 000	900 000	1 200 000	1 500 000	4 200 000
减：变动成本					
变动生产成本	303 200	456 000	608 000	760 000	2 127 200
变动销售费用	20 000	30 000	40 000	50 000	140 000
变动成本小计	323 200	486 000	648 000	810 000	2 267 200
贡献边际	276 800	414 000	552 000	690 000	1 932 800
减：固定成本					
固定制造费用	96 000	96 000	96 000	96 000	384 000
固定销售管理费用	82 500	82 500	82 500	82 500	330 000
利息支出				8 000	8 000
固定成本小计	178 500	178 500	178 500	186 500	722 000

续表

项　　目	第一季度	第二季度	第三季度	第四季度	合　计
税前利润	98 300	235 500	373 500	503 500	1 210 800
减：所得税(40%)	39 320	94 200	149 400	201 400	484 320
税后利润	58 980	141 300	224 100	302 100	726 480

（三）预计资产负债表

预计资产负债表是反映企业在预算期期末资产、负债和所有者权益状况的一种财务预算，是以基期资产负债表为基础，根据销售、生产、费用等预算的有关资料数据进行汇总，加以调整编制而成的预算。

【案例 8-15】　接案例 8-6～案例 8-14 资料，要求：编制 2022 年预计资产负债表预算。

解析：长城公司 2022 年预计资产负债预算如表 8-16 所示。

表 8-16　长城公司 2022 年预计资产负债表预算　　　　　　单位：元

资　　产	年 初 数	期 末 数	负债及所有者权益	年 初 数	期 末 数
流动资产			流动负债		
现金	80 000	351 160	应付账款	100 000	179 520
应收账款	50 000	600 000	应交所得税	32 960	404 320③
原材料	6 320	12 480	短期借款		
产成品	29 600	83 600	流动负债合计	132 960	583 840
流动资产合计	165 920	1 047 240	长期负债		
固定资产原值	2 200 000	2 440 000①	长期借款	68 000	68 000
减：累计折旧	504 280	615 280②	所有者权益		
固定资产净值	1 695 720	1 824 720	股本	1 700 000	1 700 000
无形资产	80 000	47 040	留存收益	40 680	567 160④
资产合计	1 941 640	2 919 000	负债和权益合计	1 941 640	2 919 000

注：①＝2 200 000＋240 000(表 8-15)；②＝504 280＋87 000(表 8-12)＋24 000(表 8-14)。

③＝80 000－484 320(表 8-15、表 8-16)；④＝40 680＋726 480－200 000(表 8-15、表 8-16)。

知识与能力训练

一、知识训练

（一）单项选择题

1. 根据全面预算体系的分类，下列预算中属于财务预算的是(　　)。

　　A. 销售预算　　　　B. 现金预算　　　　C. 直接材料预算　　D. 直接人工预算

2. 预算委员会的职责不包括(　　)。

　　A. 拟定预算的目标、政策　　　　　　　　B. 制定预算管理的具体措施和办法

　　C. 对企业预算的管理工作负总责　　　　　D. 组织审计、考核预算的执行情况

3. 下列预算编制方法中,可能导致无效费用开支项目无法得到有效控制的是(   )。

    A. 增量预算　　　　B. 弹性预算　　　　C. 滚动预算　　　　D. 零基预算

4. 根据企业 2022 年现金预算,第一季度到第四季度期初现金余额分别为 100 000 元、200 000 元、170 000 元和 150 000 元,第四季度现金收入为 2 000 000 元,现金支出为 1 900 000 元,不考虑其他因素,该企业 2022 年年末现金数额为(   )元。

    A. 270 000　　　　B. 720 000　　　　C. 420 000　　　　D. 250 000

5. 编制工作量较大,但可以直接从表中查得各种业务量下的成本费用预算,不用另行计算的弹性预算编制方法是(   )。

    A. 公式法　　　　B. 列表法　　　　C. 图示法　　　　D. 因素法

6. 某企业 2022 年预计生产产品 10 000 件,单位产品耗用量为 15 千克,材料期初余额为 10 000 千克,预计期末余额为 30 000 千克。该企业 2022 年材料采购量为(   )千克。

    A. 180 000　　　　B. 160 000　　　　C. 150 000　　　　D. 170 000

(二)多项选择题

1. 下列各项预算中,同时以实物量指标和价值量指标分别反映企业经营收入和相关现金收入的有(   )。

    A. 现金预算　　　　B. 销售预算　　　　C. 生产预算　　　　D. 预计资产负债表

2. 下列各项预算中属于业务预算的有(   )。

    A. 直接材料预算　　　B. 直接人工预算　　　C. 销售费用预算　　　D. 管理费用预算

3. 下列预算的编制与生产预算存在直接联系的有(   )。

    A. 直接材料预算　　　B. 产品成本预算　　　C. 专门决策预算　　　D. 直接人工预算

4. 下列各项中属于日常业务预算的有(   )。

    A. 销售预算　　　　B. 现金预算　　　　C. 生产预算　　　　D. 销售费用预算

5. 在编制现金预算时,计算某期现金余缺必须考虑的因素有(   )。

    A. 期初现金余额　　　B. 期末现金余额　　　C. 当期现金支出　　　D. 当期现金收入

6. 佳和公司销售甲商品,第三季度各月预计的销售量分别为 1 000 件、1 200 件和 1 100 件,企业计划每月月末产品存货量为下月预计销售量的 20%,下列说法中正确的有(   )。

    A. 8 月期初存货为 240 件　　　　　　B. 8 月生产量为 1 180 件

    C. 8 月期末存货为 220 件　　　　　　D. 第三季度生产量为 3 300 件

(三)判断题

1. 财务预算是指与企业资金收支、财务状况或经营成果等有关的预算。　　　　　　(　　)

2. 生产预算是编制全面预算的关键和起点。　　　　　　　　　　　　　　　　　　(　　)

3. 销售预算是以生产预算为依据编制的。　　　　　　　　　　　　　　　　　　　(　　)

4. 弹性预算考虑了预算期可能的不同业务量水平,能够适应不同经营活动情况的变化。

    (　　)

5. 增量预算编制方法对原有项目不需要调整,使原来不合理的费用支出继续存在,容易造成资源浪费。　　　　　　　　　　　　　　　　　　　　　　　　　　　　　　(　　)

二、能力训练

1. 腾达制造有限公司 2022 年度销售情况如表 8-17 所示,若销售当季收回货款 60%,下一季度收回货款 40%。2021 年应收账款余额为 20 000 元。

要求：根据所学知识和资料，填制表 8-17 数据。

表 8-17　2022 年销售预算　　　　　　　　　　单位：元

项　目		第一季度	第二季度	第三季度	第四季度	合　计
预计销售量/件		400	600	500	700	2 200
销售单价/元		20	20	20	20	20
预计现金收入	预计销售收入/元					
	年初应收款/元	20 000				
	第一季度销售收入/元					
	第二季度销售收入/元					
	第三季度销售收入/元					
	第四季度销售收入/元					
	合　计					

2. 康百利饮料有限公司 2022 年的付款政策是当季度付 70% 货款，下季度付剩余 30% 货款，期初应收账款全部在第一季度收讫。其生产所需枸杞都是直接从种植户农民处收购。

要求：请将表 8-18 枸杞采购预算表补充完整。

表 8-18　2022 年康百利饮料有限公司枸杞采购预算

季　度	第一季度	第二季度	第三季度	第四季度	合　计
枸杞需要量/吨	21 000	15 600	27 000	15 600	79 200
收购单价/元	0.07	0.07	0.07	0.07	—
收购价款/元	1 470	1 092	1 890	1 092	5 544
期初应付账款/元	350	—	—	—	350
第一季度采购现金支出/元	1 029	—	—	—	
第二季度采购现金支出/元	—	764.4	—	—	
第三季度采购现金支出/元	—	—	567	—	
第四季度采购现金支出/元	—	—	—	—	
采购现金支出合计/元	1 379				

3. 康百利饮料有限公司有 800 万元借款于 2020 年借入，将于 2022 年年末到期归还，借入时年利率为 6.5%。公司预计 2022 年 7 月 1 日将向银行借款 900 万元，年利率 7.2%，期限 2 年。期末公司的现金余额需维持在 500 万～600 万元，如出现现金多余，可用于购买有价证券进行调剂，购买时需按百万元整购入（银行借款利息于每年年末支付；枸杞采购支出见表 8-18 计算结果）。

要求：请编制表 8-19 现金预算表。

表 8-19　2022 年康百利饮料有限公司现金预算表　　　　　　单位：万元

项　目	金　额
一、期初货币资金	726.52
销售现金流入	11 053.18

续表

项　目	金　额
二、可供使用的现金量	
三、预计现金流出	—
1. 原料采购支出	—
枸杞	
白糖	1 687.8
其他原料	692
2. 车间费用支出	—
辅料采购	350
运费	120
水电费	346.5
维修支出	65
其他	128
3. 职工工资支出	—
生产人员	1 540
管理人员	178
销售人员	220
4. 其他经营支出(职工薪酬以外支出)	—
其他管理费用	400
其他销售费用	540
财务费用(不含利息)	8
5. 资本支出	—
ERP 管理系统	100
预计现金流出合计	
四、现金余缺	
五、向银行借款	900
六、支付银行利息	
七、购买有价证券	
八、期末货币资金余额	

项目九

绩效管理

➡ 学习目标

知识目标：

（1）了解绩效管理的概念和应用环境，理解绩效管理的一般程序。

（2）熟悉绩效管理的原则。

（3）了解以企业为主体的绩效管理指标的优缺点，并明确它对改进绩效管理所起的桥梁作用。

（4）了解责任中心的实质，掌握不同责任中心绩效管理的思路和方法。

（5）理解 EVA 的经济内涵，掌握 EVA 绩效管理的思路和方法。

（6）掌握 EVA 法的计算，熟悉对 EVA 法的评价。

（7）掌握平衡计分卡的评价思路和方法，并能在工作中加以应用。

素质目标：

（1）理解战略规划目标、责任中心目标和个人目标之间的关系，具备协助制定绩效目标的能力。

（2）理解绩效指标的分解、下达和执行的流程，培养接受绩效目标的设定、主动执行的能力。

（3）能够运用 EVA、平衡计分卡等方法进行相关的业绩考核。

（4）熟练运用信息处理技术（包括数据库与电子表格等）和统计技术的基础应用方法。

（5）培养良好的沟通表达能力和团队协作能力。

课程思政：

（1）责任应该是每个人必须具备的基本准则和职业素养，通过对绩效管理的学习，培养学生树立责任意识，强化担当精神。

（2）在绩效管理过程中，各级管理者都应从公司整体利益及工作效率出发，不断创新，尽量提高业务处理的效率，通过学习绩效管理方法，可以培养学生的创新意识，并培养他们提高效率的意识。

项目知识结构

情景导入

(1) 华为的绩效管理：华为总裁任正非一再强调要创造高绩效的企业文化，将绩效文化视为企业生存之本，发展之源，并上升为战略高度加以实施。用一句话来概括，华为绩效管理的目的就是将公司的目标使命化，华为有多成功取决于每一位员工在多大程度上实现自己的工作目标。绩效考核的根本目的是通过考核把大家放在适合的岗位上，保证每个人的能力都是能够实现绩效目标的，然后通过个人绩效目标的实现来完成公司的总体战略目标。比如华为的考核规定"对不胜任工作的员工，应该安排培训以促使其业绩改进，或者调整岗位。如果培训或换岗后仍不能胜任的，才进行淘汰考虑"。它的绩效管理真正从员工内在方面进行管理，通过以责任、员工能力、贡献为核心的绩效标准及相应的评价手段和价值分配机制将公司的目标与员工的个人需求和利益捆绑在一起，从而将公司的目标内化为员工个人的使命和责任。

此外,华为还明确加强对员工的思想道德品质的考核,以及对员工的诚信进行记录,注重对职工责任心、使命感、团队精神、工作能力、思想道德品质的评议。素质是绩效的前提和保证,高素质使创造高绩效成为可能。绩效和素质哪一方面都不能偏废。光有素质,没有绩效,就可能造成部门的虚假繁荣;有好的绩效,没有好的素质,就无法带出一个优秀的团队。

总之,公司通过强调责任、使命和能力的综合平衡,使每一个充分认同华为核心价值观的员工都能找到自己合适的职业定位和发展通道。

建设美丽中国

(2)党史故事:党的十八大以来,习近平总书记明确指出,"绝不能以牺牲生态环境为代价换取经济的一时发展",多次提出"既要金山银山,又要绿水青山""绿水青山就是金山银山"。要学会"算账",要懂得什么才是最有效的,就需要我们认真学习绩效管理。

思考:

(1)绩效考核的导向作用很重要,企业的绩效导向决定了员工的行为方式,因此考核方式决策要谨慎制定。针对不同类型的企业,结合党史故事考虑如何确定合适的绩效考核方式,以保证激励公平、有效?

(2)绩效作为组织和个人的成果与价值体现,代表组织活动和个体活动的全部意义,绩效的重要性不言而喻。结合华为绩效考核案例,探讨在绩效管理过程中如何达到管理者与员工双方的双赢?

任务一　绩效管理认知

绩效管理
认知

一、绩效管理的概念

绩效管理是指企业与所属单位(部门)、员工之间就绩效目标及如何实现绩效目标达成共识,并帮助和激励员工取得优异绩效,从而实现企业目标的管理过程。

绩效管理的核心是绩效评价和激励管理。其中绩效评价是指企业运用系统的工具方法,对一定时期内企业营运效率与效果进行综合评判的管理活动;激励管理是指企业运用系统的工具方法,调动企业员工的积极性、主动性和创造性,激发企业员工工作动力的管理活动。绩效评价是企业实施激励管理的重要依据,激励管理是促进企业绩效提升的重要手段。

二、绩效管理的原则

企业进行绩效管理,一般应遵循以下原则。

(一)战略导向原则

绩效管理应为企业实现战略目标服务,支持价值创造能力提升。

(二)客观公正原则

绩效管理理应实事求是,评价过程应客观公正,激励实施应公平合理。

(三)规范统一原则

绩效管理的政策与制度应统一明确,并严格执行规定的程序与流程。

(四)科学有效原则

绩效管理应做到目标符合实际,方法科学有效,激励与约束并重,操作简便易行。

三、绩效管理的应用环境

（一）设立薪酬与考核委员会或类似机构

企业进行绩效管理时，应设立薪酬与考核委员会或类似机构，主要负责审核绩效管理的政策和制度、绩效计划与激励计划、绩效评价结果与激励实施方案、绩效评价与激励管理报告等，协调解决绩效管理工作中的重大问题。

（二）下设绩效管理工作机构

薪酬与考核委员会或类似机构下设绩效管理工作机构，主要负责制定绩效管理的政策和制度、绩效计划与激励计划，组织绩效计划与激励计划的执行与实施，编制绩效评价与激励管理报告等，协调解决绩效管理工作中的日常问题。

（三）建立健全绩效管理的制度体系

企业应建立健全绩效管理的制度体系，明确绩效管理的工作目标、职责分工、工作程序、工具方法、信息报告等内容。

（四）建立有助于绩效管理实施的信息系统

企业应建立有助于绩效管理实施的信息系统，为绩效管理工作提供信息支持。

四、绩效管理的一般程序

企业应用绩效管理工具方法，一般按照制订绩效计划与激励计划、执行绩效计划与激励计划、实施绩效评价与激励、编制绩效评价与激励管理报告等程序进行。

（一）制订绩效计划与激励计划

企业应根据战略目标，综合考虑绩效评价期间的宏观经济政策、外部市场环境、内部管理需要等因素，结合业务计划与预算，按照上下结合、分级编制、逐级分解的程序，在沟通反馈的基础上，编制各层级的绩效计划与激励计划。

绩效计划是企业开展绩效评价工作的行动方案，包括构建指标体系、分配指标权重、确定绩效目标值、选择计分方法和评价周期、拟定绩效责任书等一系列管理活动。制订绩效计划通常从企业级开始，层层分解到所属单位（部门），最终落实到具体岗位和员工。

激励计划是企业为激励被评价对象而采取的行动方案，包括激励对象、激励形式、激励条件、激励周期等内容。激励计划按激励形式可分为薪酬激励计划、能力开发激励计划、职业发展激励计划和其他激励计划。

绩效计划和激励计划制订完成后，应经薪酬与考核委员会或类似机构的审核，报董事会或类似机构审批。

（二）执行绩效计划与激励计划

审批后的绩效计划和激励计划应以正式文件的形式下达执行，确保与计划相关的被评价对象能够了解计划的具体内容和要求。

在绩效计划和激励计划的执行过程中，企业应建立配套的监督控制机制，及时记录执行情况，进行差异分析与纠偏，持续优化业务流程，确保绩效计划与激励计划的有效执行。

（三）实施绩效评价与激励

绩效管理工作机构应根据计划的执行情况定期实施绩效评价与激励，按照绩效计划与激励计划的约定,对被评价对象的绩效表现进行系统、全面、公正、客观地评价,并根据评价结果实施相应的激励。

(四) 编制绩效评价与激励管理报告

绩效管理工作机构应定期或根据需要编制绩效评价与激励管理报告,对绩效评价和激励管理的结果进行反映。

绩效评价报告根据评价结果编制,反映被评价对象的绩效计划完成情况,通常由报告正文和附件构成。其中报告正文主要包括评价情况说明和管理建议,报告附件包括评价计分表、问卷调查结果分析、专家咨询意见等报告正文的支持性文档。

激励管理报告根据激励计划的执行结果编制,反映被评价对象的激励计划的实施情况,通常由激励情况说明和管理建议构成。

任务二 以企业为主体的绩效管理

基于委托代理理论和激励理论,企业的所有者要对企业进行考评。而以企业为主体的绩效管理主要表现为所有者对企业最高管理层进行的绩效管理,也表现为集团公司对子公司、分公司进行的绩效管理。

一、基于利润的绩效管理指标

非上市公司的绩效管理指标主要包括销售利润率、成本费用利润率、投资报酬率、净资产报酬率和资产报酬率等,而上市公司则经常采用每股收益、每股股利等指标。

(一) 营业利润率

销售利润率是企业一定时期销售利润总额与销售收入的比率,其计算公式为

$$销售利润率 = 销售利润总额 \div 销售收入 \times 100\%$$

销售利润率越高,表明企业的市场竞争力越强,发展潜力越大,盈利能力越强。在实务中,经常使用销售毛利率、销售净利润率等指标替代销售利润率来分析企业经营业务的获利水平。相关计算公式分别为

$$销售毛利率 = 销售毛利额 \div 销售收入 \times 100\%$$
$$销售净利润率 = 销售净利润 \div 销售收入 \times 100\%$$

(二) 成本费用利润率

成本费用利润率是企业一定时期利润总额与成本费用总额的比率,其计算公式为

$$成本费用利润率 = 利润总额 \div 成本费用总额 \times 100\%$$

成本费用利润率越高,表明企业为取得利润所付出的代价越小,资源利用效率越高,盈利能力越强。

(三) 投资报酬率

投资报酬率是企业某投资项目年平均利润与项目投资总额的比率,表明企业项目投资的综合收益效果,其计算公式为

$$投资报酬率 = 年平均利润 \div 项目投资总额 \times 100\%$$

一般情况下,投资报酬率越高,表明企业项目的投资效益越好。

（四）净资产报酬率

净资产报酬率又称净资产收益率、所有者（股东）权益报酬率，是企业一定时期净利润与平均净资产的比率，反映企业投资者的投资收益水平，其计算公式为

$$净资产报酬率＝净利润÷平均净资产×100\%$$

一般认为，净资产报酬率越高，企业投资者获取收益的能力就越强，运营效益就越好，对企业投资人、债权人利益的保证程度越高。

（五）资产报酬率

资产报酬率是一定时期企业利润总额与平均资产总额之间的比率，反映企业总资产的中综合利用水平和综合收益水平，其计算公式为

$$资产报酬率＝利润总额÷平均资产总额×100\%$$

在市场经济条件下，各行业间竞争比较激烈，企业的资产报酬率越高，说明企业的总资产利用效果越好；反之，越差。

基于利润进行绩效管理主要有以下优点：①反映企业商品生产的盈利本质；②反映实现的价值，产品卖出去才有收入、利润；③反映收入大于成本的盈利状况。其缺点是利润的实现和计算依赖于历史信息，无法体现企业未来的发展状况，并且在追求利润的过程中可能造成短视行为，忽略风险，无法全面反映企业的长远利益。例如，为增加当期利润而不进行长期投资或固定资产更新，不进行技术研发投资，不进行品牌建设或维护等。

二、基于净资产报酬率的绩效管理体系

基于净资产报酬率的绩效管理体系主要采用杜邦分析法，杜邦分析法利用主要财务比率之间的关系进行综合分析，既全面体现企业整体财务状况，又指出指标与指标之间及指标与报表之间的内在联系，其基本思想是将企业净资产报酬率逐级分解为多项财务比率的乘积，从而深入分析和比较企业经营业绩。由于这种分析方法最早由美国杜邦公司使用，故名杜邦分析法。

杜邦分析体系的基本框架如图 9-1 所示。

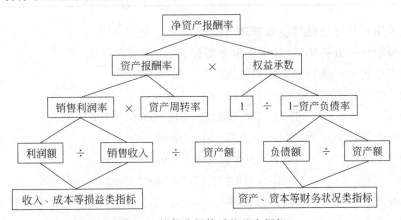

图 9-1　杜邦分析体系的基本框架

杜邦分析法中的主要财务指标关系如下。

净资产报酬率＝资产报酬率(净利润/总资产)×权益乘数(总资产/总权益资本)

资产报酬率(净利润/总资产)＝销售净利润率(净利润/总收入)×资产周转率(总收入/总资产)

即　　权益净利率＝销售净利润率×资产周转率(资产利用率)×权益乘数

杜邦分析法的基本思路如下。

(1)净资产报酬率是杜邦分析系统的核心,反映股东投资的获利能力及企业筹资、投资和生产运营等各方面经营活动的效率。净资产报酬率的高低取决于企业资产报酬率和权益乘数;净资产报酬率反映企业运用资产进行生产经营活动的效益水平,而权益乘数则主要反映企业对负债的利用情况,即企业资金来源结构的合理性。

(2)净资产报酬率的高低取决于销售净利率和资产周转率的高低。资产周转率反映总资产的周转速度,对资产周转率的分析需要对影响资产周转的各因素进行分析,以判断影响公司资产周转的主要问题在哪里。销售利润率反映销售收入的净收益水平。提高价格、扩大销售收入、降低成本费用是提高企业销售利润率的根本途径,而扩大销售同时也是提高资产周转率的必要条件和途径。

(3)权益乘数表示企业的负债程度,反映公司利用财务杠杆进行经营活动的程度。资产负债率高,权益乘数就大,说明公司负债程度高,公司会有较多的杠杆利益,但风险也高;反之,资产负债率低,权益乘数就小,说明公司负债程度低,公司会有较少的杠杆利益,但相应所承担的风险也低。

【案例 9-1】　佳盛公司主营白酒系列产品的生产和销售,同时进行饮料、食品、包装材料的生产和销售,防伪技术开发,信息产业相关产品的研制开发。佳盛公司基本财务数据如表 9-1 所示。

表 9-1　佳盛公司基本财务数据　　　　　　　　单位:万元

年份	净利润	销售收入	资产总额	负债总额	流动负债	股东权益
2020	431 244.61	608 053.99	1 976 962.31	511 805.75	510 805.75	1 446 598.28
2021	505 119.42	716 241.67	2 558 757.99	703 819.02	702 819.02	1 839 877.41

要求:采用杜邦分法进行绩效管理分析。

解析:根据杜邦分析法,计算以下财务指标。

(1)销售净利率＝净利润÷销售收入。

2020 年:　　　　　　70.92%＝431 244.61÷608 053.99×100%

2021 年:　　　　　　70.52%＝505 119.42÷716 241.67×100%

(2)总资产周转率＝销售收入÷总资产平均余额。

2020 年:　　　　　0.31＝608 053.99÷1 976 962.31

2021 年:　　　　　0.28＝716 241.67÷2 558 757.99

(3)权益乘数＝1÷(1－资产负债率)。

2020 年:1.35＝1÷(1－25.89%)＝1÷(1－511 805.75÷1 976 962.31)

2021 年:1.38＝1÷(1－27.51%)＝1÷(1－703 819.02÷2 558 757.99)

(4)权益净利率＝销售净利率×总资产周转率×权益乘数。

2020 年:　　　　　　0.30＝70.92%×0.31×1.35

2021 年： $0.27 = 70.52\% \times 0.28 \times 1.38$

（5）资产净利率＝销售净利率×总资产周转率。

2020 年： $0.22 = 70.92\% \times 0.31$

2021 年： $0.20 = 70.52\% \times 0.28$

（6）权益净利率＝资产净利率×权益乘数。

2020 年： $0.30 = 0.22 \times 1.35$

2021 年： $0.28 = 0.20 \times 1.38$

采用杜邦分析体系对佳盛公司进行综合分析：公司 2020 年和 2021 年的权益净利率变化情况是权益净利率下降→主要是由于资产净利率下降→由于销售净利率和总资产周转率下降→主要是由于净利润率下降，其中权益乘数上升→资产负债率上升→负债总额上升→流动负债上升。

从公司的综合能力分析可知，公司的盈利能力在减弱，而风险水平在增加。

任务三　以责任中心为主体的绩效管理

以责任中心为主体的绩效管理

责任会计产生于 19 世纪末 20 世纪初。随着工业革命及资本主义经济的迅速发展，生产活动日益复杂，企业组织规模不断扩大，这些促使成本会计取得了引人注目的进展。成本会计的发展，尤其是以泰勒的"科学管理理论"为基础的标准成本制度的出现，使人们认识到，为控制成本，必须将其作为各种责任赋予业务执行人员，充分调动他们的积极性和创造性。与此同时，预算管理的出现使责任制度从成本控制领域扩展到利润和资金等管理领域，明确了对各部门预算建立责任制度的重要性。这些发展表明，会计数据与经济责任开始结合，责任会计的萌芽已经产生，尽管还不成熟，但为后来责任会计向业绩评价发展奠定了基础。

在大企业或企业集团，为充分发挥各级、各单位的主动性和能动性，往往按其承担的责任进行考核，从而形成以责任中心为主体的绩效管理。

一、责任中心及其分类

（一）责任中心

责任中心是指根据其管理权限承担一定的经济责任，并能反映其经济责任履行情况的企业内部责任单位。

（二）责任中心的分类

按照责任对象的特点和责任范围的大小，责任中心可以分为成本（费用）中心、利润中心和投资中心。如图 9-2 所示为一家石油化工企业的责任组织结构图。通过这张图，我们可以清楚地了解责任中心在一般企业中的划分。

1. 成本（费用）中心

成本（费用）中心是指只发生成本（费用）而不取得收入的责任单位。成本（费用）中心只考核责任成本，不考核其他内容。

成本（费用）中心只对其可控成本负责。一般来讲，可控成本应同时符合以下三个条件：①责任中心能够通过一定的方式了解将要发生的成本；②责任中心能够对成本进行计量；③责任中心能够通过自己的行为对成本加以调节和控制。

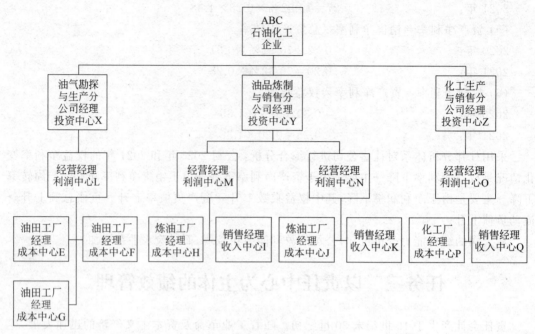

图 9-2 责任组织结构图

【案例 9-2】 飞扬动力企业内部某车间为成本中心,生产 A 产品,预算产量为 6 000 件,单位成本为 100 元;实际产量为 7 000 件,单位成本为 95 元。计算成本变动额和成本变动率。

解析: 成本变动额=95×7 000-100×7 000=-35 000(元)

成本变动率=[-35 000÷(100×7 000)]×100%=-5%

计算结果表明,该成本中心的成本降低额为 35 000 元,成本降低率为 5%。

2. 利润中心

利润中心是指既要发生成本,又能取得收入,还能根据收入与成本配比计算利润的责任单位。

可控收入减去可控成本就是利润中心的可控利润,也是利润中心的责任利润。对利润中心业绩进行考核的重要指标是其责任利润。如果利润中心获得的利润中有该利润中心不可控因素的影响,则必须进行调整。

【案例 9-3】 飞扬动力企业甲车间以个人为利润中心,本期实现内部销售收入 1 000 000 元,销售变动成本为 600 000 元。该利润中心负责人的可控固定成本为 50 000 元,该利润中心负责人的不可控的应由该利润中心负担的固定成本为 70 000 元。该利润中心利润考核指标分别为

利润中心边际贡献总额=1 000 000-600 000=400 000(元)

利润中心负责人可控利润总额=400 000-50 000=350 000(元)

利润中心可控利润总额=350 000-70 000=280 000(元)

3. 投资中心

投资中心是指既要发生成本,又能取得收入、获得利润,还有权进行投资的责任单位。

显然,投资中心应拥有完整的或较大的生产经营权,其相当于独立核算的企业,或总公司下属的独立核算的分公司或分厂等。

【案例 9-4】 假定镇宁公司有一投资中心,本年第一季度的有关资料如表 9-2 所示,试计算其投资利润率。

表 9-2 本年第一季度的有关资料 单位:元

项 目	金 额
销售收入	150 000
总资产(期初余额)	50 000
总资产(期末余额)	60 000
非流动负债(期初余额)	20 000
非流动负债(期末余额)	30 000
净利润	15 000

解析:期初投资额＝50 000＋20 000＝70 000(元)

期末投资额＝60 000＋30 000＝90 000(元)

投资利润率＝(15 000÷150 000)×{150 000÷[(70 000＋90 000)÷2]}×100%

＝18.75%

二、内部结算价格

为分清经济责任,各责任中心之间的经济往来应当按照等价交换的原则实行"商品交换"。各责任中心在相互提供产品(或劳务,下同)时,要按照一定的价格、采用一定的结算方式进行计价结算。这种计价结算并不真正动用企业的货币资金,而是一种观念上的货币结算,是一种资金限额指标的结算。计价结算过程中使用的价格称为内部结算价格。内部结算价格的制定要考虑有关责任中心的利益,更要考虑企业的总体利益,并且尽量使两者的利益保持一致。

责任会计中的内部结算价格大体上有以下六种类型可供选择。

(一)计划制造成本型内部结算价格

计划制造成本型内部结算价格即将制造成本法下的计划单位成本作为内部结算单价,其优点:将责任成本核算与产品成本核算有机地联系起来,能有效避免虚增成本的现象的出现;各责任中心占用的资金也没有虚增数额,便于资金预算的分解落实;将责任中心完工产品的实际成本与按这类内部结算价格计价的"收入"进行比较,可以明确反映责任中心的成本节约或超支。其不足之处在于没有与各责任中心真正创造的利润联系起来。

(二)计划变动成本型内部结算价格

计划变动成本型内部结算价格即以单位产品的计划变动成本作为内部结算单价,其优点:符合成本性态,能够明确揭示成本与产量之间的关系;能够正确反映责任中心的成本节约或超支,便于合理考核各责任中心的工作业绩;有利于企业及各责任中心进行生产经营决策,可以根据产品变动成本和售价决定是否接受订货进行生产。其不足之处在于产品成本中不包括固定成本,因而不能反映劳动生产率的变化对产品单位成本中固定成本的影响。

（三）计划变动成本加计划固定总成本型内部结算价格

计划变动成本加计划固定总成本型内部结算价格即内部结算价格由两部分构成：一部分是产品的计划变动成本；另一部分是计划固定总成本。采用这类内部结算价格进行结算时，相互提供的产品按照数量和单位产品计划变动成本计价结算，计划固定总成本则按月进行结算。

（四）计划制造成本加利润型内部结算价格

计划制造成本加利润型内部结算价格即以单位产品的计划制造成本加上一定比案例的计划单位利润作为内部结算单价，其优点：包含一定数量的利润额，责任中心在增加产量时，即使没有降低成本，也可以增加利润，有利于调动各责任中心增加产量的积极性，克服前述各种成本型内部结算价格的缺点。

（五）市场价格型内部结算价格

市场价格型内部结算价格即以单位产品的市场销售价格作为内部结算单价，在提供产品的责任中心的产品能够对外销售，以及接受产品的责任中心所需的产品可以外购的情况下，以市场价格作为内部结算价格，能够较好地体现公平性原则；各责任中心计算的利润就是企业实现的利润，有利于促使各责任中心参与市场竞争，加强生产经营管理，这无疑是市场价格型内部结算价格的优点。

（六）双重内部结算价格

双重内部结算价格即提供产品的责任中心转出产品与接受产品的责任中心转入产品，分别按照不同的内部结算价格结算，相关差额由会计部门进行调整。采用双重内部结算价格可以根据各责任中心的特点，在一项往来结算业务中选用不同的内部结算价格，满足各自管理的要求。

📖 边学边练

边学边练
答案及分析
（情景案例一）

情景案例一：小米公司甲部门生产 A 产品可售给乙部门，也可对外销售。A 产品的市场价格为每件 35 元，单位变动成本为 20 元。乙部门利用 A 产品生产 B 产品出售，B 产品每件售价 80 元，每件 B 产品除 A 产品外的变动成本为 40 元。要求：计算 A 产品的内部转移价格。

边学边练
答案及分析
（情景案例二）

情景案例二：设小米公司甲、乙两个责任中心之间有产品转移，甲中心向乙中心提供零件。甲中心零件的变动成本为 15 元/件，经由甲、乙两责任中心协商，转移价格采用成本加成法计算，在该零件的变动成本基础上加 20% 作为转移价格。要求：计算甲中心的零件内部转移价格。

三、成本中心的绩效管理

成本中心是指在履行职责时，只耗费资源却不能产生收入或购买资产的组织部门。任何发生成本的责任范围都可以成为成本中心。成本中心只负责控制和报告成本，并按照这一要求来确定自己的组织结构和任务。例如，在图 9-2 中，石油化工企业中的化工厂经理能够制定有关材料、人工和制造费用等，却不能决定化工产品的销售价格和促销手段。

由于成本中心只对所报告的成本或费用承担责任，所以成本中心绩效管理的主要指标是生产效率、标准成本与成本差异的报告等。成本中心绩效管理的主要指标是责任成本及其增减额、升降率和与其作业相关的非财务指标等。

$$成本增减额＝实际成本额－预算成本额$$
$$成本升降率＝成本增减额÷预算成本额$$

【案例 9-5】 假设某石油化工企业的油气勘探与生产分公司下面有 E、F、G 三个成本中心,三个成本中心某日的责任成本预算值分别为 50 000 元、60 000 元、70 000 元,可控成本实际发生额分别为 48 500 元、62 500 元、69 500 元。根据上述公式计算得到如表 9-3 所示的数据。

表 9-3　责任成本预算完成情况表

成本中心	预算/元	实际/元	增减额/元	升降率/%
E	50 000	48 500	−1 500	−3
F	60 000	62 500	2 500	4.17
G	70 000	69 500	−500	0.71

显然,在三个成本中心中,E 成本中心的实际成本比预算节约 3%,所以 E 中心的成本预算完成情况最好,而 F 成本中心的成本完成情况最差。在对成本中心的预算完成情况进行考核时应该注意,如果实际产量与预算产量不一致,应该首先区分固定成本和变动成本,再按照弹性预算的方法调整预算指标,最后进行上述计算、分析和比较。

四、利润中心的绩效管理

利润中心是组织中对实现销售及控制成本负责的部门。利润中心管理人员一般要负责产品定价、决定产品组合及监控生产作业。由于利润中心的管理人员有权制定资源供应决策并有自行定价的权力,因此,在对利润中心进行绩效管理时,要充分考虑利润中心经理行使相应的决策权力所涉及的方面。例如,在图 9-2 中,石油化工企业有四个经营经理对各自的利润中心负责。

利润中心的类型包括自然利润中心和人为利润中心两种。自然利润中心具有全面的产品销售权、价格制定权、材料采购权及生产决策权。

对利润中心工作业绩进行考核的重要指标是其可控利润,即责任利润。如果利润中心获得的利润中有该利润中心不可控因素的影响,则必须进行调整。将利润中心的实际责任利润与责任利润预算进行比较,可以反映出利润中心责任利润预算的完成情况。

利润中心的考核指标具体包含销售毛利、贡献毛益和营业利润。

(一)销售毛利

$$销售毛利＝销售收入净额－销售产品成本$$

销售毛利包含利润中心管理者所能控制的销售收入和销售产品成本,但不包含经营费用。销售毛利的增加会引起营业费用更大幅度的增加,使企业净收益减少,违背了目标一致性的原则,这是不可取的。

【案例 9-6】 接案例 9-5,该石油化工企业的油品炼制和销售分公司有两个利润中心 M 和 N。若以销售毛利作为评价业绩指标,则两个利润中心的责任预算如表 9-4 所示。

表 9-4 利润中心的责任预算表　　　　　　　　　单位：元

利 润 中 心	M	N	合 计
销售净额	435 000	3 131 450	3 566 450
期初存货	90 000	600 000	690 000
本期生产	260 000	2 150 000	2 410 000
减：期末存货	55 000	447 000	502 000
销售成本	295 000	2 303 000	2 598 000
销售毛利	140 000	828 450	968 450

（二）贡献毛益

贡献毛益＝销售净额－销售成本－部门直接费用

考察部门贡献毛益首先要区分直接费用和间接费用。直接费用是指那些由于特定部门的业务所引起的、能直接归属于该部门的费用。如直接费用包括生产人员工资、折旧费等。间接费用是指由企业整体受益而不能直接归属于某一部门的费用。

与采用毛利指标相比，贡献毛益指标对利润中心进行绩效管理有明显的优越。首先贡献毛益把各部门可以影响和控制的一部分经营费用记到各部门的账上，使这些费用的减少既有利于各利润中心毛益的增加，也有利于企业净收益的增加，保持了利润中心目标和企业总目标的一致。

【案例 9-7】　接案例 9-6，假设该石油化工企业的油品炼制和销售分公司将直接人员工资、广告费、折旧费归为直接费用，可以直接归属于两个利润中心 M 和 N；其余各项费用均为间接费用，不再分配。若以部门贡献毛益额为评价指标体系，则两个利润中心的责任预算如表 9-5 所示。

表 9-5 利润中心的责任预算表　　　　　　　　　单位：元

利 润 中 心	M	N	合 计
销售净额	435 000	3 131 450	3 566 450
减：销售成本	295 000	2 303 000	2 598 000
销售毛利	140 000	828 450	968 450
减：部门直接费用	72 870	441 940	514 810
其中：人员工资	44 050	208 000	252 050
租金	11 925	88 950	100 875
折旧费	16 895	144 990	161 885
部门贡献毛益	67 130	386 510	453 640

（三）营业利润

营业利润＝销售净额－销售成本－部门直接费用－部门间接费用

营业利润是在部门贡献毛益的基础上减去各部门应负担的全部营业费用以后的余额。营业利润作为考核评价指标，克服了上述毛利指标带来的利润中心目标和企业目标不一致的问题。但是企业发生的间接费用都是间接为各部门产品生产和销售服务的，如管理人员工资、办公费用及管理人员的折旧和摊销费用。这些费用不能直接确认、归属为某一部门，只能根据企业的具体情况，采用适当的比例进行分配。

【案例9-8】 按案例9-7，假设该石油化工企业的间接费用在 M 和 N 两个利润中心按照3：7的比例加以分配。若以营业利润为评价指标体系，则两个利润中心的责任预算如表9-6所示。

表 9-6 利润中心的责任预算表   单位：元

利 润 中 心	M	N	合 计
销售净额	435 000	3 131 450	3 566 450
销售毛利	140 000	828 450	968 450
部门毛益贡献	67 130	386 510	453 640
减：间接费用	88 935	207 515	296 450
其中：管理人员工资	18 750	43 750	62 500
办公费用	13 350	31 150	44 500
摊销费用	56 835	132 615	189 450
营业利润	−21 805	178 995	157 190

进行责任利润预算完成情况的分析，主要是将各利润中心的实际责任利润与责任利润预算进行比较，确定责任利润的增收或减收，并进一步分析增收或减收的具体原因。分析责任利润预算完成情况的方法，也与责任利润核算的内容密切相关。人为利润中心的责任利润是生产过程中创造的利润，其内部销售收入按内部结算价格计价，剔除了价格变动对责任利润的影响，因此，影响责任利润变动的因素主要是内部销售数量、销售成本的变动及品种结构的变动。

五、投资中心的绩效管理

投资中心是指除能够控制成本中心、收入中心和利润中心外，还能对投入的资金进行控制的中心。投资中心是最高层次的责任中心，其拥有最大的决策权，也承担最大的责任。投资中心必然是利润中心，但利润中心并不都是投资中心。利润中心没有投资决策权，而且在考核利润时也不考虑所占用的资产。如图9-2所示，石油化工企业的油气勘探、油品炼制和化工产品生产都是投资中心。

投资中心可以看作有投资决策权的利润中心，其权责都高于利润中心。因此，对投资中心进行绩效管理时，既要评价其成本和收益的状况，更要结合其投入资金全面衡量其投资报酬率的大小和投资效果的好坏。

（一）投资报酬率

投资报酬率是投资中心一定时期的营业利润和该期的投资占用额之比。企业最终获得的利润和投入经营所必备的财产是紧密联系的。该指标是全面评价投资中心各项经营活动、考评投资中心业绩的综合性质量指标。它既能揭示投资中心的销售利润水平，又能反映资产的使用效果，其计算公式为

投资报酬率＝营业利润÷投资占用额

$$=（营业利润÷销售收入）×（销售收入÷营业资产）$$
$$=销售利润率×资产周转率$$

【案例 9-9】　接案例 9-8,该石油化工企业有油田勘探与生产、油品炼制与销售、化工产品生产与销售三个投资中心。各投资中心的投资报酬率如表 9-7 所示。

表 9-7　投资报酬率

投资中心	X	Y	Z
营业收入/元	475 000	180 000	390 000
营业利润/元	39 425	24 000	32 370
投资占用额/元	490 000	115 000	290 000
投资报酬率/%	8.06	20.87	11.21

我们可以将各投资中心的业绩进一步分解,具体如下。

X 投资中心:

投资报酬率＝（39 425÷475 000）×（475 000÷490 000）≈8.3%×0.97≈8.05%

Y 投资中心:

投资报酬率＝（24 000÷180 000）×（180 000÷115 000）≈13.33%×1.57≈20.87%

Z 投资中心:

投资报酬率＝（32 370÷390 000）×（390 000÷290 000）≈8.3%×1.35≈11.21%

投资报酬率作为相对指标,可用于不同投资中心的横向比较,还可用于不同规模的企业和同一企业不同时期的比较。

(二)剩余收益

剩余收益是指投资中心获得的利润,是扣减其投资额(或净资产占用额)按规定(或预期)的最低收益率计算的投资收益后的余额,是一个部门的营业利润超过其预期最低收益的部分。其计算方法为

剩余收益＝利润额－规定或预期的最低投资收益额

＝利润额－投资占用额×规定或预期的最低投资收益率

【案例 9-10】　假设某企业有三个投资中心,预期最低报酬率为 10%。三个投资中心的剩余收益如表 9-8 所示。

表 9-8　剩余收益　　　　　　　　　　　　　　　　单位:元

投资中心	X	Y	Z
营业利润	48 000	79 000	65 000
投资占用额	230 000	980 000	580 000
最低投资报酬	23 000	98 000	58 000
剩余收益	25 000	−19 000	7 000

剩余收益弥补了投资报酬率的不足,可以在投资决策方面使投资中心利益与企业整体利益取得一致,并且剩余收益允许不同的投资中心使用不同的风险调整资本成本。剩余收益最大的不足之处在于:不能用于两个规模差别比较大的投资中心的横向比较。

边学边练

情景案例三：设某公司有 A、B 两个投资中心。2021 年，A 投资中心的净利润为 40 万元，资产为 200 万元，投资利润率为 20%；B 投资中心的净利润为 10 万元，资产为 100 万元，投资利润率为 10%。

边学边练
答案及解析

要求：

（1）计算该公司的投资利润率。

（2）设 A 投资中心现有一个投资项目，投资金额为 200 万元，期望利润为 35 万元。若 A 投资中心接受该项目，试分析公司的利润率。

（3）在考虑剩余收益指标的情况下，设公司规定的最低利润率为 10%，若 A 投资中心接受该项目，计算公司的剩余收益。

任务四　经济增加值法的应用

经济增加
值法

一、经济增加值法的概念

经济增加值法是指以经济增加值（economic value added，可表示为 EVA）为核心，建立绩效指标体系，引导企业注重价值创造，并据此进行绩效管理的方法。

经济增加值是指税后净营业利润扣除全部投入资本的成本后的剩余收益。经济增加值及其改善值是全面评价经营者有效使用资本和为企业创造价值的重要指标。经济增加值为正，表明经营者在为企业创造价值；经济增加值为负，表明经营者在损毁企业价值。

经济增加值法较少单独应用，一般与关键绩效指标法、平衡计分卡等方法结合使用。企业应用经济增加值法进行绩效管理的对象可为企业及其所属单位（部门）（可单独计算经济增加值）和高级管理人员。

二、经济增加值法的应用前提

企业应用经济增加值法，应树立价值管理理念，明确以价值创造为中心的战略目标，建立以经济增加值为核心的价值管理体系，使价值管理成为企业的核心管理制度。

企业应综合考虑宏观环境、行业特点和企业的实际情况，通过价值创造模式的识别，确定关键价值驱动因素，构建以经济增加值为核心的指标体系。

企业应建立清晰的资本资产管理责任体系，确定被评价对象的资本资产管理责任。

企业应建立健全会计核算体系，确保会计数据真实可靠、内容完整，并及时获取与经济增加值计算相关的会计数据。

企业应加强融资管理，关注筹资来源与渠道，及时获取债务资本成本、股权资本成本等相关信息，合理确定资本成本。

企业应加强投资管理，把能否增加价值作为新增投资项目决策的主要评判标准，以保持持续的价值创造能力。

三、经济增加值法应用的一般程序

（1）建立绩效管理制度体系与管理机构。

（2）制订绩效计划与激励计划。

（3）执行绩效计划与激励计划。

（4）实施绩效评价与激励。

（5）编制绩效评价与激励管理报告。

四、经济增加值法的计算

经济增加值的计算公式为

经济增加值＝税后净营业利润－平均资本占用×加权平均资本成本

式中，税后净营业利润衡量的是企业的经营盈利情况；平均资本占用反映的是企业持续投入的各种债务资本和股权资本；加权平均资本成本反映的是企业各种资本的平均成本率。

（一）税后净营业利润

税后净营业利润等于会计上的税后净利润加上利息支出等会计调整项目后得到的税后利润。计算经济增加值时，需要进行相应的会计项目调整，以消除财务报表中不能准确反映企业价值创造的部分。会计调整项目的选择应遵循价值导向性、重要性、可控性、可操作性与行业可比性等原则，根据企业实际情况确定。常用的调整项目如下。

（1）研究开发费、大型广告费等一次性支出但收益期较长的费用，应予以资本化处理，不计入当期费用。

（2）反映付息债务成本的利息支出，不作为期间费用扣除，计算税后净营业利润时扣除所得税影响后予以加回。

（3）营业外收入、营业外支出具有偶发性，应将当期发生的营业外收支从税后净营业利润中扣除。

（4）将当期减值损失扣除所得税影响后予以加回，并在计算资本占用时相应调整资产减值准备发生额。

（5）递延税金不反映实际支付的税款情况，将递延所得税资产及递延所得税负债变动影响的企业所得税从税后净营业利润中扣除，相应调整资本占用。

（6）其他非经常性损益调整项目，如股权转让收益等。

（二）平均资本占用

平均资本占用是所有投资者投入企业经营的全部资本，包括债务资本和股权资本。债务资本包括融资活动产生的各类有息负债，不包括经营活动产生的无息流动负债。股权资本包含少数股东权益。资本占用除根据经济业务实质相应调整资产减值损失、递延所得税等外，还可以根据管理需要调整研发支出、在建工程项目，引导企业注重长期价值创造。

（三）加权平均资本成本

加权平均资本成本是债务资本成本和股权资本成本的加权平均，反映了投资者所要求的必要报酬率。加权平均资本成本的计算公式如下。

$$K_{\text{WACC}} = K_{\text{D}} \frac{\text{DC}}{\text{TC}} (1-T) + K_{\text{S}} \frac{\text{EC}}{\text{TC}}$$

式中，TC 表示资本占用；EC 表示股权资本；DC 表示债务资本；T 表示所得税税率；K_{WACC} 表示加权平均资本成本；K_{D} 表示税前债务资本成本；K_{S} 表示股权资本成本。

税前债务资本成本是企业实际支付给债权人的税前利率，反映的是企业在资本市场中债务融资的成本率。如果企业存在不同利率的融资来源，债务资本成本应使用加权平均值。

股权资本成本是在不同风险下,所有者对投资者要求的最低回报率,通常根据资本资产定价模型确定,其计算公式为

$$K_s = R_f + \beta(R_m - R_f)$$

式中,R_f 表示无风险收益率;R_m 表示市场预期回报率;$R_m - R_f$ 表示市场风险溢价;β 表示企业股票相对于整个市场的风险指数。上市企业的 β 值可采用回归分析法或单独使用最小二乘法等方法测算确定,也可以直接采用证券机构等提供或发布的 β 值;非上市企业的 β 值可采用类比法,参考同类上市企业的 β 值确定。

企业级加权平均资本成本确定后,应结合行业情况、不同所属单位(部门)的特点,通过计算(能单独计算的)或指定(不能单独计算的)的方式确定所属单位(部门)的资本成本。通常情况下,企业对所属单位(部门)所投入资本即股权资本的成本率是相同的,为简化资本成本的计算,所属单位(部门)的加权平均资本成本一般与企业保持一致。

在实务中,经济增加值的计算公式如下:

$$EVA = 会计利润 \pm 利润调整 - (占用资本 \pm 资本调整) \times K_{WACC}$$

根据《中央企业负责人年度经营业绩考核实施方案》及《中央企业负责人经济增加值考核实施方案》,国务院国有资产监督管理委员会对中央企业的年度经营业绩考核中,年度指标分为基本指标、分类指标和约束性指标,其中基本指标包括净利润和经济增加值。经济增加值是指经核定的企业税后净营业利润减去资本成本后的余额,其计算公式为

$$经济增加值 = 税后净营业利润 - 资本成本$$
$$= 税后净营业利润 - 调整后资本 \times 平均资本成本率$$
$$税后净营业利润 = 净利润 + (利息支出 + 研究开发费用调整项) \times (1 - 25\%)$$
$$调整后资本 = 平均所有者权益 + 平均带息负债 - 平均在建工程$$
$$平均资本成本率 = \frac{债权资本成本率 \times 平均带息负债}{(平均带息负债 + 平均所有者权益) \times (1 - 25\%)} + \frac{股权资本成本率 \times 平均所有者权益}{平均带息负债 + 平均所有者权益}$$

式中,利息支出是指企业财务报表中"财务费用"项下的"利息支出";研究开发费用调整项是指企业财务报表中"期间费用"项下的"研发费用"和当期确认为无形资产的开发支出;在建工程是指企业财务报表中的符合主业规定的"在建工程";带息负债是指企业带息负债情况表中带息负债合计;企业经营业务主要在国(境)外的,25%的企业所得税率可予以调整。

【案例9-11】　亚飞公司为一家中央国有企业,拥有两家业务范围相同的控股子公司 A、B,控股比例分别为 52% 和 75%。在亚飞公司管控系统中,A、B 两家子公司均是亚飞公司的投资中心。A、B 两家公司 2021 年经审计后的基本财务数据如表 9-9 所示。

表 9-9　A、B 两家公司的基本财务数据

项　目	子公司 A	子公司 B
1. 无息债务(平均,均为短期债务)/元	300	100
2. 有息债务(平均、年利息率为 6%,均为长期债务)/元	700	200
3. 所有者权益(平均)/元	500	700

续表

项　　目	子公司 A	子公司 B
4. 总资产(平均)/元	1 500	1 000
5. 息税前利润/元	150	100
适用所得税税率	25%	
平均资本成本率	5.5%	

假定不考虑所得税纳税调整事项和其他有关因素。

要求：

(1) 根据上述资料,分别计算 A、B 两家子公司的经济增加值,并据此对 A、B 两家子公司做出绩效评价。

(2) 简要说明使用经济增加值法进行绩效评价的效果。

解析：

A 公司经济增加值=150×(1−25%)−(500+700)×5.5%=46.5(万元)

B 公司经济增加值=100×(1−25%)−(200+700)×5.5%=25.5(万元)

从经济增加值结果来看,A 公司绩效要好于 B 公司。

五、对经济增加值法的评价

(一) 经济增加值法的优点

(1) EVA 指标是一个综合的财务评价手段。EVA 的出现使整个企业的活动都围绕如何提高 EVA 来开展,从战略的生成到财务计划的制订,从投资决策到日常的财务控制,从业绩评价到奖惩激励,都始终贯彻 EVA 指标。而传统的财务评价体系一般设计不同的财务指标来满足不同的需要。

(2) EVA 可以正确引导各部门做出有利于企业整体发展的行为。EVA 能有效解决次优化决策问题,部门经理可以通过提高部门现有资产的回报率,增加收益超过资本成本的新资本投入,以及减少收益低于资本成本的资产占用等方法,在增加本部门业绩的同时,增加公司总体的经济增加值。

(3) EVA 业绩指标向公司高层较准确地传递了部门业绩信息。相对于传统的财务分析模式,由于 EVA 是部门经营业绩的综合反映,有利于鼓励部门实施长期投资政策。并且在 EVA 业绩评价指标下,可以将部门的战略性投资资本化,调整营业净利润,鼓励部门关注公司的发展。

(4) EVA 指标可以为多重评价主体服务。它不仅可以作为投资者评价企业及高层管理者业绩的指标,而且可以作为高层管理者评价内部各部门及相应管理者业绩的指标。也就是说,经济增加值不但可以作为外部评价指标,也可以作为内部业绩评价指标。

(二) 经济增加值法的缺点

(1) EVA 作为一种纯财务指标,只是片面地反映了企业经营的最终结果,不能识别出财务报表的虚假风险,不能反映出企业在客户关系管理、内部运营及创新等视角的具体状况,也不能有效地分析出经营过程中的问题症结所在。

(2) EVA 作为一种绝对量指标,只能从总量上说明经济效益的有无及多少,不能从质上说明经济效益的高低,更不能反映出规模不同的部门和行业之间经济效益的多寡,无法进行企业之间和部门之间业绩的横向比较。

(3)EVA能够有效地反映企业为股东创造的财富,是站在股东的角度评价企业的业绩,但对其他利益相关者的要求则无法反映,难以实现对企业绩效的全面综合评价。

(4)EVA指标是通过对传统的财务报表数据进行一系列调整计算的,这种调整增加了EVA计算的难度,且可能去掉企业向市场传递其成长机会的信息,增加投资决策的难度。

总之,与传统的企业绩效评价指标相比,EVA评价能够很好地衡量企业财富的增值。但EVA系统仍属于财务绩效的评价体系,对非财务绩效评价重视不够。在新的经济环境下,应把财务评价和非财务评价相结合,才能完成企业业绩的合理评价。

📖 边学边练

边学边练
答案及解析

情景案例四:飞达公司是一家智能家用设备制造企业,自2018年起实施全面预算管理,并以此为平台逐步嵌入关键绩效指标法、经济增加值法等绩效管理工具,形成了完整的预算绩效管控体系。2021年10月,飞达公司召开预算管理专题会议,研究分析2021年前三季度预算执行情况并安排部署2022年度预算编制工作。有关资料如下。

研究分析2021年前三季度预算执行情况。会议认为,2021年前三季度公司净利润、经济增加值指标的预算执行进度未完成阶段性预算目标(75%),但管理费用指标已接近年度预算目标。会议要求,第四季度要打好"提质增效"攻坚战,对于净利润、经济增加值指标,要确保总量完成年度预算目标;对于管理费用,要对业务招待费、会议费、差旅费等项目分别加以控制。

2021年前三季度预算执行分析报告摘录如下:①实现营业收入51.6亿元,为年度预算目标的75.9%;②实现净利润5.2亿元,为年度预算目标的61.2%;③实现经济增加值2.5亿元,为年度预算目标的58.5%;④发生管理费用4.8亿元,为年度预算目标的95.8%,其中研究开发费1.5亿元;⑤发生财务费用0.52亿元,其中利息支出0.5亿元。另据相关资料显示:甲公司考核经济增加值指标时,研究开发费、利息支出均作为会计调整项目,企业所得税税率为25%,前三季度加权平均资本成本为6%。

假定不考虑其他因素。要求:根据以上资料,结合经济增加值法,计算飞达公司2021年前三季度的税后净营业利润,以及2021年前三季度的平均资本占用。

任务五　平衡计分卡的应用

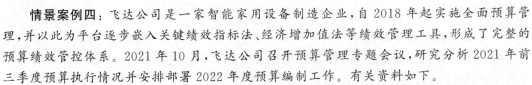

平衡计分卡

一、平衡计分卡的概念

(一)平衡计分卡的提出与发展

从1992年卡普兰与诺顿在《哈佛商业评论》发表的第一篇关于平衡计分卡的文章到2000年的《战略中心型组织》书籍的出版,平衡计分卡已从最初的业绩衡量体系转变为用于战略执行的新绩效管理体系。平衡计分卡的应用和研究取得了重大的突破。

2004年,卡普兰与诺顿又出版了一本关于平衡计分卡的新书《战略地图》。《战略地图》阐述的是如何将组织的战略可视化,通过战略地图来描述组织的无形资产转化为有形成果的路径,并且在无形资产的衡量和管理上提出了"战略准备度"的新概念。

（二）平衡计分卡的定义

平衡计分卡是指基于企业战略，从财务、客户、内部业务流程、学习与成长四个维度，将战略目标逐层分解转化为具体的、相互平衡的绩效指标体系，并据此进行绩效管理的方法。平衡计分卡采用多重指标、从多个维度或层面对企业或分部进行绩效评价，是企业愿景和战略的具体体现，既是一个绩效评价系统，也是一个有效的战略管理系统。

平衡计分卡的理论基础：利润最大化是短期的，企业应体现战略目标，致力于追求未来的核心竞争能力。平衡计分卡通常与战略地图等工具结合使用，适用于战略目标明确、管理制度比较完善、管理水平相对较高的企业。

平衡计分卡
的四个维度
案例分析

二、平衡计分卡的维度

平衡计分卡提供了一个综合的绩效评价框架，将企业的战略目标转化为一套条理分明的绩效评价体系。

（一）四个维度的具体内容

（1）财务维度。其目标是解决"股东如何看待我们"的问题，表明我们的努力是否对企业的经济收益产生了积极的作用，因此，财务维度是其他三个维度的出发点和归宿。

（2）客户维度。其目标是解决"客户如何看待我们"的问题。客户是企业之本，是现代企业的利润来源，理应成为企业的关注焦点。客户维度体现了公司与外界、部门和其他单位变化的反映，是平衡计分卡的平衡点。

（3）内部业务流程维度。其目标是着眼于企业的核心竞争力，解决"我们必须擅长什么"的问题。因此，企业应当甄选出那些对客户满意度有最大影响的业务程序（包括影响时间、质量、服务和生产率的各种因素），明确自身的核心竞争能力，并把它们转化成具体的测评指标。内部过程是公司改善经营业绩的重点。

（4）学习和成长维度。其目标是解决"我们能否持续增加或创造价值"的问题。只有持续提高员工的技术素质和管理素质，才能不断地开发新产品，为客户创造更多价值并提高经营效率，帮助企业打入新市场，增加红利和股东价值。

（二）四个维度的相互关系

财务维度是整个平衡计分卡的出发点和归宿，企业仍以谋取股东利益最大化为出发点，但以满足客户需要（如价格、质量、功能、品牌、服务等）为前提条件，从客户需要出发来优化内部业务流程（如运营流程、客户管理流程、创新流程、行政管理流程等）；内部业务流程的优化则取决于学习和成长方面，也就是人力资源、信息资源和组织资源的状况能否创造出优化的内部业务流程。反之，企业拥有优良的人力资源、信息资源和组织资源，以获得优化的内部业务流程，满足客户需要，进而谋取股东利益最大化。平衡计分卡的四个维度连接成一个"闭路循环"，如图9-3所示。

三、战略地图及平衡计分卡指标体系设计

（一）战略地图

企业应用平衡计分卡工具方法，首先应制定战略地图，即基于企业愿景与战略，将战略目标及其因果关系、价值创造路径以图示的形式直观、明确、清晰地呈现出来。战略地图制定后，应以平衡计分卡为核心编制绩效计划。

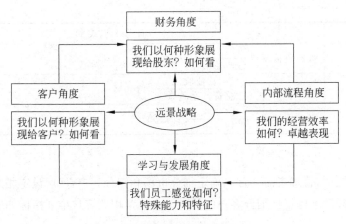

图 9-3 平衡计分卡体系

企业应用战略地图工具方法,一般按照战略地图设计和战略地图实施等程序进行。

1. 战略地图设计

企业设计战略地图,一般按照设定战略目标、确定业务改善路径、定位客户价值、确定内部业务流程优化主题、确定学习与成长主题、进行资源配置、绘制战略地图等程序进行。

2. 战略地图实施

战略地图实施是指企业利用管理会计工具方法,确保企业实现既定战略目标的过程。战略地图实施一般按照战略 KPI 设计、战略 KPI 责任落实、战略执行、执行报告、持续改善、评价激励等程序进行。

(二)平衡计分卡指标体系设计

平衡计分卡指标体系的设计应围绕战略地图,针对财务、客户、内部业务流程、学习与成长四个维度的战略目标,确定相应的评价指标。

1. 财务维度

在企业战略业务单元层次上,可以使用基于成本、财务和价值绩效评价的方法。财务维度以财务术语描述战略目标的有形成果。企业常用指标有投资资本回报率、净资产收益率、经济增加值、息税前利润、自由现金流、资产负债率、总资产周转率、资本周转率等,如表 9-10 所示。

表 9-10 财务维度指标

绩 效 指 标	计 算 公 式
投资资本回报率	投资资本回报率 $=\dfrac{税前利润\times(1-所得税税率)+利息支出}{投资资本平均余额}$ 投资资本 $=$ 有息债务 $+$ 所有者权益
净资产报酬率	净资产报酬率 $=\dfrac{净利润}{平均净资产}\times100\%$
经济增加值	经济增加值 $=$ 税后净营业利润 $-$ 平均资本占用 $\times$ 加权平均资本成本率
息税前利润	息税前利润 $=$ 税前利润 $+$ 利息支出
自由现金流	自由现金流 $=$ 经营活动净现金流 $-$ 付现资本性支出

续表

绩 效 指 标	计 算 公 式
资产负债率	$资产负债率 = \dfrac{负债总额}{资产总额} \times 100\%$
总资产周转率	$总资产周转率 = \dfrac{营业收入}{总资产平均余额} \times 100\%$
资本周转率	$资本周转率 = \dfrac{营业收入}{平均资本占用} \times 100\%$

2. 客户维度

在客户维度层面,管理者需要首先确定细分市场和细分客户,然后设定相应的绩效指标来考核其业务单元开发维持目标细分客户的能力。企业常用的客户维度指标如表 9-11 所示。

表 9-11　客户维度指标

绩 效 指 标	主要内容及计算公式
市场份额	$市场份额 = \dfrac{本企业某商品销售量(额)}{该种商品市场总销售量(额)} \times 100\%$
客户获得率	$客户数量增长率 = \dfrac{本期客户数量 - 上期客户数量}{上期客户数量} \times 100\%$ $客户交易额增长率 = \dfrac{本期客户交易额 - 上期客户交易额}{上期客户交易额} \times 100\%$
客户保持率	$老客户交易增长率 = \dfrac{老客户本期交易额 - 老客户上期交易额}{老客户上期交易额} \times 100\%$
客户获利率	$单一客户获利率 = \dfrac{单一客户净利润}{单一客户总成本} \times 100\%$
战略客户数量	战略客户数量是指对企业战略目标实现有重要作用的客户的数量

3. 内部业务流程维度

三个首要的内部业务过程分别是创新过程、经营过程和售后服务过程。

创新过程的绩效可以通过新产品收入占总收入的比重、新产品开发与竞争对手的对比、与计划的对比、开发下一代产品所需要的时间、企业在市场排名中靠前的产品的数量、盈亏平衡时间(即从产品开发到赚取足够利润收回投资所需要的时间)等指标来衡量。

经营过程起始于收到客户订单,截止于向顾客交付产品或服务。这一过程的目的是以高效、一致、及时的标准向顾客交付产品或服务。其绩效需要通过时间、质量和成本三方面来衡量。

内部业务流程维度确定了对战略目标产生影响的关键流程。企业常用的内部业务流程维度指标如表 9-12 所示。

表 9-12　内部业务流程维度指标

绩 效 指 标	主要内容及计算公式
交货及时率	$交货及时率 = \dfrac{及时交货的订单个数}{总订单个数} \times 100\%$
生产负荷率	$生产负荷率 = \dfrac{实际产量}{设计生产能力} \times 100\%$
产品合格率	$产品合格率 = \dfrac{合格产品数量}{总产品数量} \times 100\%$

续表

绩 效 指 标	主要内容及计算公式
存货周转率	$存货周转率=\dfrac{营业收入}{存货平均余额}\times100\%$
单位生产成本	单位生产成本是指生产单位产品平均耗费的成本

4.学习与成长维度

学习与成长维度确定了战略中最重要的无形资产。企业常用的学习与成长维度指标有员工流失及保持率、员工生产率、培训计划完成率等,如表 9-13 所示。

表 9-13　学习与成长维度指标

绩 效 指 标	计 算 公 式
员工流失及员工保持率	$员工流失率=\dfrac{本期离职员工人数}{员工平均人数}\times100\%$ 员工保持率＝1－员工流失率
员工生产率	$人均产品生产数量=\dfrac{本期产品生产总量}{生产人数}$ $人均营业收入=\dfrac{本期营业收入}{员工人数}$
培训计划完成率	$培训计划完成率=\dfrac{培训计划实际执行的总时数}{培训计划总时数}\times100\%$

【案例 9-12】 鸿达房地产公司于 2021 年开始采用平衡计分卡绩效评价方式来加强管理,实现战略,增强核心竞争能力。项目组成员对公司的发展战略进行梳理,并根据平衡计分卡的四个维度,总结关键成功要素,提取了绩效指标,形成下一年度公司层面的关键绩效指标。

要求:结合绩效管理相关知识,以及对平衡计分卡的理解,通过该企业财务层面、顾客层面、内部业务流程层面、学习与成长层面四个维度,用具体绩效评价的指标名称描述。该公司关键绩效指标如表 9-14～表 9-17 所示。

表 9-14　财务维度指标

评 价 目 的	具体绩效评价指标
实现项目预期利润	项目净利润
提高项目盈利能力	集团资源回报率、项目销售毛利率、项目销售额、销售均价
控制成本费用,优化资本结构	土地成本比重、单方建筑安装成本、单方管理费用、单方销售费用
提高项目资金利用率,保证资金平衡和现金畅通	土地储备周转率、单位开发面积的资金成本、应收账款回收期、商品达到可销售状态时间、每年可销售商品房数量

表 9-15　客户维度指标

评 价 目 的	具体绩效评价指标
了解目标市场与客户	目标与区域市场占有率、产品结构合理性
提供客户满意的产品与服务	客户满意度、客户推荐购买率、客户忠诚度
提升企业形象,增加产品附加值	媒体宣传覆盖率、品牌认知度与影响力
创造良好的外部关系	合作方满意度

表 9-16　内部业务流程维度指标

评 价 目 的	具体绩效评价指标
提高项目设计水平	市场与产品的把握能力、出图时间、设计的创新
加强项目开发能力与业务拓展能力	业务区域拓展、土地储备率
明确合理的开发节奏与计划,有效降低风险	开工、开盘、入住时间、具备抵押贷款、提供融资抵押物、资金解决方案
缩短工程周期和提高工程质量,实现资源的整合	竣工时间、现场管理组织架构、工程合格率、企业资源共享度

表 9-17　学习与成长维度指标

评 价 目 的	具体绩效评价指标
提高人才储备管理	员工培训比率与周期、储备人才比率
优化人力资源配备	主要职位合格人数比率、主要岗位人才满足度
创造和谐的工作氛围,支持战略执行	员工满意度、员工岗位交叉培训度

四、平衡计分卡的优缺点

平衡计分卡的优势:第一,战略目标逐层分解并转化为被评价对象的绩效指标和行动方案,使整个组织行动协调一致;第二,从财务、客户、内部业务流程、学习与成长四个维度确定绩效指标,使绩效评价更为全面完整;第三,将学习与成长作为一个维度,注重员工的发展要求和组织资本、信息资本等无形资产的开发利用,有利于增强企业可持续发展的动力。

平衡计分卡的局限性:第一,专业技术要求高,工作量比较大,操作难度也较大,需要持续地沟通和反馈,实施比较复杂,实施成本高;第二,各指标权重在不同层级及各层级不同指标之间的分配比较困难,且部分非财务指标的量化工作难以落实;第三,系统性强、涉及面广,需要专业人员的指导、企业全员的参与和长期持续地修正与完善,对信息系统、管理能力有较高的要求。

边学边练
答案及解析

边学边练

情景案例五:四季酒店有限责任公司专注于国内酒店业务,主要提供住宿、餐饮和会议服务。会议服务含有会务策划、会场布置、设备租赁等特色服务。为了提高酒店的运营效率和效果,让管理制度化、科学化、人性化,拟采用平衡计分卡绩效评价工具进行绩效评价,以弥补传统财务指标的不足,持续为社会为企业创造更大的价值。

要求:结合绩效管理相关知识,以及对平衡计分卡的理解,通过表 9-18 维度和指标含义描述,将正确的指标名称对应的序号填入表 9-19 中。

表 9-18　维度和指标含义描述

指 标 名 称	序　　号
员工满意度	A
净利润增长率	B
实际出租房天数量(出租房间×对应天数)	C
总资产周转率	D

续表

指 标 名 称	序　号
每间出租客房收入	E
安全事故次数	F
净利润完成率	G
客户满意度	H
单位营业成本	I
设施运行实效次数	J
净利润	K
培训计划完成率	L
净资产报酬率	M
员工保持率	N
入住率	O

表 9-19　BSC 指标选择及考核体系

角　度	指 标 含 义	指 标 名 称
财务	每间出租客房收入	
	净利润目标完成情况	
	净利润同期增长情况	
	总资产运营状况	
	最终盈利金额	
	单位净资产盈利状况	
客户	客房的利用程度	
	销售量状况	
	客户对公司服务的认同状况	
内部流程	出现重大安全隐患或事故	
	设施设备(温控、电力等)出现非正常状况	
	单位业务量耗用公司资源	
学习与成长	员工稳定性状况	
	员工对公司的认同感和归属感	
	员工技能学习和业务水平提升情况	

知识与能力训练

一、知识训练

（一）单项选择题

1. 下列关于经济增加值的表述中正确的是(　　)。

　A. 经济增加值是利润总额扣除全部投入资本的成本后的剩余收益

　B. 经济增加值是净营业利润扣除全部投入资本的成本后的剩余收益

   C. 经济增加值是净营业利润扣除债务成本后的剩余收益

   D. 经济增加值是净营业利润扣除股东投资成本后的剩余收益

2. 下列不属于短期薪酬激励计划的是（　　）。

   A. 股票期权　　　　B. 绩效工资　　　　C. 绩效奖金　　　　D. 绩效福利

3. 下列关于绩效管理的说法错误的是（　　）。

   A. 绩效管理是指为达成业绩而进行的一系列管理过程

   B. 绩效管理就是通过期初定目标、做计划，层层分解后去落实并不断督促，期末要结果并兑现利润的过程

   C. 绩效管理的核心是追求卓越绩效，而不仅仅是履行职责

   D. 绩效管理的过程督导必须是以胜任而非进步为前提的

4. 下列不是平衡计分的战略执行要素的是（　　）。

   A. 战略地图　　　　B. 平衡计分卡　　　　C. 目标客户　　　　D. 战略中心型组织

5. 下列关于绩效评价的说法中错误的是（　　）。

   A. 绩效评价就是对绩效结果进行打分，以确定绩效达成的水平

   B. 绩效评价一般是直接由上级领导进行评价，得出绩效结果进行奖惩兑现

   C. 绩效评价也称为绩效评估，现实中并不区分两者的差异

   D. 绩效评价也是企业管理者与员工之间的一项绩效沟通活动

6. 平衡计分卡指标体系构建时，属于核心维度的是（　　）。

   A. 客户维度　　　　　　　　　　　B. 内部业务流程维度

   C. 财务维度　　　　　　　　　　　D. 学习与成长维度

（二）多项选择题

1. 薪酬与考核委员会的主要职责有（　　）。

   A. 制定绩效管理的政策和制度　　　　B. 审核绩效管理的政策和制度

   C. 审核绩效计划与激励计划　　　　　D. 解决绩效管理中的重大问题

2. 下列属于绩效管理工具方法的有（　　）。

   A. 关键绩效指标法　　B. 经济增加值法　　C. 平衡计分卡　　D. 股权激励

3. 我国《管理会计应用指引》规定的绩效管理原则有（　　）。

   A. 战略导向原则　　B. 客观公正原则　　C. 科学有效原则　　D. 权变性原则

4. 下列属于绩效评价周期的有（　　）。

   A. 年度　　　　　　B. 季度　　　　　　C. 每日　　　　　　D. 任期

5. 地图中描述的内部流程有（　　）。

   A. 运营管理　　　　B. 客户管理　　　　C. 创新　　　　　　D. 法规与社会

6. 下列属于财务绩效指标的有（　　）。

   A. 净资产报酬率　　B. 经济增加值　　C. 总资产周转率　　D. 存货周转率

7. 平衡计分卡指标体系所包含的平衡有（　　）。

   A. 短期目标与长期目标的平衡

   B. 财务指标与非财务指标的平衡

   C. 结果性指标与动因性指标之间的平衡

   D. 内部利益与外部利益的平衡

8. 下列属于绩效管理应用环境影响因素的有( )。

    A. 薪酬与考核委员会   B. 绩效管理工作机构

    C. 绩效管理制度体系   D. 信息系统

（三）判断题

1. 企业在运用关键绩效指标法时,应当只评价与其战略目标实现关系最密切的少数关键绩效指标。 ( )

2. 企业在编制绩效计划与激励计划时,应当按照上下结合、分级编制、逐级分解的程序进行。 ( )

3. 功效系数法和综合指数法属于绩效评价计分方法中的定性法。 ( )

4. 经审批的绩效计划应保持稳定,不得调整。 ( )

5. 企业只能采用正向激励,不能采用负向激励。 ( )

6. 审批后的绩效计划与激励计划可以以正式文件的形式下达执行,也可以以口头的形式下达执行。 ( )

7. 企业可根据实际情况建立通用类指标库,不同层级单位和部门结合不同的战略定位、业务特点选择适合的指标体系。 ( )

8. 平衡计分卡绩效目标值确定后,不得随意调整。 ( )

9. 经济增加值为正,表明经营者在为企业创造价值;经济增加值为负,表明经营者在损毁企业价值。 ( )

10. 绩效管理应为企业实现战略目标服务,如果没有战略目标作为基础,绩效管理体系就没没有了依托。 ( )

二、能力训练

风和酒店是集餐饮、住宿、休闲娱乐于一体的星级酒店。长期以来,酒店在绩效评价时主要以内部衡量、财务评价为主。随着行业竞争的加剧,酒店面临的市场压力也越来越大,单纯以财务指标进行评价的考核方式偏重对会计利润的衡量,使管理层注重短期的财务成果而忽略长远利益,无法发现酒店存在的问题,改善经营管理水平,实现突破性发展。为提高酒店的运营效率和效果,拟采用平衡计分卡绩效评价工具进行绩效评价,以弥补传统财务指标的不足,充分掌握各个关键领域的信息,使酒店在市场竞争中始终保持实力,实现在三年内成为本市同星级酒店领头羊的战略目标。

要求：项目组成员对酒店的发展战略进行梳理,根据平衡计分卡的四个维度,总结关键成功要素,提取绩效指标,形成下一年度酒店层面的关键绩效指标。请指出每一个关键绩效指标分别属于平衡计分卡的哪个维度并填写到表 9-20 绩效指标的维度判断表中。

表 9-20　维度判断表

关键绩效指标	维　　度
净资产报酬率	
销售计划达成率	
关键员工流失率	
最佳实践项目数	

关键绩效指标	维　度
服务质量测评	
员工培训时长	
客人有效投诉数	
经营成本节约率	
卫生清洁达标率	
设备设施维修及时率	

项目十

管理会计信息系统与报告

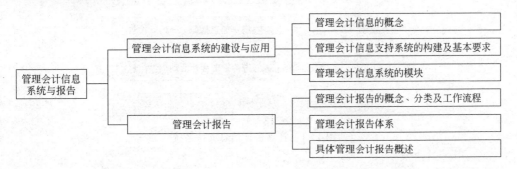

学习目标

知识目标：

（1）理解单位信息系统环境相关的知识与技术。

（2）熟悉管理会计报告的内容。

能力目标：

（1）能够依据管理应用和控制标准监督信息系统的有效性。

（2）能对组织环境的分析有足够的理解，并配合团队完成环境分析、数据处理等工作，参与单位信息系统的需求分析。

（3）能够按照相关标准及制度，衡量并报告组织业绩。

课程思政：

（1）通过管理会计信息系统的学习，能够警醒我们提高自身能力素质，增强自身的危机感和使命感，明白财务人员在企业发展中的职责角色、责任担当和大局意识，砥砺前行。

（2）通过学习管理会计信息支持系统构建，能够运用相关工具方法，提供管理当局便捷、经济、通畅、有用的管理会计信息，为企业未来发展提供决策支持。

项目知识结构

```
                                              ┌─ 管理会计信息的概念
                      ┌─ 管理会计信息系统的建设与应用 ─┼─ 管理会计信息支持系统的构建及基本要求
                      │                       └─ 管理会计信息系统的模块
管理会计信息
系统与报告 ───────────┤
                      │                       ┌─ 管理会计报告的概念、分类及工作流程
                      └─ 管理会计报告 ────────────┼─ 管理会计报告体系
                                              └─ 具体管理会计报告概述
```

情景导入

　　2021年影响中国会计人员的十大信息技术包括财务云、电子发票、会计大数据分析与处理技术、电子会计档案、机器人流程自动化(RPA)、新一代ERP、移动支付、数据中台、数据挖掘、智能流程自动化(IPA)。数字化技术信息飞速发展,机器人流程自动化、人工智能等技术将使会计工作变得越来越自动化。会计人员将从传统的烦琐流程中解放出来,逐步变成"数据分析师",在这个转型框架和体系的引导下,会计在未来产生的工作价值将更大,通过分析数据发现问题、解决问题,从而创造价值。

　　思考:

　　(1)如何通过推动会计科技的发展来推动中国会计文明的进步,朝着明理、增信的方向发展,用更高的道德和价值标准,着眼于社会更长远的发展,共同推进中国会计科技的进步?

　　(2)如何通过会计科技的发展,为诚信中国、健康中国、绿色中国的建设等作出更大的贡献?

信息技术
驱动行业
财务变革

任务一　管理会计信息系统的建设与应用

一、管理会计信息的概念

　　管理会计信息是开展管理会计活动过程中所使用和生成的财务信息和非财务信息,是管理会计报告的基本元素。

二、管理会计信息支持系统的构建

(一)管理会计信息支持系统的含义

　　管理会计信息支持系统是指以财务和业务数据为基础,借助计算机、网络通信等现代信息技术手段,对信息进行获取、加工、整理、分析和报告等操作处理,为企业有效开展管理会计活动提供全面、及时、准确的信息支持。管理会计信息支持系统如图10-1所示。

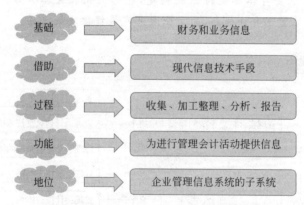

图10-1　管理会计信息支持系统

(二)管理会计信息系统的构成要素

　　管理会计信息系统的构成要素既包括系统的规划和建设过程,也包括系统的应用过程,即输入、处理和输出过程,如图 10-2 所示。

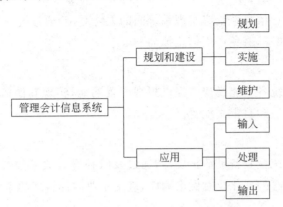

图 10-2　管理会计信息系统的构成要素

1. 管理会计信息系统的规划和建设过程

管理会计信息系统的规划和建设一般包括系统规划、系统实施和系统维护等环节。在规划环节,企业应将管理会计信息系统规划纳入企业信息系统建设的整体规划中,遵循整体规划、分步实施的原则,根据企业的战略目标和管理会计应用目标,形成清晰的管理会计应用需求,因地制宜,逐步推进。在实施环节,企业应制订详尽的实施计划,清晰划分实施的主要阶段、有关活动和详细任务的时间进度。实施阶段一般包括项目准备、系统设计、系统实现、测试和上线、运维及支持等过程。在系统的运维和支持环节,实现日常运行维护支持及上线后持续培训和系统优化。

2. 管理会计信息系统的应用过程

管理会计信息系统的应用过程一般包括输入、处理和输出三个环节。

(1)输入环节是指管理会计信息系统采集或输入数据的过程。管理会计信息系统需提供已定义清楚数据规则的数据接口,以自动采集财务和业务数据。同时,系统还应支持本系统其他数据的手动录入,以利于相关业务调整和补充信息的需要。

(2)处理环节是指借助管理会计工具模型进行数据加工处理的过程。管理会计信息系统可以充分利用数据挖掘、在线分析处理等商业智能技术,借助相关工具对数据进行综合查询、分析统计,挖掘出有助于企业管理活动的信息。

(3)输出环节是指提供丰富的人机交互工具、集成通用的办公软件等成熟工具,自动生成或导出数据报告的过程。数据报告的展示形式应注重易读性和可视化。

最终的系统输出结果不仅可以采用独立报表或报告的形式展示给用户,也可以输出或嵌入其他信息系统中,为各级管理部门提供管理所需的相关的、及时的信息。

三、构建管理会计信息系统的基本要求

(一)系统集成

管理会计信息系统各功能模块应集成在企业整体信息系统中,与财务和业务信息系统紧密结合,实现信息的集中统一管理,以及财务和业务信息到管理会计信息的自动生成,做到业财融合。

（二）数据共享

企业建设管理会计信息系统应实现系统间的无缝对接，通过统一的规则和标准，实现数据的一次采集、全程共享，避免产生信息孤岛。

（三）规则可配

管理会计信息系统各功能模块应提供规则配置功能，实现其他信息系统与管理会计信息系统相关内容的映射和自定义配置。

（四）灵活扩展

管理会计信息系统应具备灵活扩展性，通过及时补充有关参数或功能模块，对环境、业务、产品、组织和流程等的变化及时做出响应，满足企业内部管理的需要。

（五）安全可靠

应充分保障管理会计信息系统的设备、网络、应用及数据安全，严格权限授权，做好数据灾备建设，具备良好的抵御外部攻击的能力，保证系统的正常运行，并确保信息的安全、保密、完整。

四、管理会计信息系统的模块

管理会计信息系统的模块包括成本管理、预算管理、绩效管理、投资管理、管理会计报告模块。

（一）成本管理模块

成本管理模块应实现成本管理的各项主要功能，一般包括对成本要素、成本中心、成本对象等参数的设置，以及成本核算方法的配置，从财务会计核算模块、业务处理模块及人力资源等模块抽取所需数据，进行精细化成本核算，生成分产品、分批次（订单）、分环节、分区域等多维度的成本信息，以及基于成本信息进行成本分析，实现成本的有效控制，为企业成本管理的事前计划、事中控制、事后分析提供有效的支持。

（二）预算管理模块

预算管理模块应实现的主要功能包括对企业预算参数设置、预算管理模型搭建、预算目标制定、预算编制、预算执行控制、预算调整、预算分析和评价等全过程的信息化管理。

（三）绩效管理模块

绩效管理模块主要实现业绩评价和激励管理过程中各要素的管理功能，一般包括业绩计划和激励计划的制订、业绩计划和激励计划的执行控制、业绩评价与激励实施管理等，为企业的绩效管理提供支持。

（四）投资管理模块

投资管理模块主要实现对企业投资项目进行计划和控制的系统支持过程，一般包括投资计划的制订和对每个投资项目进行的及时管控等。投资管理模块应与成本管理模块、预算管理模块、绩效管理模块和管理会计报告模块等进行有效集成与数据交换。企业可以根据实际情况，将项目管理功能集成到投资管理模块中，也可以实施单独的项目管理模块来实现项目的管控过程。

（五）管理会计报告模块

管理会计报告模块应实现基于信息系统中财务数据、业务数据自动生成管理会计报告，支持企业有效实现各项管理会计活动。管理会计报告的作用如图 10-3 所示。

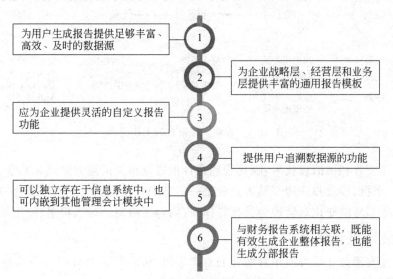

为用户生成报告提供足够丰富、高效、及时的数据源 1

2 **为企业战略层、经营层和业务层提供丰富的通用报告模板**

应为企业提供灵活的自定义报告功能 3

4 **提供用户追溯数据源的功能**

可以独立存在于信息系统中，也可内嵌到其他管理会计模块中 5

6 **与财务报告系统相关联，既能有效生成企业整体报告，也能生成分部报告**

图 10-3　管理会计报告的作用

任务二　管理会计报告

一、管理会计报告的概念、分类及工作流程

（一）管理会计报告的概念

管理会计报告是指企业运用管理会计方法，根据财务和业务的基础信息加工整理形成的满足企业决策支持和价值管理需要的内部报告，为企业各层级管理者进行调节与反馈等管理活动提供财务和非财务信息。

（二）管理会计报告的分类

企业管理会计报告体系可按照多种标准进行分类，如表 10-1 所示。

表 10-1　管理会计报告的分类

分 类 标 志	分 类 结 果
管理层级	战略层报告、经营层报告、业务层报告
报告内容	综合报告、专项报告
整体性程度	整体报告、分部报告
责任中心	投资中心报告、利润中心报告、成本中心报告
报告功能	管理规划报告、管理决策报告、管理控制报告、管理评价报告

（三）管理会计报告的工作流程

企业管理会计报告的工作流程包括报告的编制、审批、报送、使用、评价等环节。企业管理会计报告属于内部报告,应在允许的范围内传递和使用,相关人员应遵守保密规定。管理会计报告的工作流程如图 10-4 所示。

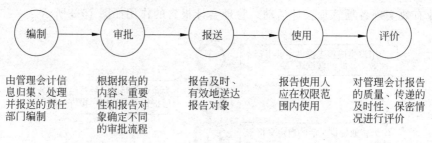

图 10-4   管理会计报告的工作流程

企业应当充分利用信息技术,强化管理会计报告及相关信息的集成和共享,将管理会计报告的编制、审批、报送和使用等纳入企业统一信息平台。企业应定期根据管理会计报告使用效果及内外部环境变化对管理会计报告体系、内容及编制、审批、报送、使用等进行优化。

二、管理会计报告体系

按照企业管理会计报告使用者所处的管理层级,可将管理会计报告分为战略层管理会计报告、经营层管理会计报告和业务层管理会计报告。

(一)战略层管理会计报告

战略层管理会计报告是为战略层开展战略规划、决策、控制和评价及其他方面的管理活动提供相关信息的对内报告。战略层管理会计报告的报告对象是企业的战略层,包括股东大会、董事会和监事会等。战略层管理会计报告的内容如图 10-5 所示。

(二)经营层管理会计报告

经营层管理会计报告是为经营管理层开展与经营管理目标相关的管理活动提供相关信息的对内报告。经营层管理会计报告的报告对象是经营管理层。经营层管理会计报告的内容如图 10-6 所示。

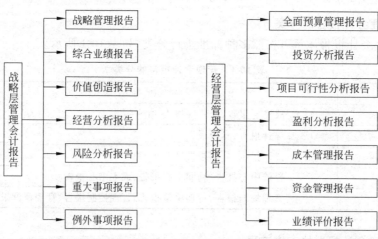

图 10-5   战略层管理会计报告的内容   图 10-6   经营层管理会计报告的内容

（三）业务层管理会计报告

业务层管理会计报告是为企业开展日常业务或作业活动提供相关信息的对内报告。其报告对象是企业的业务部门、职能部门及车间、班组等，应根据企业内部各部门、车间或班组的核心职能或经营目标进行设计。业务层管理会计报告的内容如图 10-7 所示。

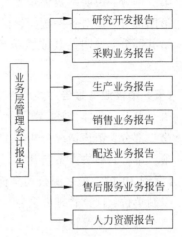

图 10-7　业务层管理会计报告的内容

三、具体管理会计报告概述

（一）战略管理报告

第一部分：概况描述。用精炼和简洁的语言说明公司目前的经营宗旨、目标和战略。

第二部分：环境分析。借助 SWOT 分析工具，说明企业所面临的经济、政治法律、技术和社会等宏观因素给企业带来的机遇与威胁，以及企业内部资源的相对优势和劣势。

第三部分：战略选择与目标设定。根据企业面临的机遇与威胁，以及自身的优势与劣势，说明原有经营宗旨和目标是否需要改变。如需改变，是否需要从头开始；如不需要，则说明制定的战略。

第四部分：战略实施与结果。该部分主要分析说明：公司的组织结构与战略之间的配合；高层管理者的领导能力，以及其他层级管理者的执行能力和他们的主动性要求；其他员工的能力和激励机制等。

第五部分：战略评价。该部分除说明战略实施的效果和影响效果的因素外，还要说明纠正偏差的方法和技术等建议性质的信息等内容。

（二）全面预算管理报告

第一部分：概况描述。

第二部分：主要经济指标执行情况。

第三部分：差异分析及建议。

（三）成本管理报告

基于作业成本的成本管理报告的基本结构与内容如下。

第一部分：说明业务流程，以及作业的分类。

第二部分：说明各作业消耗的预算指标。

第三部分：说明成本动因下归集到各作业的实际消耗情况，以及作业量、成本费用分摊、作业单价等实际成本信息。

第四部分：说明预算与实际的比对结果、产生差异的原因，以及应采取的成本管控措施。

（四）业绩评价报告

基于平衡计分卡模式下的业绩评价报告的内容如下。

第一部分：说明企业获得成功的语言系统。

第二部分：从财务、客户、内部业务流程、学习与成长等维度说明企业确定的、具有因果关系链的业绩目标。

第三部分：说明绩效评价系统，确定关键指标的功能。

第四部分：比对各关键指标的实际值与目标值，分析差异原因。

第五部分：说明在其职权范围内做出评价，以及形成的未来愿景和战略方面所用的信息。

（五）销售业务报告

第一部分：总体描述。

第二部分：销售情况分析。

第三部分：解决方案与建议。

【案例 10-1】 美之源公司全面预算执行情况分析报告。

编制单位：预算管理办公室　时间：2021 年

第一部分：概况描述。

2021 年，在集团领导的亲切关怀下，在公司总经理的带领下，公司全年累计营业收入 17 600 万元，完成预算的 85.4%；累计发生营业成本为 10 560 万元，超出预算 22.79%。

另外，除财务费用未超出预算外，销售费用和管理费用均有小幅上升，分别超出预算 2.8% 和 3.7%。总体来看，因公司强化预算管理，全年销售情况良好，但因成本费用增幅较大，致使利润下降，全年预算执行情况出现了一定的偏差。

第二部分：主要经济指标执行情况。

（1）业务量执行情况如表 10-2 所示。

表 10-2　业务量预算执行情况表

项目	本年预算	本年实际	预算完成
A 产品	1 800 万件	1 760 万件	97.78%

（2）营业收入、营业成本预算执行情况如表 10-3 所示。

表 10-3　营业收入、营业成本执行情况表

指标名称	本年预算	本年实际	差异	预算完成
营业收入	18 000 万元	17 600 万元	−400 万元	97.78%
营业成本	8 600 万元	10 560 万元	1 960 万元	122.79%
毛利率	52.22%	40%	−12.22%	76.6%

（3）成本费用预算执行情况如表 10-4 所示。

表 10-4　成本费用预算执行情况表

指标名称	本年预算	本年实际	预算完成
销售费用	2 620 万元	2 270 万元	86.64%
管理费用	732 万元	4 258 万元	581.69%

续表

指标名称	本年预算	本年实际	预算完成
财务费用	90 万元	0 万元	0
销售费用占收入的比重	14.56%	12.9%	88.6%
成本费用占收入的比重	66.9%	97.1%	145.1%

（4）利润预算执行情况如表 10-5 所示。

表 10-5　利润预算执行情况表

指标名称	本年预算	本年实际	预算完成
净利润	4 380 万元	672 万元	15.34%
成本费用	12 042 万元	17 088 万元	141.9%
成本费用利润率	36.37%	3.93%	10.81%

（5）现金预算执行情况。本部分主要说明现金收入、现金支出、资金融通和期末现金余缺等四方面的预算执行情况。如公司为解决资金短缺，从银行借款 644 万元，为全年预算借款 800 万元的 80.5%，未超出预算。

（6）资产负债预算执行情况如表 10-6 所示。

表 10-6　资产负债预算执行情况表

指标名称	本年预算	本年实际	预算完成
资产总额	41 582 万元	43 364 万元	104.3%
负债总额	22 820 万元	26 284 万元	115.2%
所有者权益	18 762 万元	17 080 万元	91.04%

第三部分：差异分析及建议。

全面预算执行情况既与预算的科学性和合理性有关，又与预算执行以及预算纠偏能力和修正措施有关。所以，本部分从以下两个方面来说明。

（1）预算编制工作方面/预算执行工作方面。

（2）预算纠偏能力及措施方面。

建议：本部分就产生差异的原因提出相应建议。如为预算编制工作所致，建议下期编制预算时，应做出协调平衡与调整；如为执行工作所致，如美之源公司利润未达预算目标是因为成本失控所致，则建议应加大营业成本和三费的控制力度，增收节支双管齐下；如为纠正能力和措施不当，建议及时进行纠正。

边学边练

情景案例：万事泰集团有限公司是一家专门从事不锈钢炊具生产的企业，公司制造部是一个成本中心，下属两个分厂，每个分厂设有三个车间。其成本业绩报告的编制及相互关系如表 10-7～表 10-10 所示。

边学边练
答案及解析

表 10-7　成本业绩报告　　　　　　　　　　单位：元

项　　目	预算成本	实际可控成本	不利差异
工人薪酬	58 100	58 000	100(F)
原材料	32 500	34 225	1 725(U)
行政人员薪酬	6 400	6 400	
水电费	5 750	5 690	60(F)
折旧费用	4 000	4 000	
设备维修	2 000	1 990	10(F)
保险费	975	975	
合　　计	109 725	111 280	1 555(U)

注：U 表示不利差异，F 表示有利差异，下同。

表 10-8　制造部一分厂甲车间业绩报告　　　　　　单位：元

项　　目	预算成本	实际可控成本	不利差异
工人薪酬	58 100	58 000	100(F)
原材料	32 500	34 225	1 725(U)
行政人员薪酬	6 400	6 400	
水电费	5 750	5 690	60(F)
折旧费用	4 000	4 000	
设备维修	2 000	1 990	10(F)
保险费	975	975	
合　　计	109 725		1 555(U)

表 10-9　制造部一分厂业绩报告　　　　　　　单位：元

项　　目	预算成本	实际可控成本	不利差异
管理费用	17 500	17 350	150(F)
甲车间	109 725	111 280	1 555(U)
乙车间	190 500	192 600	2 100(U)
丙车间	149 750	149 100	650(F)
合　　计	467 475	470 330	2 855(U)

表 10-10　制造部业绩报告　　　　　　　　单位：元

项　　目	预算成本	实际可控成本	不利差异
管理费用	19 500	19 700	200(U)
一分厂	467 465	470 330	2 855(U)
二分厂	395 225	394 300	925(F)
合　　计	882 200	884 330	2 130(U)

要求：请根据上述成本业绩报告对责任中心管理者的业绩进行评价。

知识与能力训练

一、知识训练

（一）单项选择题

1. 下列会计子系统中,能够履行管理会计"考核评价经营业绩"职能的是( )。

    A. 预测决策会计   B. 规划控制会计   C. 对外报告会计   D. 责任会计

2. 按报告的内容分,下列关于管理会计报告分类结果正确的是( )。

    A. 综合报告与专项报告   B. 综合报告与分项报告

    C. 战略报告与业务报告   D. 整体报告与分部报告

3. 下列属于管理会计信息的是( )。

    A. 财务信息与非财务信息   B. 财务信息与人力资源信息

    C. 非财务信息与环境信息   D. 业务信息与非财务信息

4. 下列说法中正确的是( )。

    A. 管理会计报告编制后,可直接向使用者报送

    B. 管理会计报告编制后,经财务部门负责人审批后向使用者报送

    C. 管理会计报告编制后,按内容、重要性等进行审批,经审批后向外报送

    D. 管理会计报告编制后,按内容、重要性等进行审批,经审批后向管理者和有关人员报送

（二）多项选择题

1. 管理会计报告按照企业管理会计报告使用者所处的管理层级分为( )。

    A. 战略层管理会计报告   B. 经营层管理会计报告

    C. 业务层管理会计报告   D. 综合(整体)企业管理会计报告

2. 管理会计报告按照管理会计功能分为( )。

    A. 管理规划报告   B. 管理决策报告   C. 管理控制报告   D. 管理评价报告

3. 管理会计报告按照责任中心分为( )。

    A. 成本中心报告   B. 利润中心报告   C. 投资中心报告   D. 管理评价报告

4. 管理会计报告的特征包括( )。

    A. 信息特征   B. 形式特征   C. 质量特征   D. 职能特征

5. 如果管理会计信息要具备决策有用性的质量特征,必须同时满足的条件有( )。

    A. 具有可靠性   B. 具有可信性   C. 具有精确性   D. 具有相关性

6. 下列各项中,属于正确描述预测决策会计特征的说法包括( )。

    A. 它能够考核评价经营业绩   B. 它最具有能动性

    C. 它主要履行规划经营目标的职能   D. 它处于现代管理会计的核心地位

7. 下列属于管理会计信息的有( )。

    A. 财务信息   B. 非财务信息   C. 经济政策   D. 利率

8. 下列属于管理会计信息的有( )。

    A. 经营业绩变化的原因   B. 员工构成

C. 员工能力　　　　　　　　　　　　D. 质量指标

9. 管理会计报告在(　　)中存在一定的灵活性。

A. 形式要件　　　　B. 编制流程　　　　C. 适用范围　　　　D. 报告格式

10. 下列属于管理会报告主体的有(　　)。

A. 管理者　　　　　B. 责任中心　　　　C. 财务人员　　　　D. 企业

11. 下列属于管理会计报告的有(　　)。

A. 战略管理报告　　B. 投资分析报告　　C. 采购业务报告　　D. 所有者权益报告

（三）判断题

1. 管理会计的职能是客观的,但它所起到的作用大小却受到人的主观能动性影响。

（　　）

2. 管理会计与财务会计的奋斗目标完全是一致的。　　　　　　　　　　（　　）

3. 如果某企业拟占有较广阔的市场,该企业只能采取低成本战略。　　（　　）

4. 因管理者决策的内容与重点不同,所以他们所需要的管理会计信息也就不同。

（　　）

5. 管理会计信息是管理者或单位责任中心使用管理会计工具与方法进行预测、决策、控制、评价时所使用的信息。　　　　　　　　　　　　　　　　　　　　（　　）

6. 与财务报告相比,管理会计报告在形式要件、报告时间、格式等方面有一定的灵活性,所以在编制制、报送等环节不需要考虑企业的战略、组织结构等有关要求。　　（　　）

二、能力训练

选择一家上市公司,依据财务报表的相关信息,根据上市公司盈利目标及其实现程度、利润的构成及其变动趋势、影响利润的主要因素及其变化情况,以及提高盈利能力的具体措施等方面分析上市公司的盈利情况。

要求：请在网站上搜集一家上市公司财务报表,完成该上市公司的盈利分析报告。

综合实训

学习目标

知识目标：

（1）掌握管理会计各个岗位工作所需的知识点。

（2）熟悉职业院校技能大赛管理会计竞赛环节的竞赛内容。

能力目标：

（1）能够熟练运用管理会计的专业知识、工具、方法与流程收集、鉴别及运用各类信息、技术、资源，完成各个岗位的工作任务。

（2）能够应用基本理论知识解决特定的管理问题，理解管理决策。

课程思政：

（1）培养合作能力与集体精神，在团体中能接受不同的角色，承担相应的工作，积极响应他人的想法、观点，能够有效解决问题和做出决定。

（2）培养严谨认真、求真务实的工作态度，有自我管理能力，能审慎地评估自身的优势、需求和兴趣。

（3）能够开阔视野，开放思维，勇于创新，敢于应对各种挑战。

一、实训说明

本综合实训既可由单人按实训任务顺序进行训练，也可参考全国职业院校会计技能大赛管理会计环节的岗位划分，按清单进行分岗实训（见表 11-1）。

表 11-1　分岗实训业务清单

实训岗位		分岗业务
岗位名称	业务内容	
资金管理岗位	负责财务报表预算、现金预算编制等相关业务	任务 1-1　利润表预算 任务 1-2　现金预算
成本管理岗位	负责成本核算、成本分析等相关业务	任务 2-1　营业成本分析 任务 2-2　人工成本分析 任务 2-3　成本费用分析 任务 2-4　销售成本分析 任务 2-5　特殊订单决策 任务 2-6　销售服务成本分析

续表

实训岗位		分岗业务	
岗位名称	业务内容		
成本管理岗位	负责成本核算、成本分析等相关业务	任务 2-7	安装服务边际贡献计算表
		任务 2-8	订单安排计算
营运管理岗位	负责本量利分析、短期经营决策、期间费用预算、营业收入预算等相关业务	任务 3-1	商品销售预算表
		任务 3-2	服务销售预算表
		任务 3-3	销售回款预算
		任务 3-4	存货采购预算
		任务 3-5	采购付款预算
		任务 3-6	人工成本预算
		任务 3-7	成本费用预算
		任务 3-8	销售业务利润计算
		任务 3-9	销售业务保本分析
		任务 3-10	销售业务保利分析
绩效管理岗位	负责业绩评价、财务分析、绩效考核、管理会计信息报告等相关业务	任务 4-1	营业利润完成情况分析
		任务 4-2	销售商品增长情况分析
		任务 4-3	销售服务增长情况分析
		任务 4-4	部门成本费用控制情况分析
		任务 4-5	人员编制分析

二、背景资料

（一）企业基本信息

1. 工商信息

新鑫家具销售有限责任公司（以下简称"新鑫家具"，为虚拟企业）的工商信息简介如表 11-2 所示。

表 11-2　工商信息简介

公司名称	新鑫家具销售有限责任公司
纳税人识别号	91320581MA260H8XXQ
公司类型	有限责任公司
营业期限	2010 年 01 月 12 日至无固定期限
人员规模	400
注册资金	10 000 万元
公司法人	李新鑫
公司地址	苏州市工业园区 1799 号
营业执照范围	家具产品批发、零售；家具设计、安装

新鑫家具定位为环保健康家具企业，主要从事办公、居民用桌椅的销售，并逐步转型为

定制家具的设计、安装、销售、售后服务综合解决方案服务商。

2. 组织结构

新鑫家具的组织结构如图 11-1。公司总部设行政人力中心、财务管理中心、质量管理中心、采购管理中心、销售管理中心、设计服务中心六个中心。采购管理中心负责 2 座仓库的业务实施和管理。销售管理中心下设批发部和零售部,其中批发部负责对商业客户的管理和销售,零售部负责对居民客户的销售和门店管理。设计服务中心负责为客户提供综合解决方案的设计和相关配套服务。新鑫家具的组织结构如图 11-1 所示。

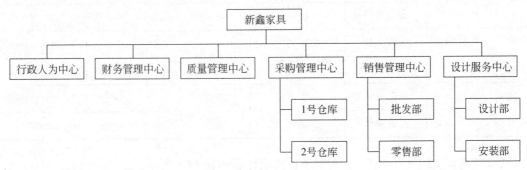

图 11-1　新鑫家具的组织结构

3. 主要业务

新鑫家具的主要业务包括办公、居家桌椅销售和桌椅布置设计及安装服务。

桌椅销售通过批发、零售销售的商品包括居家桌椅类和办公桌椅类两个系列。

4. 部门费用归属

新鑫家具的部门费用归属如下。

(1) 行政人力中心、财务管理中心、质量管理中心、采购管理中心发生的费用属于管理费用。

(2) 销售管理中心发生的费用属于销售费用。

(3) 设计服务中心发生的费用属于营业成本中的服务成本。

营业成本构成包括设计服务中心发生的服务成本和销售商品产生的商品销售成本。

(二)任务资源基础数据

【公共资源 1】 2019—2021 年产品销售统计表如表 11-3 所示。

表 11-3　产品销售统计表

序号	年　度	产品类别	销售方式	销售量/套	销售收入/元	销售成本/元
1	2019 年	居家桌椅	零售	64 000	48 000 000.00	35 200 000.00
2	2019 年	居家桌椅	批发	160 000	112 000 000.00	88 000 000.00
3	2019 年	办公桌椅	零售	12 000	15 600 000.00	9 600 000.00

序号	年　度	产品类别	销售方式	销售量/套	销售收入/元	销售成本/元
4	2019 年	办公桌椅	批发	80 000	96 000 000.00	64 000 000.00
5	2020 年	居家桌椅	零售	80 000	68 000 000.00	48 000 000.00
6	2020 年	居家桌椅	批发	180 000	135 000 000.00	108 000 000.00
7	2020 年	办公桌椅	零售	15 000	20 250 000.00	13 500 000.00
8	2020 年	办公桌椅	批发	100 000	125 000 000.00	90 000 000.00
9	2021 年	居家桌椅	零售	108 000	108 000 000.00	70 200 000.00
10	2021 年	居家桌椅	批发	200 000	160 000 000.00	130 000 000.00
11	2021 年	办公桌椅	零售	16 000	24 000 000.00	16 000 000.00
12	2021 年	办公桌椅	批发	100 000	130 000 000.00	100 000 000.00

【公共资源 2】 2019—2021 年服务销售统计表如表 11-4 所示。

表 11-4　服务销售统计表

序号	年度	客户类别	服务内容	订单数/单	服务收入/元
1	2019 年	居民	设计	30 000	4 500 000.00
2	2019 年	居民	安装	60 000	18 000 000.00
3	2019 年	商业	设计	400	3 200 000.00
4	2019 年	商业	安装	3 000	33 000 000.00
5	2020 年	居民	设计	40 000	8 000 000.00
6	2020 年	居民	安装	64 000	16 000 000.00
7	2020 年	商业	设计	600	5 400 000.00
8	2020 年	商业	安装	3 200	38 400 000.00
9	2021 年	居民	设计	520 00	10 400 000.00
10	2021 年	居民	安装	68 000	20 400 000.00
11	2021 年	商业	设计	800	7 200 000.00
12	2021 年	商业	安装	3 600	43 200 000.00

【公共资源 3】 2019—2021 年人工成本明细表如表 11-5 所示。

【公共资源 4】 2019—2021 年成本费用明细表如表 11-6 所示。

【公共资源 5】 2019—2021 年实际利润表如表 11-7 所示。

表 11-5 人工成本明细表

年 度	部 门	人员编制/元	合计/元	个人承担部分			单位承担部分					
				固定工资/元	绩效奖金/元	个人承担部分小计/元	社会保险费/元	公积金/元	福利费/元	工会经费/元	职工教育经费/元	单位承担部分小计/元
2019 年	行政人力中心	24	3 264 000.00	1 920 000.00	384 000.00	2 304 000.00	384 000.00	192 000.00	192 000.00	38 400.00	153 600.00	960 000.00
2019 年	财务管理中心	12	1 734 000.00	1 020 000.00	204 000.00	1 224 000.00	204 000.00	102 000.00	102 000.00	20 400.00	81 600.00	510 000.00
2019 年	质量管理中心	12	1 530 000.00	900 000.00	180 000.00	1 080 000.00	180 000.00	90 000.00	90 000.00	18 000.00	72 000.00	450 000.00
2019 年	采购管理中心	15	2 142 000.00	1 260 000.00	252 000.00	1 512 000.00	252 000.00	126 000.00	126 000.00	25 200.00	100 800.00	630 000.00
2019 年	销售管理中心	120	16 416 000.00	8 640 000.00	3 456 000.00	12 096 000.00	1 728 000.00	864 000.00	864 000.00	172 800.00	691 200.00	4 320 000.00
2019 年	设计服务中心	90	14 688 000.00	8 640 000.00	1 728 000.00	10 368 000.00	1 728 000.00	864 000.00	864 000.00	172 800.00	691 200.00	4 320 000.00
2020 年	行政人力中心	28	3 903 200.00	2 296 000.00	459 200.00	2 755 200.00	459 200.00	229 600.00	229 600.00	45 920.00	183 680.00	1 148 000.00
2020 年	财务管理中心	14	2 046 800.00	1 204 000.00	240 800.00	1 444 800.00	240 800.00	120 400.00	120 400.00	24 080.00	96 320.00	602 000.00
2020 年	质量管理中心	13	1 723 800.00	1 014 000.00	202 800.00	1 216 800.00	202 800.00	101 400.00	101 400.00	20 280.00	81 120.00	507 000.00
2020 年	采购管理中心	16	2 312 000.00	1 360 000.00	272 000.00	1 632 000.00	272 000.00	136 000.00	136 000.00	27 200.00	108 800.00	680 000.00
2020 年	销售管理中心	125	17 812 500.00	9 375 000.00	3 750 000.00	13 125 000.00	1 875 000.00	937 500.00	937 500.00	187 500.00	750 000.00	4 687 500.00
2020 年	设计服务中心	95	16 150 000.00	9 500 000.00	1 900 000.00	11 400 000.00	1 900 000.00	950 000.00	950 000.00	190 000.00	760 000.00	4 750 000.00
2021 年	行政人力中心	30	4 233 000.00	2 490 000.00	498 000.00	2 988 000.00	498 000.00	249 000.00	249 000.00	49 800.00	199 200.00	1 245 000.00
2021 年	财务管理中心	15	2 218 500.00	1 305 000.00	261 000.00	1 566 000.00	261 000.00	130 500.00	130 500.00	26 100.00	104 400.00	652 500.00
2021 年	质量管理中心	12	1 632 000.00	960 000.00	192 000.00	1 152 000.00	192 000.00	96 000.00	96 000.00	19 200.00	76 800.00	480 000.00
2021 年	采购管理中心	15	2 193 000.00	1 290 000.00	258 000.00	1 548 000.00	258 000.00	129 000.00	129 000.00	25 800.00	103 200.00	645 000.00
2021 年	销售管理中心	130	18 772 000.00	9 880 000.00	3 952 000.00	13 832 000.00	1 976 000.00	988 000.00	988 000.00	197 600.00	790 400.00	4 940 000.00
2021 年	设计服务中心	95	16 311 500.00	9 595 000.00	1 919 000.00	11 514 000.00	1 919 000.00	959 500.00	959 500.00	191 900.00	767 600.00	4 797 500.00

表 11-6　成本费用明细表

单元：元

年度	部门	费用合计	人工成本	租赁费	折旧费	无形资产摊销	材料消耗费	网络通信费	日常办公费	业务招待费	差旅费	市场推广费	广告宣传费 2
2019年	行政人力中心	13 094 400.00	3 264 000.00	3 000 000.00	1 600 000.00			86 400.00	144 000.00	3 000 000.00	2 000 000.00		
2019年	财务管理中心	2 399 200.00	1 734 000.00		200 000.00	100 000.00		43 200.00	72 000.00	250 000.00			
2019年	质量管理中心	1 765 200.00	1 530 000.00		120 000.00			43 200.00	72 000.00				
2019年	采购管理中心	5 286 000.00	2 142 000.00	2 000 000.00	600 000.00			54 000.00	90 000.00		400 000.00		
2019年	销售管理中心	36 468 000.00	16 416 000.00		400 000.00			432 000.00	720 000.00		4 500 000.00	6 000 000.00	8 000 000.00
2019年	设计服务中心	25 452 000.00	14 688 000.00		1 400 000.00		7 000 000.00	324 000.00	540 000.00		1 500 000.00		
2020年	行政人力中心	15 872 000.00	3 903 200.00	3 200 000.00	1 600 000.00			100 800.00	168 000.00	4 500 000.00	2 400 000.00		
2020年	财务管理中心	2 781 200.00	2 046 800.00		200 000.00	100 000.00		50 400.00	84 000.00	300 000.00			
2020年	质量管理中心	1 968 600.00	1 723 800.00		120 000.00			46 800.00	78 000.00				
2020年	采购管理中心	6 515 600.00	2 312 000.00	3 000 000.00	600 000.00			57 600.00	96 000.00		450 000.00		
2020年	销售管理中心	41 412 500.00	17 812 500.00		400 000.00			450 000.00	750 000.00		5 000 000.00	10 000 000.00	7 000 000.00
2020年	设计服务中心	30 262 000.00	16 150 000.00	3 500 000.00	1 400 000.00		10 000 000.00	342 000.00	570 000.00		1 800 000.00		
2021年	行政人力中心	17 921 000.00	4 233 000.00		2 400 000.00			108 000.00	180 000.00	5 000 000.00	2 500 000.00		
2021年	财务管理中心	3 112 500.00	2 218 500.00		300 000.00	100 000.00		54 000.00	90 000.00	350 000.00			
2021年	质量管理中心	1 927 200.00	1 632 000.00		180 000.00			43 200.00	72 000.00				
2021年	采购管理中心	7 637 600.00	2 193 000.00	3 600 000.00	900 000.00			54 000.00	90 000.00		800 000.00		
2021年	销售管理中心	51 120 000.00	18 772 000.00		600 000.00			468 000.00	780 000.00		6 500 000.00	15 000 000.00	9 000 000.00
2021年	设计服务中心	37 323 500.00	16 311 500.00		2 100 000.00		15 000 000.00	342 000.00	570 000.00		3 000 000.00		

表 11-7　实际利润表　　　　　　　　　　　　　　　　　　单位：元

项　目	2019 年	2020 年	2021 年
一、营业收入	330 300 000.00	416 050 000.00	503 200 000.00
减：营业成本	222 252 000.00	289 762 000.00	353 523 500.00
税金及附加	3 303 000.00	4 160 500.00	5 032 000.00
销售费用	36 468 000.00	41 412 500.00	51 120 000.00
管理费用	22 544 800.00	27 137 400.00	30 597 700.00
研发费用	0	0	0
财务费用	1 800 000.00	2 260 000.00	2 700 000.00
其中：利息费用	2 400 000.00	2 900 000.00	3 250 000.00
利息收入	600 000.00	650 000.00	600 000.00
加：其他收益	0	0	0
投资收益（损失以"－"号填列）	0	0	0
其中：对联营企业和合营企业的投资收益	0	0	0
公允价值变动收益（损失以"－"号填列）	0	0	0
资产减值损失（损失以"－"号填列）	0	0	0
资产处置收益（损失以"－"号填列）	0	0	0
二、营业利润（亏损以"－"号填列）	43 932 200.00	51 317 600.00	60 226 800.00
加：营业外收入	0	0	0
减：营业外支出	0	0	0
三、利润总额（亏损总额以"－"号填列）	43 932 200.00	51 317 600.00	60 226 800.00
减：所得税费用	10 980 000.00	12 830 000.00	15 060 000.00
四、净利润（净亏损以"－"号填列）	32 952 200.00	38 487 600.00	45 166 800.00

【公共资源 6】　2019—2021 年实际资产负债表如表 11-8 所示。

表 11-8 实际资产负债表

单位：元

资　产	2019 年	2020 年	2021 年	负债和所有者权益（或股东权益）	2019 年	2020 年	2021 年
流动资产：	—	—	—	流动负债：	—	—	—
货币资金	50 000 000.00	52 000 000.00	55 000 000.00	短期借款	13 000 000.00	11 403 400.00	13 584 600.00
以公允价值计量且其变动计入当期损益的金融资产	0	0	0	以公允价值计量且其变动计入当期损益的金融负债	0	0	0
衍生金融资产	0	0	0	衍生金融负债	0	0	0
应收票据	0	0	0	应付票据	0	0	0
应收账款	36 350 000.00	40 790 000.00	45 400 000.00	应付账款	60 000 000.00	45 000 000.00	55 000 000.00
预付款项	0	0	0	预收款项	0	0	0
其他应收款	35 500 000.00	35 000 000.00	36 000 000.00	应付职工薪酬	5 747 000.00	4 611 000.00	5 647 000.00
存货	278 000 000.00	27 4000 000.00	286 000 000.00	应交税费	4 775 000.00	3 981 000.00	4 145 000.00
持有待售资产	0	0	0	其他应付款	3 929 000.00	3 648 000.00	3 770 000.00
一年内到期的非流动资产	0	0	0	持有待售负债	0	0	0
其他流动资产	0	0	0	一年内到期的非流动负债	0	0	0
流动资产合计	399 850 000.00	401 790 000.00	422 400 000.00	其他流动负债	0	0	0
非流动资产：	—	—	—	流动负债合计	87 451 000.00	68 643 400.00	82 146 600.00
可供出售金融资产	0	0	0	非流动负债：	—	—	—
持有至到期投资	0	0	0	长期借款	110 000 000.00	100 000 000.00	50 000 000.00
长期应收款	0	0	0	应付债券	0	0	0
长期股权投资	0	0	0	其中：优先股	0	0	0
投资性房地产	0	0	0	永续债	0	0	0
固定资产	42 000 000.00	49 840 000.00	38 000 000.00	长期应付款	0	0	0
在建工程	0	0	0	预计负债	0	0	0

续表

资　　产	2019 年	2020 年	2021 年
生产性生物资产	0	0	0
油气资产	0	0	0
无形资产	1 000 000.00	900 000.00	800 000.00
开发支出	0	0	0
商誉	0	0	0
长期待摊费用	0	0	0
递延所得税资产	0	0	0
其他非流动资产	0	0	0
非流动资产合计	43 000 000.00	50 740 000.00	38 800 000.00
资产总计	442 850 000.00	452 530 000.00	461 200 000.00

负债和所有者权益（或股东权益）	2019 年	2020 年	2021 年
递延收益	0	0	0
递延所得税负债	0	0	0
其他非流动负债	0	0	0
非流动负债合计	110 000 000.00	100 000 000.00	50 000 000.00
负债合计	197 451 000.00	168 643 400.00	132 146 600.00
所有者权益（或股东权益）：	—	—	—
实收资本（或股本）	100 000 000.00	100 000 000.00	100 000 000.00
其他权益工具	0	0	0
其中：优先股			
永续债			
资本公积	0	0	0
减：库存股	0	0	0
其他综合收益	0	0	0
专项储备	0	0	0
盈余公积	20 000 000.00	23 848 760.00	28 365 440.00
未分配利润	125 399 000.00	160 037 840.00	200 687 960.00
所有者权益（或股东权益）合计	245 399 000.00	283 886 600.00	329 053 400.00
负债和所有者权益（或股东权益）总计	442 850 000.00	452 530 000.00	461 200 000.00

【公共资源7】 2019—2021 年预计利润表如表 11-9 所示。

表 11-9　预计利润表　　　　　　　　　　　　　　　　　　单位：元

项　目	2019 年	2020 年	2021 年
一、营业收入	310 854 500.00	386 659 500.00	447 759 500.00
减：营业成本	205 856 400.00	262 698 200.00	308 692 200.00
税金及附加	3 108 550.00	3 866 600.00	4 477 600.00
销售费用	36 175 200.00	41 108 300.00	44 304 000.00
管理费用	21 948 800.00	26 394 100.00	28 580 200.00
研发费用	—		0
财务费用	1 600 000.00	2 200 000.00	2 500 000.00
其中：利息费用	2 000 000.00	2 500 000.00	2 750 000.00
利息收入	500 000.00	550 000.00	600 000.00
加：其他收益			
投资收益（损失以"－"号填列）			
其中：对联营企业和合营企业的投资收益	0	0	0
公允价值变动收益（损失以"－"号填列）			
资产减值损失（损失以"－"号填列）			
资产处置收益（损失以"－"号填列）			
二、营业利润（亏损以"－"号填列）	42 165 550.00	50 392 300.00	59 205 500.00
加：营业外收入	—	—	—
减：营业外支出	—	—	—
三、利润总额（亏损总额以"－"号填列）	42 165 550.00	50 392 300.00	59 205 500.00
减：所得税费用	10 540 000.00	12 600 000.00	14 800 000.00
四、净利润（净亏损以"－"号填列）	31 625 550.00	37 792 300.00	44 405 500.00

【公共资源8】 2019—2021 年预计资产负债表如表 11-10 所示。

【公共资源9】 2021 年预计产品销售表如表 11-11 所示。

【公共资源10】 2021 年预计成本费用明细表如表 11-12 所示。

【公共资源11】 2021 年预计服务销售表如表 11-13 所示。

【公共资源12】 2021 年预计人工成本表如表 11-14 所示。

表 11-10　预计资产负债表

单位：元

资　产	2019 年	2020 年	2021 年
流动资产：			
货币资金	50 000 000.00	52 000 000.00	55 000 000.00
以公允价值计量且其变动计入当期损益的金融资产	—	—	—
衍生金融资产	—	—	—
应收票据	—	—	—
应收账款	36 300 000.00	40 800 000.00	45 500 000.00
预付款项	—	—	—
其他应收款	35 500 000.00	35 000 000.00	36 000 000.00
存货	276 000 000.00	273 500 000.00	285 000 000.00
持有待售资产	—	—	—
一年内到期的非流动资产	—	—	—
其他流动资产	—	—	—
流动资产合计	397 800 000.00	401 300 000.00	421 500 000.00
非流动资产：			
可供出售金融资产	—	—	—
持有至到期投资	—	—	—
长期应收款	—	—	—
长期股权投资	—	—	—
投资性房地产	—	—	—
固定资产	42 000 000.00	49 850 000.00	38 000 000.00

负债和所有者权益（或股东权益）	2019 年	2020 年	2021 年
流动负债：			
短期借款	13 000 000.00	12 000 000.00	13 000 600.00
以公允价值计量且其变动计入当期损益的金融负债	—	—	—
衍生金融负债	—	—	—
应付票据	—	—	—
应付账款	57 950 000.00	45 000 000.00	55 000 000.00
预收款项	—	—	—
应付职工薪酬	5 747 000.00	4 611 000.00	5 647 000.00
应交税费	4 775 000.00	3 981 000.00	4 145 000.00
其他应付款	3 929 000.00	3 648 000.00	3 770 000.00
持有待售负债	—	—	—
一年内到期的非流动负债	—	—	—
其他流动负债	—	—	—
流动负债合计	85 401 000.00	69 240 000.00	81 562 600.00
非流动负债：			
长期借款	110 000 000.00	100 000 000.00	60 000 000.00
应付债券	—	—	—
其中：优先股	—	—	—
永续债	—	—	—
长期应付款	—	—	—

续表

资　产	2019 年	2020 年	2021 年
在建工程	—	—	—
生产性生物资产	—	—	—
油气资产	—	—	—
无形资产	1 000 000.00	900 000.00	800 000.00
开发支出	—	—	—
商誉	—	—	—
长期待摊费用	—	—	—
递延所得税资产	—	—	—
其他非流动资产	—	—	—
非流动资产合计	43 000 000.00	50 750 000.00	38 800 000.00
资产总计	440 800 000.00	452 050 000.00	460 300 000.00

负债和所有者权益（或股东权益）	2019 年	2020 年	2021 年
预计负债	—	—	—
递延收益	—	—	—
递延所得税负债	—	—	—
其他非流动负债	—	—	—
非流动负债合计	110 000 000.00	100 000 000.00	60 000 000.00
负债合计	195 401 000.00	169 240 000.00	141 562 600.00
所有者权益（或股东权益）：			
实收资本（或股本）	100 000 000.00	100 000 000.00	100 000 000.00
其他权益工具	—	—	—
其中：优先股	—	—	—
永续债	—	—	—
资本公积	—	—	—
减：库存股	—	—	—
其他综合收益	—	—	—
专项储备	—	—	—
盈余公积	20 000 000.00	23 397 930.00	27 360 000.00
未分配利润	125 399 000.00	159 412 070.00	191 377 400.00
所有者权益（或股东权益）合计	245 399 000.00	282 810 000.00	318 737 400.00
负债和所有者权益（或股东权益）总计	440 800 000.00	452 050 000.00	460 300 000.00

表 11-11 2021 年预计产品销售表

年　度	产品类别	销售方式	销售数量/套	销售收入/元	销售成本/元
2019 年	居家桌椅	零售	107 000	90 950 000.00	64 200 000.00
2019 年	居家桌椅	批发	180 000	135 000 000.00	108 000 000.00
2013 年	办公桌椅	零售	16 500	22 275 000.00	14 850 000.00
2019 年	办公桌椅	批发	98 000	122 500 000.00	88 200 000.00

表 11-12 2021 年预计成本费用明细表

金额单位：元

部　门	费用合计	人工成本	租赁费	折旧费	无形资产摊销	材料消耗费	网络通信费	日常办公费	业务招待费	差旅费	市场推广费	广告宣传费
行政人力中心	17 121 000.00	4 233 000.00	3 500 000.00	1 600 000.00			108 000.00	180 000.00	5 000 000.00	2 500 000.00		
财务管理中心	2 855 000.00	2 070 600.00		200 000.00	100 000.00		50 400.00	84 000.00	350 000.00			
质量管理中心	1 867 200.00	1 632 000.00		120 000.00			43 200.00	72 000.00				
采购管理中心	6 737 000.00	2 193 000.00	3 000 000.00	600 000.00			54 000.00	90 000.00		800 000.00		
销售管理中心	44 304 000.00	18 194 400.00		400 000.00			453 600.00	756 000.00		3 500 000.00	12 000 000.00	9 000 000.00
设计服务中心	33 442 200.00	16 139 800.00		1 400 000.00		12 000 000.00	338 400.00	564 000.00		3 000 000.00		

表 11-13　2021 年预计服务销售表

序号	年度	客户类别	服务内容	订单数量/单	服务收入/元
1	2021年	居民	设计	52 600	8 942 000.00
2	2021年	居民	安装	67 500	18 225 000.00
3	2021年	商业	设计	850	7 692 500.00
4	2021年	商业	安装	3 500	42 175 000.00

表 11-14　2021 年预计人工成本表

部门	人员编制/人	合计/元	个人承担部分			单位承担部分					
			固定工资/元	绩效奖金/元	小计/元	社会保险费/元	公积金/元	福利费/元	工会经费/元	职工教育经费/元	分小计/元
行政人力中心	30	4 233 000.00	2 490 000.00	498 000.00	2 988 000.00	498 000.00	249 000.00	249 000.00	49 800.00	199 200.00	1 245 000.00
财务管理中心	14	2 070 600.00	1 218 000.00	243 600.00	1 461 600.00	243 600.00	121 800.00	121 800.00	24 360.00	97 440.00	609 000.00
质量管理中心	12	1 632 000.00	960 000.00	192 000.00	1 152 000.00	192 000.00	96 000.00	96 000.00	19 200.00	76 800.00	480 000.00
采购管理中心	15	2 193 000.00	1 290 000.00	258 000.00	1 548 000.00	258 000.00	129 000.00	129 000.00	25 800.00	103 200.00	645 000.00
销售管理中心	126	18 194 400.00	9 576 000.00	3 830 400.00	13 406400.00	1 915 200.00	957 600.00	957 600.00	191 520.00	766 080.00	4 788 000.00
设计服务中心	94	16 139 800.00	9 494 000.00	1 898 800.00	11 392 800.00	1 898 800.00	949 400.00	949 400.00	189 880.00	759 520.00	4 747 000.00

三、实训任务

（一）资金管理岗位

1. 业务资源

【业务资源】　财务预算说明。

（1）利润表预算编制说明。

① 营业收入取自营运管理岗任务 3-1 和任务 3-2 的结果。

② 营业成本、销售费用、管理费用取自营运岗任务 3-4 和任务 3-7 的结果。

行政人力中心、财务管理中心、质量管理中心、采购管理中心费用计入管理费用；销售管理中心费用计入销售费用；设计服务中心费用计入营业成本。

③ 税金及附加按照收入的 1% 编制预算。

④ 财务费用预算为 250 万元，其中利息费用为 330 万元，利息收入为 80 万元。

⑤ 营业外支出 800 万元，无营业外收入。

⑥ 所得税税率为 25%。

⑦ 除上述条件外，其他影响损益项目的金额预计均为 0。

（2）现金预算编制说明。

① 期初现金余额查询历史资产负债表。销售回款参考营运管理岗任务 3-3，采购支出参考营运管理岗任务 3-5。

② 付现费用参考营运管理岗任务 3-7。税金及附加、财务费用、营业外支出、所得税费用按照任务 3-9 的结果填制。此部分付现的费用支出时间假定与费用归属期间一致，不存在期间差异。

③ 除上述因素外不考虑其他因素。

④ 公司的最低活期资金持有量为 5 000 万元，如资金不足，则按照整千万元向银行借款进行资金筹措；如果超过 5 000 万元，可以以整千万元向购买资金理财。资金筹措或购买理财后，资金同样不得低于 5 000 万元。

2. 任务

【任务 1-1】　利润表预算。

根据业务资源和营运管理岗任务的结果（以填制结果引用）完成利润表预算。以完整小数位进行引用，四舍五入保留 2 位小数填入表 11-15 中。

表 11-15　2022 年利润表预算　　　　　　单位：元

项　　目	本　期　金　额
一、营业收入	
减：营业成本	
税金及附加	
销售费用	
管理费用	
研发费用	
财务费用	
其中：利息费用	

续表

项　　　目	本　期　金　额
利息收入	
加：其他收益	
投资收益（损失以"－"号填列）	
其中：对联营企业和合营企业的投资收益	
公允价值变动收益（损失以"－"号填列）	
资产减值损失（损失以"－"号填列）	
资产处置收益（损失以"－"号填列）	
二、营业利润（亏损以"－"号填列）	
加：营业外收入	
减：营业外支出	
三、利润总额（亏损总额以"－"号填列）	
减：所得税费用	
四、净利润（净亏损以"－"号填列）	

【任务 1-2】 现金预算。

根据业务资源和营运管理岗任务的结果（以填制结果引用）完成现金预算编制。以完整小数位进行引用，四舍五入保留 2 位小数填入表 11-16 中。

表 11-16　现金预算编制 单位：元

预 算 期 间	行次	金　　　额
期初现金余额	1	
加：销售回款	2	
可供使用现金	3	
减：各项支出	4	—
采购支出	5	
付现费用	6	
税金及附加	7	
财务费用	8	
营业外支出	9	
所得税费用	10	
现金支出合计	11	
现金多余或不足	12	
资金筹措	13	
资金理财	14	
期末活期资金余额	15	

（二）成本管理岗位

1. 业务资源

【业务资源 2-1】　特殊订单决策说明。

利亚装饰有限公司与新鑫家具前期签订过一份办公桌椅购销合同，从本公司购买办公桌椅，最初订货 500 套，每套价格 1 000 元。合同履约后，利亚装饰有限公司追加一笔订单，追加购买 50 套桌椅，利亚装饰有限公司愿意以原有合同定价的 110% 作为此追加订单的价格，试分析是否接受此追加订单。

新鑫家具如果接受此追加订单，需要单独订一批货，订货成本为 2 550 元，已知该类型桌椅的单位变动成本为 850 元/套，正常市场售价为 1 000 元。如果不接受利亚装饰有限公司的订单，购买此批桌椅也可以按照正常市场售价进行销售。

【业务资源 2-2】　服务成本分析说明。

新鑫家具设计服务中心分为两个业务组，分别是设计组和安装组，分析计算属于设计组和安装组的成本明细，人工成本以设计服务中心人均成本乘该组人员编制。各项费用消耗明细如表 11-17 所示。各项费用按照设计服务中心 2021 年发生额分摊。

表 11-17　各项费用消耗明细

项　　目	设　计　组	安　装　组
人员编制/人	20	75
折旧费占比/%	40%	60%
材料消耗费	专属安装组消耗	
网络通信费 日常办公费	人员编制权重（编制×权重）分配，设计组权重为 2，安装组权重为 1	
差旅费占比/%	30%	70%

【业务资源 2-3】　资源最佳利用说明。

企业接受居民和商业的订单，需要安装组派出人员提供安装服务，已知接受每一居民订单业务耗用 0.2 天，一个人每天最多可安装 5 单居民订单；如果接受每一商业订单业务，则需耗用 2 天。假设安装组能提供的最大工天数（限制资源）为 24 000 天，且按照要求，企业用于居民订单安装的工天数不得少于商业订单安装的工天数。销售服务成本数据如表 11-18 所示。为最大化利用资源，以边际贡献最大化为目标，分析如何安排订单服务。

表 11-18　销售服务成本数据　　　　　　　　单位：元

项　　目		居　民	商　业
销售	销售单价	300	12 000
单位变动成本	人工成本	80	2 135
	材料消耗费	55	3 060
	差旅费	19	195

2. 任务

【任务 2-1】 营业成本分析。

根据任务资源基础数据中的公共资源完成营业成本分析表。以完整小数位引用计算。标有"％"的项目,计算结果以％形式四舍五入保留 2 位小数填制答案,如 3.05％,其余结果以四舍五入保留 2 位小数填入表 11-19 中。

表 11-19 营业成本增长分析

项 目	2020 年			2021 年		
	2019 年营业成本/元	2020 年营业成本/元	营业成本增长率/％	2020 年营业成本/元	2021 年营业成本/元	营业成本增长率/％
销售商品						
销售服务						
合计						

【任务 2-2】 人工成本分析。

根据任务资源基础数据中的公共资源完成人工成本分析表。以完整小数位引用计算。标有"％"的项目,计算结果以"％"形式四舍五入保留 2 位小数填制答案,如 3.05％,"编制"以四舍五入保留整数填制答案,其余结果以四舍五入保留 2 位小数填入表 11-20 中。

表 11-20 人工成本增长分析

部 门	2019 年		2020 年		2021 年		2020 年增长幅度/％		2021 年增长幅度/％	
	编制	人均工资/元	编制	人均工资/元	编制	人均工资/元	编制	人均工资	编制	人均工资
行政人力中心										
财务管理中心										
质量管理中心										
采购管理中心										
销售管理中心										
设计服务中心										
合计										

【任务 2-3】 成本费用分析。

根据任务资源基础数据中的公共资源完成成本费用变化分析表。以完整小数位引用计算。标有"％"的项目,计算结果以"％"形式四舍五入保留 2 位小数填制答案,如 3.05％,其余结果以四舍五入保留 2 位小数填入表 11-21 中。

表 11-21 成本费用变化分析

序 号	项 目	2020 年		2021 年	
		增长额/元	增长幅度/％	增长额/元	增长幅度/％
1	人工成本				
2	租赁费				

续表

序　号	项　　目	2020 年		2021 年	
		增长额/元	增长幅度/%	增长额/元	增长幅度/%
3	折旧费				
4	无形资产摊销				
5	材料消耗费				
6	网络通信费				
7	日常办公费				
8	业务招待费				
9	差旅费				
10	市场推广费				
11	广告宣传费				
12	合计				

【任务 2-4】 销售成本分析。

根据任务资源基础数据中的公共资源完成销售成本分析表。以完整小数位引用计算。标有"％"的项目，计算结果以"％"形式四舍五入保留 2 位小数填制答案，如 3.05％，"销售量"以四舍五入保留整数填制答案，其余结果以四舍五入保留 2 位小数填入表 11-22 中。

表 11-22　销售成本分析

项　目	销售方式	2019 年			2020 年			2021 年		
		销售量/套	单位销售成本/元	销售成本/元	销售量/套	单位销售成本/元	销售成本/元	销售量/套	单位销售成本/元	销售成本/元
居家桌椅	零售									
	批发									
办公桌椅	零售									
	批发									

【任务 2-5】 特殊订单决策。

根据业务资源 2-3 完成追加订单计算表。以完整小数位引用计算。结果以四舍五入保留 2 位小数填入表 11-23 中。

表 11-23　追加订单计算表　　　　　　　　　　单位：元

项　　　目	金　　额
增加订单的相关收入	
增加订单的变动成本	
增加的边际贡献	
专属订货成本	
正常销售的边际贡献	
增量收益	
接受追加订单(是/否)	

【任务 2-6】 销售服务成本分析。

根据任务资源基础数据中的公共资源和业务资源 2-2 完成服务成本分析。以完整小数位引用计算,结果以四舍五入保留 2 位小数填入表 11-24 中。

表 11-24   2021 年服务成本分析   单位:元

项目	人工成本	折旧费	材料消耗费	网络通信费	日常办公费	差旅费	合计
设计							
安装							
合计							

【任务 2-7】 安装服务边际贡献计算表。

根据业务资源 2-3 完成安装服务边际贡献计算表。以完整小数位引用计算。标有"％"的项目,计算结果以"％"形式四舍五入保留 2 位小数填制答案,如 3.05％,其余结果以四舍五入保留 2 位小数填入表 11-25 中。

表 11-25   2021 年安装服务边际贡献计算表

项　　目	居 家 桌 椅	办 公 桌 椅
销售单价/元		
单位变动成本/元		
单位边际贡献/元		
边际贡献率/％		
每单产品需要安装时间/天		
单位限制资源边际贡献/元		

【任务 2-8】 订单安排计算。

根据已完成的任务和业务资源 2-3 完成订单安排计算表,以完整小数位引用计算,结果以四舍五入保留整数填入表 11-26 中。

表 11-26   订单安排计算表

项　　目	订 单 安 排
商业订单量/套	
商业订单安装工天数/天	
居民订单量/套	
居民订单安装工天数/天	
总共天数/天	
最大边际贡献/元	

（三）营运管理岗位

1. 业务资源

【业务资源 3-1】 销售预算说明。

（1）公司业务包括销售商品和设计、安装服务。

（2）商品销售预算。商品销售以 2021 年实际销售情况为基础，根据销售部门收集到的市场及客户信息调整得到。相关预测信息如下：预计全年总销售量为 50 万套，居家桌椅和办公桌椅商品的销售数量比为 3∶1。预计 2022 年居家桌椅商品零售批发数量比为 2∶3，办公桌椅商品零售批发数量比为 1∶4。销售价格按照 2021 年实际销售情况各类商品及其对应的销售方式下的平均售价作为预算价格。

注：本岗位所有价格和收入成本均不含增值税，不考虑增值税因素。

（3）服务销售预算。服务销售包括设计服务和安装服务。服务销售以 2021 年实际销售情况为基础，根据销售部门收集到的市场及客户信息调整得到。相关预测信息如下：预计全年总销售量为 140 000 单，其中居民客户订单为 134 000 单，商业客户订单为 6 000 单。

居民客户订单中设计和安装的比例预计为 40% 和 60%。

商业客户订单中设计和安装的比例预计为 20% 和 80%。

各类型客户对应的服务价格按照 2021 年实际销售情况各服务的平均价格作为预算价格。

（4）销售回款预算。假定商品销售和服务销售在四个季度内均匀发生。

商品销售的收款方式为销售收入发生当季度收款 60%，下季度收款 40%。

服务销售的收款方式为销售收入发生当季度收款 60%，下季度收款 30%，再下季度收回剩余尾款 10%。

假定 2019 年年末应收账款可在 2020 年第一季度收回 60%，第二季度收回 40%，不考虑预收等其他因素。

【业务资源 3-2】　商品进销存采购预算说明。

（1）商品进销存预算指居家桌椅和办公桌椅两类商品的购进、销售及库存预算。

（2）期初库存情况和期末预计库存数量按照题目给出的数据进行计算。

（3）商品销售数量按照任务 3-1 中计算的销售预算情况进行预计。

（4）预计 2022 年居家桌椅商品购进价格为 680 元/套，办公桌椅商品购进价格为 1050 元/套。

（5）此预算编制存货计价的方式采用先进先出法计算销货成本和库存成本。

（6）商品采购付款。

2021 年年末应付账款预计在 2022 年第一季度支付 70%，第二季度支付 20%，第三季度支付 10%。

2022 年当年采购在四个季度均匀发生。付款方式为采购当季度支付货款的 30%，下季度支付货款的 50%，再下季度支付剩余 20% 货款。不考虑预付账款等其他因素。

【业务资源 3-3】　成本费用预算说明。

（1）商品销货成本预算。按照任务 3-4 的结果进行预计。

（2）人工成本预算。

2022 年人工成本的预算编制由人力部门根据相应业务预算和人员变动及工资结构调整，人工成本预测信息如表 11-27 所示。单位承担的费用预测按照人均固定工资基数测算。

表 11-27 人工成本预测信息

项 目	人员编制/人	人均固定工资/(元/年)	绩效奖金计提比例/%	单位承担费用计提比例/%				
				社会保险费	公积金	福利费	工会经费	职工教育经费
行政人力中心	30	84 000	20	22	10	8	2	5
财务管理中心	15	90 000	20	22	10	8	2	5
质量管理中心	15	82 000	20	22	10	8	2	5
采购管理中心	10	88 000	20	22	10	8	2	5
销售管理中心	130	78 000	40	22	10	8	2	5
设计服务中心	110	104 000	20	22	10	8	2	5

(3) 费用明细预算。

① 各部门费用归属要求如下：行政人力中心、财务管理中心、质量管控中心、采购管理中心费用计入管理费用；销售管理中心费用计入销售费用；设计服务中心费用计入营业成本（服务成本）。

② 人工成本预算按照任务 3-6 的人工成本预算数确定。

③ 租赁费、折旧费、无形资产摊销、网络通信费、差旅费按照 2021 年实际发生数作为预算数。

④ 办公费预算按照各部门人员编制进行匹配，人均年办公费预算标准为 7200 元。

⑤ 材料消耗费发生在设计服务中心，与服务订单数量相匹配，按照每服务订单 150 元进行计算编制。

⑥ 业务招待费预算审定后结果：行政人力中心为 450 万元，财务管理中心为 40 万元。

⑦ 市场推广费与广告宣传费按照商品销售订单和服务订单合计数进行预算编制。其中，每订单预计市场推广费为 30 元，每订单广告宣传费为 10 元。

【业务资源 3-4】 本量利分析说明。

为了对 2021 年居家桌椅商品零售部分的经营情况进行评价和测算，公司特对其进行本量利分析。收入成本费用存在如下假设。

(1) 成本费用计算的规则，假定营业收入、营业成本两项均和销售量保持线性关系不变，即单位售价和单位营业成本不变。此处的营业成本是指属于该商品该销售方式的销货成本。

(2) 税金及附加、销售费用、管理费用、财务费用的分摊，按照居家桌椅商品收入占公司整体收入的比例进行分配。

(3) 税金及附加随业务量变化成正比例变化。

(4) 销售费用中假定 50% 随业务量变化成正比例变化，50% 不随业务量变化。

(5) 管理费用和财务费用不随业务量变化而变化。

(6) 任务 3-9 是在保证保本销售量状态下，计算各收入成本费用利润情况。

(7) 任务 3-10 是在保证最低目标利润 500 万元时，在保利销售量状态下，计算各收入成本费用利润情况。

【任务 3-1】 商品销售预算表。

根据业务资源 3-1 完成商品销售预算。以完整小数位引用计算。销售量四舍五入保留整数填制答案,其他结果四舍五入保留 2 位小数填入表 11-28 中。

表 11-28 2022 年商品销售预算表

序号	商品类别	合 计		零 售		批 发	
		销售量/套	销售收入/元	销售量/套	销售收入/元	销售量/套	销售收入/元
1	居家桌椅						
2	办公桌椅						
3	合计						

【任务 3-2】 服务销售预算表。

根据业务资源 3-1,完成服务销售预算。以完整小数位引用计算。订单数四舍五入保留整数填制,其他结果四舍五入保留 2 位小数填入表 11-29 中。

表 11-29 2022 年服务销售预算表

序号	客户类别	合 计		设 计		安 装	
		订单数/单	服务收入/元	订单数/单	服务收入/元	订单数/单	服务收入/元
1	居民						
2	商业						
3	合计						

【任务 3-3】 销售回款预算。

根据业务资源 3-1 完成销售回款预算。以完整小数位引用计算。结果四舍五入保留 2 位小数填入表 11-30 中。

表 11-30 2022 年销售回款预算表　　　　　　　金额单位:元

项　目	2022 年回款				
	第一季度	第二季度	第三季度	第四季度	2022 年回款合计
2019 年期末应收账款					
2020 年第一季度收入					
2020 年第二季度收入					
2020 年第三季度收入					
2020 年第四季度收入					
回款合计					
期末应收账款					

【任务 3-4】 存货采购预算。

根据业务资源 3-2 完成商品进销存预算。以完整小数位引用计算。数量四舍五入保留整数填制,其他结果四舍五入保留 2 位小数填入表 11-31 中。

表 11-31　2022 年商品进销存预算表

行次	项目	年初库存		累计进货		累计销售		年末库存	
		数量/套	成本/元	数量/套	成本/元	数量/套	成本/元	数量/套	成本/元
1	居家桌椅	270 000	175 500 000.00					200 000	
2	办公桌椅	110 500	110 500 000.00					100 000	
3	合计	380 500	286 000 000.00					300 000	

【任务 3-5】 采购付款预算。

根据业务资源 3-2 完成采购付款预算。以完整小数位引用计算。结果四舍五入保留 2 位小数填入表 11-32 中。

表 11-32　2022 年采购付款预算表　　　　　金额单位：元

项目	2022 年付款				
	第一季度	第二季度	第三季度	第四季度	付款合计
2021 年期末应付账款					
2022 年第一季度采购					
2022 年第二季度采购					
2022 年第三季度采购					
2022 年第四季度采购					
付款合计					
期末应付账款					

【任务 3-6】 人工成本预算。

根据业务资源 3-3 完成人工成本预算。以完整小数位引用计算。人员编制数四舍五入保留整数填制，其他结果四舍五入保留 2 位小数填入表 11-33 中。

表 11-33　2022 年人工成本预算表　　　　　金额单位：元

序号	部门	人员编制	合计	个人承担部分			单位承担部分					
				固定工资	绩效奖金	个人承担部分小计	社会保险费	公积金	福利费	工会经费	职工教育经费	单位承担部分小计
1	行政人力中心	30										
2	财务管理中心	15										
3	质量管理中心	15										
4	采购管理中心	10										
5	销售管理中心	130										
6	设计服务中心	110										
7	合计	310										

【任务 3-7】 成本费用预算。

根据业务资源 3-3 完成成本费用预算。以完整小数位引用计算。结果四舍五入保留 2 位小数填入表 11-34 中。

表 11-34 2022 年费用预算明细表　　　　　　　　　金额单位：元

序号	部门	费用合计	人工成本	租赁费	折旧费	无形资产摊销	材料消耗费	网络通信费	日常办公费	业务招待费	差旅费	市场推广费	广告宣传费
1	行政人力中心												
2	财务管理中心												
3	质量管理中心												
4	采购管理中心												
5	销售管理中心												
6	设计服务中心												
7	合计												

【任务 3-8】　销售业务利润计算。

根据任务资源基础数据中的公共资源和业务资源 3-4 完成居家桌椅业务的利润计算。以完整小数位引用计算。销售量四舍五入保留整数填制，其他结果四舍五入保留 2 位小数填入表 11-35 中。

表 11-35　2021 年居家桌椅零售利润计算

项　　目	数　　值
销售量/套	
收入/元	
营业成本/元	
税金及附加/元	
销售费用/元	
其中：固定销售费用/元	
变动销售费用/元	
管理费用/元	
财务费用/元	
营业利润/元	

【任务 3-9】　销售业务保本分析。

根据业务资源 3-4 完成居家桌椅业务的保本分析计算。以完整小数位引用计算。保本销售量向上保留整数进行后续计算并填制答案。其他结果以向上保留至整数的销售量进行后续计算，并保留 2 位小数填入表 11-36 中。

表 11-36　2021 年居家桌椅零售保本分析

项　　目	数　　值
销售量/套	
收入/元	
营业成本/元	

续表

项　目	数　值
税金及附加/元	
销售费用/元	
其中：固定销售费用/元	
变动销售费用/元	
管理费用/元	
财务费用/元	
营业利润/元	

【任务 3-10】　销售业务保利分析。

根据业务资源 3-4 完成居家桌椅业务的保利分析计算。以完整小数位引用计算。保利销售量向上保留整数进行后续计算并填制答案。其他结果以向上保留至整数的销售量进行后续计算，并保留 2 位小数填入表 11-37 中。

表 11-37　2021 年居家桌椅零售保利分析

项　目	数　值
销售量/套	
收入/元	
营业成本/元	
税金及附加/元	
销售费用/元	
其中：固定销售费用/元	
变动销售费用/元	
管理费用/元	
财务费用/元	
营业利润/元	

（四）绩效管理岗位

【任务 4-1】　营业利润完成情况分析。

根据任务资源基础数据中的公共资源完成营业利润完成情况分析表。以完整小数位引用计算。标有"％"的项目，计算结果以"％"形式四舍五入保留 2 位小数填制，如 3.05％，其余结果以四舍五入保留 2 位小数填入表 11-38 中。

表 11-38　营业利润完成情况分析

序号	项　目	2021 年目标值/万元	2021 年实际值/万元	完成情况/％
1	营业收入			
2	营业成本			

续表

序号	项　　目	2021 年目标值/万元	2021 年实际值/万元	完成情况/%
3	税金及附加			
4	销售费用			
5	管理费用			
6	财务费用			
7	营业利润			

注：完成情况=实际值÷目标值×100%。

【任务 4-2】 销售商品增长情况分析。

根据任务资源基础数据中的公共资源完成销售商品增长情况分析表。以完整小数位引用计算。标有"%"的项目,计算结果以"%"形式四舍五入保留 2 位小数填制,如3.05%,销售量以四舍五入保留整数填制,其余结果以四舍五入保留 2 位小数填入表 11-39 和表 11-40 中。

表 11-39　商品销售量增长情况分析

项目	渠道	2020 年			2021 年		
		2019 年销售量/套	2020 年销售量/套	销售量增长率/%	2020 年销售量/套	2021 年销售量/套	销售量增长率/%
居家桌椅	零售						
	批发						
办公桌椅	零售						
	批发						

表 11-40　商品销售收入增长情况分析

项目	渠道	2020 年			2021 年		
		2019 年商品收入/元	2020 年商品收入/元	收入增长率/%	2020 年商品收入/元	2021 年商品收入/元	收入增长率/%
居家桌椅	零售						
	批发						
办公桌椅	零售						
	批发						

【任务 4-3】 销售服务增长情况分析。

根据任务资源基础数据中的公共资源完成销售服务增长情况分析表。以完整小数位引用计算。标有"%"的项目,计算结果以"%"形式四舍五入保留 2 位小数填制,如3.05%,订单数以四舍五入保留整数填制,其余结果以四舍五入保留 2 位小数填入表 11-41 和表 11-42 中。

表 11-41　销售订单增长情况分析

项目		2020 年			2021 年		
		2019 年销售订单数/单	2020 年销售订单数/单	销售订单增长率/％	2020 年销售订单数/单	2021 年销售订单数/单	销售订单增长率/％
居民	设计						
	安装						
商业	设计						
	安装						

表 11-42　销售服务增长情况分析

项　目		2020 年			2021 年		
		2019 年销售服务收入/元	2020 年销售服务收入/元	销售服务收入增长率/％	2021 年销售服务收入/元	2021 年销售服务收入/元	销售服务收入增长率/％
居民	设计						
	安装						
商业	设计						
	安装						

【任务 4-4】　部门成本费用控制情况分析。

根据任务资源基础数据中的公共资源完成部门成本费用控制情况分析表。以完整小数位引用计算。标有"％"的项目,计算结果以"％"形式四舍五入保留 2 位小数填制,如 3.05％,其余结果以四舍五入保留 2 位小数填入表 11-43 中。控制情况列填制"节约"或"超支"。

表 11-43　2021 年部门成本费用控制情况分析表

序　号	部　　门	预算执行对比			
		全年预算/万元	实际发生/万元	执行情况/％	控制情况
1	行政人力中心				
2	财务管理中心				
3	质量管理中心				
4	采购管理中心				
5	销售管理中心				
6	设计服务中心				

注：执行情况＝实际发生÷全年预算×100％。

【任务 4-5】　人员编制分析。

根据任务资源基础数据中的公共资源完成人员编制分析表。以完整小数位引用计算。标有"％"的项目,计算结果以"％"形式四舍五入保留 2 位小数填制,如 3.05％,其余结果以四舍五入保留整数数填入表 11-44 中。

表 11-44　人员编制分析表

部　　门	2020 年			2021 年		
	2019 年人员编制/人	2020 年人员编制/人	人员编制增长率/%	2020 年人员编制/人	2021 年人员编制/人	人员编制增长率/%
行政人力中心						
财务管理中心						
质量管理中心						
采购管理中心						
销售管理中心						
设计服务中心						
合　计						

参 考 文 献

[1] 王桂花,李玉华. 管理会计[M]. 北京：北京理工大学出版社,2019.

[2] 蔡维灿,张华金,罗春梅. 管理会计[M]. 北京：北京理工大学出版社,2020.

[3] 刘洋,曲远洋. 管理会计[M]. 上海：上海财经大学出版社,2017.

[4] 罗艳琴,江鸿漩. 管理会计基础[M]. 南昌：江西高校出版社,2017.

[5] 郭少东. 管理会计[M]. 重庆：重庆大学出版社,2014.

[6] 向美英. 管理会计[M]. 2 版. 北京：中国轻工业出版社,2017.

[7] 王静维,王慧,马盼盼. 管理会计实务[M]. 北京：北京邮电大学出版社,2019.

[8] 企业内部控制编审委员会. 企业内部控制[M]. 上海：立信会计出版社,2015.

[9] 余绪缨. 管理会计[M]. 北京：中国财政经济出版社,1989.

[10] 中国注册会计师协会. 财务成本管理[M]. 北京：中国财政经济出版社,2018.

[11] 高翠莲. 管理会计基础[M]. 北京：高等教育出版社,2018.

[12] 吴大军. 管理会计[M]. 5 版. 大连：东北财经大学出版社,2018.

[13] 孙茂竹,文光伟,杨万贵. 管理会计学[M]. 7 版. 北京：中国人民大学出版社,2017.

[14] 吕长江. 预算实物[M]. 上海：上海财经大学出版社,2014.